Werde wer DU bist?

DIE SPRACHE DES UNIVERSUMS UND
DEIN PERSÖNLICHER SCHLÜSSEL
ZUR ASTROLOGIE

Inhaltsverzeichnis

Vorwort und Danksagung

Ich freue mich sehr, dass du dieses Buch in die Hand genommen hast. Du hast damit den ersten Schritt gemacht, um mithilfe deines Geburtscharts dein einzigartiges Potenzial zu entdecken und selbst zu lernen, es zu lesen und zu deuten.

Warum dieses Buch? Ganz ehrlich: Ich hatte genug davon, Geld für Kurse auszugeben, die mir nie wirklich erklärt haben, wie man einen Geburtschart liest. Statt klarer Anleitungen gab es endlose Deutungen, die oft mehr verwirrten, als erklärten. Dabei schien es, als ginge es mehr darum, wie tief andere in die Sterne blicken können, als darum, echtes Wissen zu vermitteln.

Ich habe Stunden um Stunden in Aufzeichnungen investiert, die vor „Inhalten" nur so strotzten – und doch blieb der Aha-Moment aus. Mir fehlte die klare Struktur und eine einfache Herangehensweise, ohne unnötiges Gerede. So begann ich, Informationen selbst zu sammeln und einen eigenen Weg zu finden, um Licht ins Dunkel zu bringen. Schließlich entschied ich mich: "Ich schreibe ein Buch, damit Menschen, die wirklich lernen wollen, keine Tausende Euros mehr ausgeben müssen, um sich selbst besser zu verstehen."

Dieses Buch ist so gestaltet, dass du Kapitel für Kapitel lernst, die einzelnen Themen zu verstehen und direkt anzuwenden. Astrologie muss nicht kompliziert sein, und ich verspreche dir, dass es mit diesem Buch sogar Spaß machen wird. Falls du trotzdem einmal nicht weiterkommst, bin ich für dich da. Du findest im Buch Hinweise, wie du mich kontaktieren kannst.

Ein besonderer Dank geht an alle, die mich belächelt haben – ihr habt mich angespornt, noch entschlossener zu sein. Danke an diejenigen, die sagten: "Ich brauche ein Buch mit deiner persönlichen Widmung." Ihr habt mich motiviert, den letzten Schliff zu geben. Und danke auch an alle, die mir 2024 Raum und Ressourcen hinterlassen haben – das konnte ich gut gebrauchen! Der größte Dank gebührt jedoch meiner Tochter, die immer an mich glaubt und mich bedingungslos unterstützt. Ich liebe dich!

Nun wünsche ich dir viel Freude mit diesem Buch. Möge es dir den Weg zu den Sternen und zu dir selbst weisen!

Einleitung

Willkommen in der faszinierenden Welt der Astrologie!
Astrologie ist für mich mehr als nur ein Werkzeug oder eine
Wissenschaft. Sie ist eine Sprache, die uns hilft, das Unsichtbare
zu verstehen, und ein Kompass, der uns zu unserem wahren
Potenzial führt. Mit diesem Buch möchte ich dir die Astrologie
klar und lebendig zugänglich machen, damit du sie nicht nur
begreifen, sondern auch in deinem Leben anwenden kannst.

Stell dir vor, dass jeder von uns mit einem unsichtbaren Kompass
geboren wird. Dieser Kompass zeigt dir die Richtung zu deinen
Talenten, Herausforderungen und den wichtigsten Themen
deines Lebens. Die Sterne am Himmel, so wie sie zum Zeitpunkt
deiner Geburt standen, formen diesen einzigartigen Kompass –
dein Horoskop oder Geburtschart.

Astrologie ist der Schlüssel, um diesen Kompass zu lesen. Sie ist
eine geheime Sprache, die die Botschaften des Universums
entschlüsselt und dir zeigt, wer du wirklich bist und welchen Weg
du einschlagen kannst, um dein volles Potenzial zu leben. Keine
Sorge: Alle Fachbegriffe und Symbole, die dir begegnen, werden
verständlich erklärt, damit du die astrologische Sprache Schritt
für Schritt erlernen kannst.

Dieses Buch ist so aufgebaut, dass du dein Geburtschart auf eine
einfache, bildhafte Weise entschlüsseln kannst – ohne
komplizierte Begriffe, sondern mit klaren Erklärungen und
lebendigen Beispielen. Es ist ein interaktives Werk, das dich

einlädt, nicht nur zu lesen, sondern auch selbst aktiv zu werden und dein Wissen zu vertiefen.

Mach dich bereit für eine Reise zur Selbstentdeckung. Ich freue mich, dich auf diesem Weg zu begleiten und dir zu zeigen, wie Astrologie auch für dich ein nützliches Werkzeug sein kann. Zusammen werden wir die Sprache der Sterne entschlüsseln und entdecken, was sie uns über uns selbst und unser Leben verrät.

Kapitel 1: Einführung in die Astrologie

Stell dir vor, das Leben ist ein großes Theaterstück, und du bist der Regisseur. In diesem Stück gibt es verschiedene Charaktere, Kulissen und Szenen, die alle eine Rolle spielen. Die Astrologie funktioniert ähnlich: Die Charaktere in diesem Spiel sind die Planeten, die Tierkreiszeichen geben ihnen ihre Rollen, und die Häuser sind die Bühne, auf denen sie wirken.

Wenn du deinen eigenen Geburtschart anschaust, siehst du eine Momentaufnahme des Himmels zu dem Zeitpunkt, an dem du geboren wurdest. Es zeigt dir die Position der Sonne, des Mondes und der Planeten – und diese Konstellation gibt dir Hinweise darauf, was dich im Leben bewegt, was dir Kraft gibt und wo du vielleicht auch Herausforderungen findest. Es ist, als ob das Universum dir bei deiner Geburt eine „kosmische Landkarte" mitgegeben hätte, die du auf deiner Lebensreise nutzen kannst.

Astrologie ist nicht dafür da, dir die Zukunft vorherzusagen. Vielmehr ist sie ein Werkzeug, um dich selbst besser zu verstehen und zu erkennen, welche Kräfte in dir wirken. Die Symbole und

Zeichen, die du in deinem Geburtschart siehst, sind wie Wegweiser, die dir helfen, deine Stärken und Schwächen zu erkennen. Diese „Sprache der Sterne" kann dir zeigen, was für dich im Leben wichtig ist und wie du dein Potenzial entfalten kannst.

Was du brauchst, um dein Horoskop zu berechnen

Um deinen persönlichen Geburtschart zu erstellen, brauchst du drei wesentliche Angaben:

1. **Dein Geburtsdatum**: Tag, Monat und Jahr deiner Geburt.
2. **Die genaue Geburtszeit**: Sie ist besonders wichtig, denn schon ein kleiner Unterschied in der Uhrzeit kann die Positionen in deinem Chart verändern. Die genaue Zeit gibt dir Hinweise auf deinen Aszendenten und die Verteilung der Häuser.
3. **Deinen Geburtsort**: Der Ort spielt ebenfalls eine Rolle, da er zeigt, welches Sternzeichen zum Zeitpunkt deiner Geburt am östlichen Horizont stand und wie die Planeten in den Häusern verteilt sind.

Mit diesen Informationen lässt sich dein Geburtschart erstellen, der dir die „kosmische Landkarte" deines Lebenswegs zeigt. Heute ist es leicht, dein Horoskop mithilfe von Webseiten oder Apps berechnen zu lassen. Als mein Leser biete ich dir an, deinen persönlichen Geburtschart kostenlos zu erstellen. Nutze dafür den QR-Code am Ende dieses Buches und sende mir deine Geburtsdaten.

Falls du dich fragst, wie es früher ohne digitale Hilfsmittel möglich war: Astrologen haben jahrhundertelang die Positionen der Himmelskörper anhand von Ephemeriden und gedruckten Tabellen berechnet. Ephemeriden sind Tabellen, die die genauen Positionen von Sonne, Mond und Planeten an jedem Tag des Jahres angeben. Man musste die Daten für den Geburtszeitpunkt in diesen Tabellen nachschlagen und dann die Berechnungen von Hand durchführen. Es war ein aufwendiger Prozess, der große Genauigkeit erforderte, aber er war die Grundlage der traditionellen Astrologie.

Am Ende dieses Kapitels wirst du die Grundlagen der Astrologie beherrschen und verstehen, wie du mit deinem Geburtschart arbeiten kannst. Los geht's – die Reise zu den Sternen beginnt jetzt!

Kapitel 2: Die Tierkreiszeichen und ihre Bedeutung

In der Astrologie gibt es 12 Tierkreiszeichen, die jeweils bestimmte Eigenschaften und Qualitäten symbolisieren. Jedes Zeichen steht für eine besondere Art von Energie und Lebensweise, die sich in deinem Leben auf einzigartige Weise ausdrückt. Die Zeichen beginnen mit dem Widder ♈ und enden mit den Fischen ♓ und erzählen gemeinsam die Geschichte von Charakteren, die dein Handeln, Fühlen und Denken beeinflussen.

Stell dir die Tierkreiszeichen wie verschiedene Charakterrollen in einem Film vor. Jeder dieser Charaktere bringt eine eigene „Farbe" und Ausdruckskraft mit, die zeigt, wie du die Welt siehst

und wie du auf das Leben reagierst. Lass uns die 12
Tierkreiszeichen erkunden:

Widder ♈ (21. März – 20. April)

Du hast die Energie des Neuanfangs und des Mutes in dir. Mit
einer Prise Widder-Charakter in deinem Horoskop bist du
entschlossen und voller Tatendrang. Herausforderungen wecken
deinen Kampfgeist, und du bist bereit, neue Wege zu gehen und
das Leben als Abenteuer zu sehen.

Stier ♉ (21. April – 20. Mai)

Du schätzt Stabilität, Genuss und Geduld. Der Stier in dir liebt die
schönen Dinge des Lebens und strebt nach Sicherheit. Mit Stier-
Energie lernst du, geduldig zu sein, den Moment zu genießen und
Dinge bis zum Ende durchzuziehen.

Zwillinge ♊ (21. Mai – 21. Juni)

Du verkörperst Neugier und die Kunst der Kommunikation.
Zwillinge-Energie macht dich vielseitig interessiert und
wissenshungrig. Du liebst es, Wissen auszutauschen und neue
Dinge zu entdecken. Diese Energie bringt Leichtigkeit und
Flexibilität in dein Leben.

Krebs ♋ (22. Juni – 22. Juli)

In dir steckt eine fürsorgliche Seele. Mit Krebs-Energie hast du
ein Gespür für die Bedürfnisse anderer und schaffst gerne ein

Zuhause voller Wärme. Diese Energie lehrt dich, dich um andere zu kümmern und tiefe emotionale Verbindungen zu pflegen.

Löwe ♌ (23. Juli – 23. August)

Deine kreative und lebensfrohe Seite wird durch den Löwen entfacht. Du liebst es, dich auszudrücken und im Rampenlicht zu stehen. Löwe-Energie inspiriert dich, das Leben zu feiern und deine Einzigartigkeit zu zeigen.

Jungfrau ♍ (24. August – 23. September)

Du hast ein Auge für Details und einen Sinn für Ordnung. Mit Jungfrau-Energie bist du praktisch und analytisch und schätzt es, Dinge zu verbessern. Diese Energie hilft dir, Struktur in deinem Leben zu schaffen und sinnvoll zu ordnen.

Waage ♎ (24. September – 23. Oktober)

Du suchst Harmonie und Ausgleich. Die Waage in dir strebt nach Balance und ist ein Meister der Diplomatie. Diese Energie hilft dir, den Wert von Beziehungen zu verstehen und Schönheit in deinem Leben zu finden.

Skorpion ♏ (24. Oktober – 22. November)

Du hast eine tiefe, transformative Energie in dir. Skorpion-Energie zeigt dir, wie du durch Veränderungen wachsen und das Verborgene erforschen kannst. Du scheust dich nicht vor intensiven Gefühlen und bist auf der Suche nach der Wahrheit.

Schütze ♐ (23. November – 21. Dezember)

Deine abenteuerliche und wissbegierige Seite wird durch den Schützen zum Leben erweckt. Du liebst es, neue Horizonte zu erkunden und nach dem Sinn des Lebens zu suchen. Schütze-Energie ermutigt dich, das Leben aus verschiedenen Perspektiven zu betrachten.

Steinbock ♑ (22. Dezember – 20. Januar)

Verantwortung und Durchhaltevermögen prägen dich. Der Steinbock in dir weiß, dass Erfolg Geduld und Einsatz erfordert. Diese Energie lehrt dich, konsequent an deinen Zielen zu arbeiten und Verantwortung zu übernehmen.

Wassermann ♒ (21. Januar – 19. Februar)

Dein innerer Rebell und Visionär erwacht mit Wassermann-Energie. Du denkst unkonventionell, liebst die Freiheit und bringst innovative Ideen in die Welt. Diese Energie inspiriert dich, über den Tellerrand hinauszuschauen und neue Wege zu beschreiten.

Fische ♓ (20. Februar – 20. März)

In dir schlummert eine tiefe Empathie und eine Verbindung zur spirituellen Welt. Fische-Energie macht dich sensibel und intuitiv. Diese Energie lädt dich ein, auf deine innere Stimme zu hören und die spirituellen Seiten des Lebens zu entdecken.

Jedes dieser Tierkreiszeichen bringt dir eine besondere „Vokabel" der astrologischen Sprache bei. Sie sind der Schlüssel, um dein Horoskop zu verstehen und den Einfluss dieser Energien in deinem Leben zu erkennen.

Einschub:

Jetzt ist es Zeit, dein kostenloses Workbook zu holen. Gehe auf deinem Handy auf den Link: https://astrospheria.systeme.io/workbook und hole dir dein Workbook. Du meldest dich damit auch bei meinem Newsletter an und erhältst sofort dein Workbook per Email zugesendet. Keine Sorge, da ich selbst nicht zugespamt werden möchte, wirst du es auch nicht.

Als Nächstes holst du dir auch gleich deinen persönlichen Geburtschart von mir - natürlich auch kostenlos. Du erhältst es innerhalb von 24 Stunden. Gehe dazu auf den QR Code. Einfach deine Handykamera öffnen, scannen und auf den angezeigten Link klicken. Dieser führt dich zu meiner Whatsapp Nummer.

Auf diese Nummer sende ich dir auch deinen Geburtschart zurück, du kannst ihn dann ausdrucken.

Ich benötige zur Berechnung deinen Namen, dein Geburtsdatum, Geburtsort und Geburtszeit. Unvollständige Angaben kann ich nicht bearbeiten.

Deine Aufgabe

Schaue dir den äußeren Ring deines Geburtscharts an und verinnerliche die Symbole. Lasse dich nicht durch den Rest beirren. Einfach nur den äußeren Ring anschauen und schreibe in dein Workbook was du siehst. Im nächsten Kapitel schauen wir uns die Planeten und ihre Bedeutung an.

Der QR Code zu deinem Geburtschart:

Kapitel 3: Die Planeten und ihre Bedeutung

In der Astrologie spielen die Planeten eine zentrale Rolle. Sie sind die Akteure deines Lebens, die durch die Tierkreiszeichen und Häuser beeinflusst werden. Jeder Planet repräsentiert eine bestimmte Energie oder Funktion und zeigt, wie sich verschiedene Bereiche deines Lebens entfalten.

Stell dir die Planeten wie die Schauspieler in deinem Theaterstück vor. Sie sind diejenigen, die handeln und interagieren, während die Tierkreiszeichen ihnen ihre Rollen und die Häuser ihnen die Bühnen geben. In diesem Kapitel lernst du, was die einzelnen Planeten bedeuten und wie sie in deinem Geburtschart wirken.

Die persönlichen Planeten

Sonne: Die Sonne steht für dein Kern-Selbst, deine Identität und deinen Lebensweg. Sie zeigt, wie du strahlst und wo du im Leben wachsen möchtest. Sie wird oft als Zentrum deines Geburtscharts gesehen.

Mond: Der Mond repräsentiert deine Gefühle, Intuition und dein inneres Selbst. Er zeigt, was dich emotional nährt und wie du dich geborgen fühlst.

Merkur: Merkur symbolisiert Kommunikation, Denken und Lernen. Er zeigt, wie du Informationen aufnimmst und weitergibst.

Venus: Venus steht für Liebe, Beziehungen und deine Werte. Sie zeigt, was du schön findest und wie du Harmonie in deinem Leben suchst.

Mars: Mars repräsentiert deine Energie, deinen Antrieb und deine Leidenschaft. Er zeigt, wie du Herausforderungen angehst und was dich motiviert.

Die sozialen Planeten

Jupiter: Jupiter steht für Wachstum, Optimismus und Expansion. Er zeigt, wo du Glück findest und wie du deinen Horizont erweiterst.

Saturn: Saturn symbolisiert Verantwortung, Struktur und Disziplin. Er zeigt, wo du harte Arbeit leisten musst und welche Lektionen du lernen sollst.

Die transpersonalen Planeten

Die **transpersonalen Planeten** (Uranus, Neptun und Pluto)
sind **die „höheren" Planeten** im astrologischen System. Sie
wirken nicht nur auf uns als einzelne Menschen, sondern
beeinflussen ganze Generationen und das kollektive Bewusstsein.

Merkmale der transpersonalen Planeten:

Sie sind langsam. Sie bewegen sich sehr langsam durch den
Tierkreis (Jahre bis Jahrzehnte pro Zeichen) und beeinflussen
daher ganze Generationen.
**Sie wirken nicht nur auf das Individuum, sondern auf
das Kollektiv.** Ihre Energie geht über die persönliche
Entwicklung hinaus – sie prägen gesellschaftliche, spirituelle und
evolutionäre Prozesse.
**Sie bringen tiefgehende Veränderungen und
Transformation.**

Uranus: Uranus steht für Freiheit, Innovation und plötzliche
Veränderungen. Er zeigt, wo du rebellierst und neue Wege gehst.

Neptun: Neptun repräsentiert Spiritualität, Träume und
Intuition. Er zeigt, wo du inspiriert wirst und dich mit dem
Universum verbunden fühlst.

Pluto: Pluto steht für Transformation, Macht und tiefgreifenden
Wandel. Er zeigt, wo du dich erneuern und alte Muster loslassen
kannst.

Anwendung der Planeten im Geburtschart

Jeder Planet befindet sich in einem bestimmten Tierkreiszeichen
und einem bestimmten Haus deines Geburtscharts. Zum Beispiel
könnte die Sonne im Widder im 10. Haus stehen, was darauf

hinweist, dass du eine energische und entschlossene
Persönlichkeit hast, die sich stark auf Karriere und öffentliche
Anerkennung konzentriert.

Die Kombination aus Planet, Tierkreiszeichen und Haus erzählt
die komplette Geschichte. Während die Planeten die
Handlungsträger sind, geben die Zeichen ihnen ihren Stil und die
Häuser den Kontext. Diese Interaktion macht jeden Geburtschart
einzigartig.

Deine Aufgabe jetzt aber ist:

Schau dir deinen eigenen Geburtschart an und notiere in deinem
Workbook, wo sich die einzelnen Planeten befinden. In welchem
Zeichen steht deine Sonne? Und schaue dir auch gleich an, wo die
anderen Planeten stehen. Wir gehen Schritt für Schritt vor. Am
Ende wirst du dein Geburtschart vor dir sehen.

Kapitel 4: Wie Planeten die Tierkreiszeichen beeinflussen

In der Astrologie bringen die Planeten ihre eigene Energie mit,
die durch die Tierkreiszeichen eine besondere Prägung erhält.
Gemeinsam zeigen sie, wie diese Kräfte in deinem Leben wirken.

Was bedeutet das?

Jeder Planet zeigt **WAS** in deinem Leben passiert – zum Beispiel,
wo deine Energie liegt, wie du fühlst oder denkst. Die
Tierkreiszeichen zeigen **WIE** diese Energie sich ausdrückt –

mutig, sensibel, kommunikativ oder anders. Ein Planet in einem
bestimmten Zeichen beschreibt also eine Kombination aus
Handlung und Stil. Zum Beispiel:

Zum Beispiel:

- Die Sonne zeigt, **was** dir im Leben wichtig ist, und der
  Löwe zeigt, **wie** du es voller Kreativität und
  Selbstbewusstsein ausdrückst.
- Der Mond beschreibt, **was** dich emotional bewegt, und
  der Krebs zeigt, **wie** du Geborgenheit suchst.
- Merkur erklärt, **was** du denkst, und die Zwillinge zeigen,
  wie neugierig und flexibel du dabei bist.

Eine erste Aufgabe

Nimm jetzt die Informationen aus deinem Workbook und schaue
dir an, wo die Planeten stehen. Auf den nächsten Seiten findest
du die Interpretation aller Tierkreiszeichen mit den Planeten. Ab
jetzt ist dieses Buch auch ein Nachschlagewerk für dich :)
Schreibe alle Deutungen, die dein Chart betreffen heraus und
genieße die ersten Erkenntnisse.

Sonne: Der Ausdruck deines Kerns

Die Sonne repräsentiert deine Identität, dein Bewusstsein und
deinen Lebensweg. Sie zeigt, was dir Kraft gibt und wie du dein
Selbst in der Welt ausdrückst. Die Sonne ist das Zentrum deines
Horoskops und weist darauf hin, wo du wachsen und strahlen
möchtest. Das Sonnenzeichen ist umgangsprachlich das
"Sternzeichen"

Sonne und die Tierkreiszeichen

Sonne im Widder ☉♈: Wenn deine Sonne im Widder steht, bist du voller Tatkraft und Mut. Du hast eine direkte, ungeduldige Art und packst Dinge spontan an. Neues und Herausforderungen ziehst du magisch an, denn dein Antrieb ist es, dich selbst immer wieder neu zu entdecken und Grenzen zu überwinden.

Sonne im Stier ☉♉: Mit der Sonne im Stier bist du beständig und genießt das Leben. Du schätzt Sicherheit und verlässliche Strukturen und suchst nach Stabilität in allem, was du tust. Stier-Sonne Menschen sind oft geduldig und wissen, wie man ausdauernd für langfristige Ziele arbeitet.

Sonne in den Zwillingen ☉♊: Eine Sonne in den Zwillingen verleiht dir eine neugierige, kommunikative Natur. Du bist vielseitig interessiert und liebst es, Wissen zu sammeln und mit anderen zu teilen. Flexibilität und Austausch sind dir wichtig, und du bleibst gern in Bewegung, um neue Erfahrungen zu machen.

Sonne im Krebs ☉♋: Die Sonne im Krebs bringt dir eine tiefe Verbundenheit zu deinem inneren Zuhause und deinen Wurzeln. Du bist fürsorglich und schätzt emotionale Verbindungen. Sicherheit und Geborgenheit sind dir sehr wichtig, und du fühlst dich erfüllt, wenn du für andere da sein kannst.

Sonne im Löwen ☉♌: Mit der Sonne im Löwen drückst du dich gerne kreativ und selbstbewusst aus. Du hast ein großes Herz und liebst es, im Rampenlicht zu stehen. Großzügigkeit und Lebensfreude zeichnen dich aus, und du möchtest authentisch sein und deine Einzigartigkeit leben.

Sonne in der Jungfrau ☉♍: Steht deine Sonne in der Jungfrau, bist du praktisch, detailorientiert und liebst es, Dinge zu verbessern. Strukturiert und analytisch, suchst du nach Ordnung und Sinn in deinem Alltag. Du bist gerne nützlich und empfindest Freude daran, deine Fähigkeiten für andere einzusetzen.

Sonne in der Waage ☉♎: Mit einer Waage-Sonne schätzt du Harmonie und Schönheit. Du suchst Ausgleich und strebst danach, mit anderen in Einklang zu leben. Dein diplomatisches Geschick hilft dir, unterschiedliche Standpunkte zu verbinden. Ästhetik und Beziehungen sind dir besonders wichtig.

Sonne im Skorpion ☉♏: Wenn deine Sonne im Skorpion steht, bist du intensiv und suchst die Tiefe in allem. Du hast eine leidenschaftliche Natur und bist oft bereit, schwierige Themen anzugehen, um wahre Veränderung zu erleben. Skorpion-Sonne Menschen sind entschlossen und haben ein Gespür für das Verborgene.

Sonne im Schützen ☉♐: Die Sonne im Schützen macht dich optimistisch und abenteuerlustig. Du suchst nach Sinn und möchtest die Welt verstehen und erleben. Freiheit ist dir sehr wichtig, und du hast einen natürlichen Drang, neue Horizonte zu erkunden und das Leben aus verschiedenen Perspektiven zu betrachten.

Sonne im Steinbock ☉♑: Mit der Sonne im Steinbock bist du verantwortungsbewusst und ehrgeizig. Du setzt auf harte Arbeit und Geduld, um langfristige Erfolge zu erzielen. Steinbock-Sonne Menschen schätzen Strukturen und möchten Sicherheit durch

Beständigkeit erreichen.

Sonne im Wassermann ☉♒**:** Steht deine Sonne im Wassermann, hast du eine originelle, unabhängige Art. Du liebst die Freiheit und hast oft unkonventionelle Ideen. Gemeinschaft und Gleichheit sind dir wichtig, und du denkst gerne zukunftsorientiert und mit einem ausgeprägten Sinn für Individualität.

Sonne in den Fischen ☉♓**:** Eine Sonne in den Fischen verleiht dir eine einfühlsame und spirituelle Natur. Du hast eine tiefe Verbindung zu deinem inneren Leben und oft eine intuitive Sichtweise. Mitgefühl und Verständnis zeichnen dich aus, und du empfindest die Welt oft auf einer emotionalen Ebene.

Mond: Deine Gefühle und Intuition

Der Mond steht für dein inneres Selbst, deine Gefühlswelt und dein Bedürfnis nach Sicherheit. Er zeigt, wie du emotional reagierst, was dich nährt und wie du dich geborgen fühlst. Der Mond ist eng mit deinem Unterbewusstsein und deinen inneren Mustern verbunden.

Mond und die Tierkreiszeichen

Mond im Widder ☾♈**:** Mit dem Mond im Widder bist du emotional impulsiv und reagierst oft spontan. Du handelst mutig und scheust dich nicht davor, deine Gefühle auszudrücken, auch wenn sie manchmal stürmisch wirken.

Mond im Stier ☾♉**:** Der Mond im Stier verleiht dir emotionale

Stabilität und ein Bedürfnis nach Sicherheit. Du fühlst dich geborgen, wenn dein Umfeld beständig und friedlich ist, und genießt die einfachen Freuden des Lebens.

Mond in den Zwillingen ☾ ♊: Mit dem Mond in den Zwillingen bist du neugierig und kommunikationsfreudig. Du verarbeitest deine Gefühle, indem du über sie sprichst, und suchst oft geistige Anregung, um dich ausgeglichen zu fühlen.

Mond im Krebs ☾ ♋: Der Mond im Krebs verstärkt dein Bedürfnis nach emotionaler Nähe und Geborgenheit. Du bist fürsorglich, empfindsam und fühlst dich erfüllt, wenn du für andere da sein kannst.

Mond im Löwen ☾ ♌: Der Mond im Löwen bringt Stolz und ein starkes Bedürfnis nach Anerkennung. Du drückst deine Gefühle kreativ aus und fühlst dich emotional erfüllt, wenn du im Mittelpunkt stehen kannst.

Mond in der Jungfrau ☾ ♍: Mit dem Mond in der Jungfrau suchst du emotionale Sicherheit durch Ordnung und Nützlichkeit. Du fühlst dich wohl, wenn du Probleme lösen oder anderen praktisch helfen kannst.

Mond in der Waage ☾ ♎: Der Mond in der Waage macht dich harmoniesuchend und diplomatisch. Du fühlst dich emotional ausgeglichen, wenn deine Beziehungen harmonisch sind und du Schönheit um dich herum wahrnimmst.

Mond im Skorpion ☾ ♏: Der Mond im Skorpion bringt intensive und transformative Gefühle. Du gehst emotional in die

Tiefe und scheust dich nicht vor schwierigen Themen, um wahre Nähe zu erleben.

Mond im Schützen ☾ ♐: Mit dem Mond im Schützen suchst du emotionale Freiheit und Abenteuer. Du fühlst dich glücklich, wenn du neue Horizonte erkunden und deinen Geist erweitern kannst.

Mond im Steinbock ☾ ♑: Der Mond im Steinbock gibt dir ein Bedürfnis nach Kontrolle und Stabilität. Du fühlst dich wohl, wenn du Verantwortung übernimmst und deine Ziele diszipliniert verfolgst.

Mond im Wassermann ☾ ♒: Der Mond im Wassermann macht dich emotional unabhängig und originell. Du fühlst dich erfüllt, wenn du Teil einer Gemeinschaft bist und gleichzeitig deine Individualität ausleben kannst.

Mond in den Fischen ☾ ♓: Der Mond in den Fischen verstärkt deine Sensibilität und Intuition. Du fühlst dich emotional verbunden, wenn du deine Empathie einsetzen und dich mit etwas Größerem verbunden fühlen kannst.

Merkur: Kommunikation und Denken

Merkur symbolisiert deinen Verstand, deine Kommunikation und wie du Informationen aufnimmst und weitergibst. Er zeigt, wie du denkst, sprichst und lernst. Merkur ist der Planet, der deine Neugierde und deinen Austausch mit der Welt regelt.

Merkur im Widder ☿♈: Mit Merkur im Widder hast du eine

direkte und energische Art zu kommunizieren. Du denkst und sprichst schnell, oft impulsiv, und bist klar in deinen Aussagen. Neue Ideen und Herausforderungen ziehst du an, und du neigst dazu, ohne zu zögern Entscheidungen zu treffen.

Merkur im Stier ☿♉: Dein Denken und deine Kommunikation sind eher langsam und beständig. Du nimmst dir Zeit, um gründlich nachzudenken und legst Wert auf klare, verlässliche Informationen. Merkur im Stier schätzt einfache und praktische Lösungen und bringt oft eine pragmatische Sichtweise mit.

Merkur in den Zwillingen ☿♊: Mit Merkur in seinem Heimatzeichen Zwillinge bist du vielseitig, neugierig und ein natürlicher Kommunikator. Du liebst es, Wissen zu sammeln und mit anderen zu teilen. Schnell im Denken und offen für neue Ideen, fühlst du dich in Diskussionen und im Austausch mit anderen besonders lebendig.

Merkur im Krebs ☿♋: Dein Denken ist stark von deinen Gefühlen beeinflusst, und du kommunizierst einfühlsam und verständnisvoll. Erinnerungen und Emotionen spielen eine große Rolle, und du neigst dazu, Gespräche mit einem sanften, fürsorglichen Ton zu führen. Für dich ist es wichtig, dass Worte Geborgenheit und Nähe schaffen.

Merkur im Löwen ☿♌: Mit Merkur im Löwen drückst du dich gerne kreativ und selbstbewusst aus. Deine Kommunikation ist oft lebendig und inspirierend, und du hast das Talent, andere zu motivieren. Du schätzt es, gehört zu werden, und legst Wert auf eine kraftvolle und authentische Ausdrucksweise.

Merkur in der Jungfrau ☿♍: Merkur in der Jungfrau gibt dir eine analytische, detailorientierte Denkweise. Du betrachtest Informationen genau und legst Wert auf Klarheit und Genauigkeit. Praktische Lösungen und logisches Denken sind dir wichtig, und du fühlst dich wohl, wenn du komplexe Sachverhalte strukturieren und organisieren kannst.

Merkur in der Waage ☿♎: Mit Merkur in der Waage hast du eine diplomatische, harmonische Art zu kommunizieren. Du denkst sorgfältig nach und schätzt es, wenn unterschiedliche Standpunkte berücksichtigt werden. Du bist gut darin, Kompromisse zu finden und kommunizierst oft auf eine freundliche und ausgewogene Weise.

Merkur im Skorpion ☿♏: Dein Denken ist tiefgründig und intensiv, und du neigst dazu, die verborgenen Seiten eines Themas zu erforschen. Kommunikation ist für dich ein Mittel, um tiefergehende Wahrheiten zu entdecken. Merkur im Skorpion bringt oft einen scharfsinnigen, analytischen Verstand und eine intensive Ausdruckskraft.

Merkur im Schützen ☿♐: Mit Merkur im Schützen bist du optimistisch und denkst gerne über das große Ganze nach. Du liebst philosophische Diskussionen und suchst nach dem Sinn des Lebens. Deine Kommunikation ist offen und direkt, und du teilst deine Gedanken oft großzügig und mit Begeisterung.

Merkur im Steinbock ☿♑: Dein Denken ist pragmatisch und zielorientiert. Mit Merkur im Steinbock neigst du dazu, langfristig zu planen und auf Verlässlichkeit zu achten. Du kommunizierst sachlich und konzentrierst dich auf das Wesentliche, wobei du oft mit einer gewissen Ernsthaftigkeit und Struktur sprichst.

Merkur im Wassermann ☿♒: Mit Merkur im Wassermann hast du eine originelle, unkonventionelle Denkweise. Du liebst innovative Ideen und denkst oft voraus. Kommunikation und Gedankenaustausch sind dir wichtig, und du fühlst dich zu Themen hingezogen, die Veränderung und Fortschritt bringen.

Merkur in den Fischen ☿♓: Dein Denken ist intuitiv und oft von Empathie geprägt. Mit Merkur in den Fischen drückst du dich auf eine sanfte, fantasievolle Weise aus. Du bist offen für das Unsichtbare und fühlst dich in kreativen und spirituellen Themen wohl. Deine Kommunikation hat oft einen emotionalen, tief empfundenen Unterton.

Venus: Liebe und Werte

Venus steht für Beziehungen, Liebe und deine Werte. Sie zeigt, was dir Freude bereitet und wie du Harmonie suchst – sei es in zwischenmenschlichen Beziehungen oder in der Gestaltung deines Lebens.

Venus im Widder ♀♈: Mit Venus im Widder bist du leidenschaftlich und spontan in der Liebe. Du magst es direkt und scheust dich nicht, den ersten Schritt zu machen. Für dich ist Liebe ein Abenteuer, und du fühlst dich zu Menschen hingezogen, die deine Begeisterung und Energie teilen.

Venus im Stier ♀♉: Venus im Stier bringt dir eine sinnliche, beständige Art, Liebe und Freude zu genießen. Du schätzt

Sicherheit und Stabilität in Beziehungen und fühlst dich zu Menschen hingezogen, die dir Beständigkeit geben. Genuss und Komfort sind dir wichtig, und du liebst es, dich von schönen Dingen umgeben zu wissen.

Venus in den Zwillingen ♀☐ Mit Venus in den Zwillingen ist dir Abwechslung und geistige Anregung in Beziehungen wichtig. Du schätzt es, mit deinem Partner über alles reden zu können, und liebst es, Neues zu entdecken. Flirts und spielerische Kommunikation machen für dich den Reiz des Kennenlernens aus.

Venus im Krebs ♀☐ Venus im Krebs verleiht dir eine fürsorgliche und einfühlsame Art, Liebe auszudrücken. Du sehnst dich nach emotionaler Nähe und Geborgenheit in Beziehungen. Für dich ist es wichtig, eine tiefe Verbindung zu deinem Partner zu haben, und du bist gerne für deine Liebsten da.

Venus im Löwen ♀☐ Mit Venus im Löwen drückst du dich gerne großzügig und leidenschaftlich in der Liebe aus. Du liebst es, im Mittelpunkt zu stehen und deine Einzigartigkeit zu zeigen. Romantik und Anerkennung sind dir wichtig, und du suchst nach einer Partnerschaft, die dir Raum für Selbstausdruck gibt.

Venus in der Jungfrau ♀☐ Venus in der Jungfrau bringt eine praktische, hilfsbereite Art der Liebe. Du zeigst deine Zuneigung oft durch kleine Gesten und Hilfsbereitschaft. Für dich ist es wichtig, dass eine Beziehung auf einem stabilen, realistischen Fundament steht, und du schätzt Loyalität und Verlässlichkeit.

Venus in der Waage ♀☐ Mit Venus in ihrem Heimatzeichen

Waage hast du ein starkes Bedürfnis nach Harmonie und Schönheit in Beziehungen. Du schätzt es, wenn alles im Gleichgewicht ist, und legst großen Wert auf Ästhetik und gegenseitigen Respekt. Diplomatie und Kompromisse sind dir in der Liebe wichtig.

Venus im Skorpion ♀︎: Venus im Skorpion bringt eine intensive und transformative Art, Liebe zu erleben. Du suchst nach tiefen Verbindungen und scheust keine Herausforderungen in Beziehungen. Für dich ist die Liebe leidenschaftlich und geheimnisvoll, und du bist bereit, in die Tiefen der Gefühle einzutauchen.

Venus im Schützen ♀︎: Mit Venus im Schützen fühlst du dich zu Freiheit und Abenteuer in Beziehungen hingezogen. Du schätzt Unabhängigkeit und brauchst Partner, die ebenfalls offen und optimistisch sind. Für dich ist Liebe ein Weg zur Erweiterung des Horizonts, und du liebst es, Neues gemeinsam zu entdecken.

Venus im Steinbock ♀︎: Venus im Steinbock bringt eine ernsthafte und verantwortungsbewusste Art, Liebe zu zeigen. Du suchst nach Stabilität und langfristiger Sicherheit in Beziehungen und legst Wert auf Loyalität und Vertrauen. Deine Zuneigung wächst oft langsam, aber dafür tief und beständig.

Venus im Wassermann ♀︎: Mit Venus im Wassermann schätzt du Freiheit und Unabhängigkeit in der Liebe. Du fühlst dich zu ungewöhnlichen, inspirierenden Menschen hingezogen und schätzt eine Beziehung, die Raum für Individualität lässt. Freundschaft und Gleichberechtigung sind dir in Beziehungen besonders wichtig.

Venus in den Fischen ♀︎♓︎ Venus in den Fischen verleiht dir
eine romantische, einfühlsame Art, Liebe zu empfinden. Du
suchst nach einer spirituellen Verbindung und fühlst dich oft
intuitiv zu Menschen hingezogen, die deine Sensibilität teilen. Für
dich ist Liebe grenzenlos und voller Mitgefühl.

Mars: Energie und Antrieb

Mars steht für deine Energie, deinen Antrieb und wie du
Herausforderungen angehst. Er zeigt, wo du deine Kraft einsetzt
und wie du deine Ziele verfolgst.

Mars im Widder ♂︎♈︎ Mit Mars in seinem Heimatzeichen
Widder bist du voller Energie und Tatendrang. Du gehst
Herausforderungen direkt an und hast eine spontane, impulsive
Art, aktiv zu werden. Für dich ist es wichtig, deine Ziele
selbstbewusst zu verfolgen und neue Wege zu gehen.

Mars im Stier ♂︎♉︎: Mars im Stier gibt dir eine geduldige,
ausdauernde Energie. Du setzt dich mit Beharrlichkeit für deine
Ziele ein und lässt dich nicht leicht beirren. Einmal entschlossen,
verfolgst du deine Vorhaben beständig und gründlich, bis du sie
erreicht hast.

Mars in den Zwillingen ♂︎♊︎: Mit Mars in den Zwillingen bist
du geistig agil und neigst dazu, auf mehreren Ebenen aktiv zu
sein. Du suchst ständig nach neuen Anregungen und wechselst
gern zwischen verschiedenen Interessen. Kommunikation und
Wissen sind für dich Wege, um deine Ziele zu erreichen.

Mars im Krebs ♂︎♋︎: Mars im Krebs verleiht dir eine schützende, emotionale Energie. Du handelst oft aus einem Bedürfnis nach Sicherheit und Fürsorge heraus. Deine Motivation kommt oft durch dein Umfeld und die Menschen, die dir wichtig sind, und du kämpfst für das, was dir nahe am Herzen liegt.

Mars im Löwen ♂□ : Mit Mars im Löwen drückst du dich leidenschaftlich und selbstbewusst aus. Du liebst es, im Rampenlicht zu stehen, und strebst nach Anerkennung und Erfolg. Für dich ist es wichtig, deine Energie kreativ und authentisch auszudrücken und andere zu inspirieren.

Mars in der Jungfrau ♂□ : Mars in der Jungfrau bringt eine analytische, praktische Herangehensweise an Aktivitäten. Du arbeitest strukturiert und bist bereit, die Details gründlich zu durchdenken. Deine Energie richtet sich auf Perfektion und Effektivität, und du gehst Dinge gerne systematisch an.

Mars in der Waage ♂□ : Mit Mars in der Waage suchst du in deinem Handeln nach Harmonie und Gleichgewicht. Du bist bereit, für Gerechtigkeit einzustehen, und bevorzugst eine diplomatische Herangehensweise. Partnerschaften und Zusammenarbeit spielen eine wichtige Rolle bei deinen Entscheidungen.

Mars im Skorpion ♂□: Mars im Skorpion bringt eine intensive, durchdringende Energie. Du bist entschlossen und verfolgst deine Ziele leidenschaftlich, oft mit einem Hang zur Tiefe und Transformation. Deine Stärke liegt darin, Veränderungen herbeizuführen und durch Herausforderungen zu wachsen.

Mars im Schützen ♂♐: Mit Mars im Schützen bist du abenteuerlustig und optimistisch in deinem Handeln. Du liebst es, neue Horizonte zu erkunden und strebst nach Freiheit und Expansion. Für dich ist es wichtig, deine Energie auf inspirierende Ziele zu richten und das Leben als Reise zu sehen.

Mars im Steinbock ♂♑ : Mars im Steinbock gibt dir eine disziplinierte, zielorientierte Energie. Du bist bereit, hart zu arbeiten und langfristig zu planen, um deine Vorhaben zu erreichen. Deine Entschlossenheit und dein Sinn für Verantwortung helfen dir, auch schwierige Ziele zu meistern.

Mars im Wassermann ♂♒: Mit Mars im Wassermann bist du unabhängig und unkonventionell in deinem Handeln. Du setzt auf Originalität und innovative Ansätze und liebst es, dich für progressive Ideen einzusetzen. Freiheit und Individualität spielen eine wichtige Rolle für deine Motivation.

Mars in den Fischen ♂♓ : Mars in den Fischen verleiht dir eine sanfte, intuitive Energie. Du handelst oft aus Mitgefühl und Empathie heraus und lässt dich von deinem inneren Gefühl leiten. Für dich ist es wichtig, deine Ziele auf eine spirituelle oder kreative Weise zu verfolgen.

Jupiter: Wachstum und Weisheit

Jupiter symbolisiert Expansion, Optimismus und den Glauben an das Wachstum. Er zeigt, wo du im Leben nach Sinn und Weisheit suchst und wie du deine Weltanschauung erweiterst.

Jupiter im Widder ♃♈: Mit Jupiter im Widder hast du eine optimistische, mutige Herangehensweise ans Leben. Du suchst nach Möglichkeiten, die Dinge voranzutreiben und liebst es, neue Wege zu entdecken. Dein Glaube an dich selbst inspiriert andere, und du bist bereit, Risiken einzugehen, um zu wachsen.

Jupiter im Stier ♃♉: Jupiter im Stier bringt dir eine stabile, genussorientierte Lebensanschauung. Du schätzt Sicherheit und Wohlstand und bist überzeugt, dass langfristige Anstrengungen Früchte tragen. Dein Glaube an Stabilität und den Wert harter Arbeit ist dir wichtig.

Jupiter in den Zwillingen ♃♊: Mit Jupiter in den Zwillingen hast du eine wissbegierige und offene Einstellung zum Leben. Du liebst es, verschiedene Perspektiven kennenzulernen und bist ein natürlicher Kommunikator. Bildung und geistige Erweiterung sind für dich Wege, um zu wachsen und dich selbst besser zu verstehen.

Jupiter im Krebs ♃♋: Jupiter im Krebs verleiht dir eine einfühlsame und fürsorgliche Natur. Du fühlst dich am wohlsten, wenn du in einem harmonischen Umfeld bist und schätzt Familienwerte und emotionale Sicherheit. Für dich ist Wachstum oft verbunden mit der Stärkung deiner emotionalen Bindungen.

Jupiter im Löwen ♃♌: Mit Jupiter im Löwen hast du eine großzügige und kreative Lebensanschauung. Du suchst nach Möglichkeiten, dich auszudrücken und andere zu inspirieren. Dein Glaube an dich selbst und dein Wunsch, im Leben eine große Rolle zu spielen, motivieren dich, nach Erfolg und Anerkennung zu streben.

Jupiter in der Jungfrau ♃♍: Jupiter in der Jungfrau bringt eine analytische und detailorientierte Herangehensweise an Wachstum. Du siehst Wachstum als etwas an, das durch Präzision und harte Arbeit entsteht. Praktische Verbesserung und das Streben nach Ordnung sind für dich Schlüssel zum Erfolg.

Jupiter in der Waage ♃♎: Mit Jupiter in der Waage hast du eine ausgewogene und harmonische Sicht auf das Leben. Du fühlst dich zu Fairness und Gerechtigkeit hingezogen und schätzt die Kraft von Partnerschaften. Für dich ist Wachstum mit einem Sinn für Gleichgewicht und Harmonie verbunden.

Jupiter im Skorpion ♃♏: Jupiter im Skorpion verleiht dir eine tiefgründige, transformative Lebenseinstellung. Du glaubst an die Kraft der Veränderung und bist bereit, dich auf intensiven Ebenen weiterzuentwickeln. Deine Suche nach Wahrheit und das Erforschen des Verborgenen führen dich oft zu Wachstum.

Jupiter im Schützen ♃♐: Mit Jupiter in seinem Heimatzeichen Schütze bist du optimistisch und abenteuerlustig. Du suchst nach neuen Erfahrungen und nach Wissen, das deinen Horizont erweitert. Dein Glaube an Freiheit und die Kraft des Positiven sind dir wichtig, und du siehst das Leben als große Entdeckungsreise.

Jupiter im Steinbock ♃♑: Jupiter im Steinbock bringt dir eine disziplinierte und zielorientierte Sichtweise. Du schätzt es, langfristige Pläne zu schmieden und Verantwortung zu übernehmen. Dein Wachstum basiert auf harter Arbeit und Verlässlichkeit, und du fühlst dich durch Erfolge motiviert, die auf Ausdauer beruhen.

Jupiter im Wassermann ♃♒: Mit Jupiter im Wassermann hast du eine progressive, innovative Weltsicht. Du glaubst an das Potenzial von Gemeinschaft und Wandel und suchst nach Wegen, die Welt zu verbessern. Freiheit und Gleichheit sind dir wichtig, und du setzt dich für neue Ideen und Veränderungen ein.

Jupiter in den Fischen ♃♓: Jupiter in den Fischen verleiht dir eine intuitive und mitfühlende Einstellung zum Leben. Du fühlst dich oft zu spirituellen und kreativen Wegen hingezogen, um zu wachsen. Dein Glaube an das Universelle und die Kraft des Mitgefühls sind dir wichtig, und du siehst im Leben oft ein tiefes, inneres Potenzial.

Saturn: Disziplin und Verantwortung

Saturn symbolisiert Disziplin, Verantwortung und Struktur. Er zeigt, wo du im Leben reifen und dich Herausforderungen stellen musst. Saturns Lektionen sind oft anspruchsvoll, aber sie bringen langfristiges Wachstum und Stabilität.

Saturn ♄ und die Tierkreiszeichen

Saturn im Widder ♄♈: Mit Saturn im Widder lernst du, Verantwortung und Disziplin in dein selbstbewusstes Handeln zu integrieren. Du wirst dazu angehalten, Geduld zu entwickeln und überstürzte Entscheidungen zu vermeiden. Durch Herausforderungen lernst du, deine Energie gezielt einzusetzen und dir klare Ziele zu setzen.

Saturn im Stier ♄♉: Saturn im Stier bringt dir die Lektion von Geduld und Ausdauer. Du wirst ermutigt, beharrlich an deinen

Zielen zu arbeiten und materielle Sicherheit zu schätzen. Dein Wachstum findet durch Verlässlichkeit und Stabilität statt, und du lernst, langfristige Investitionen zu würdigen.

Saturn in den Zwillingen ♄ ♊**:** Mit Saturn in den Zwillingen lernst du, deine Gedanken zu strukturieren und präzise zu kommunizieren. Du wirst dazu angeregt, deine Ideen gründlich zu durchdenken und Verantwortung für deine Worte zu übernehmen. Klare Kommunikation und ein realistischer Umgang mit Wissen sind deine Herausforderung.

Saturn im Krebs ♄ ♋**:** Saturn im Krebs bringt die Aufgabe, emotionale Sicherheit und familiäre Verantwortung zu entwickeln. Du lernst, deine Gefühle zu kontrollieren und ein stabiles Zuhause zu schaffen. Dein Wachstum liegt in der Fähigkeit, Geborgenheit und Verlässlichkeit für dich und andere zu bieten.

Saturn im Löwen ♄ ♌**:** Mit Saturn im Löwen wirst du ermutigt, deine kreative Ausdruckskraft verantwortungsvoll einzusetzen. Du lernst, Selbstbewusstsein mit Disziplin zu verbinden und deine Talente gezielt zu entwickeln. Deine Herausforderung liegt darin, authentisch zu strahlen, ohne auf oberflächliche Anerkennung zu setzen.

Saturn in der Jungfrau ♄ ♍**:** Saturn in der Jungfrau bringt die Lektion, Ordnung und Genauigkeit zu schätzen. Du wirst dazu angeregt, systematisch und sorgfältig zu arbeiten und deine Fähigkeiten für praktische Zwecke einzusetzen. Verantwortung und Hingabe für Details sind für dich Wege zum Erfolg.

Saturn in der Waage ♄ ♎: Mit Saturn in der Waage lernst du, Beziehungen und Fairness ernst zu nehmen. Du wirst ermutigt, diplomatisch und verantwortungsvoll mit anderen umzugehen. Deine Herausforderung liegt darin, in Partnerschaften Balance zu schaffen und Entscheidungen gründlich abzuwägen.

Saturn im Skorpion ♄ ♏: Saturn im Skorpion fordert dich auf, tiefgehende Transformation und Selbstbeherrschung zu entwickeln. Du wirst angeregt, Macht und Kontrolle bewusst einzusetzen und die emotionale Tiefe zu erkunden. Dein Wachstum entsteht durch die Bereitschaft, Veränderungen anzunehmen und das Verborgene zu erforschen.

Saturn im Schützen ♄ ♐: Mit Saturn im Schützen lernst du, deine Ideale und Überzeugungen realistisch zu gestalten. Du wirst dazu angeregt, dein Wissen zu vertiefen und Geduld in deinem Streben nach Weisheit zu entwickeln. Dein Wachstum liegt darin, Visionen zu haben, die du Schritt für Schritt verwirklichst.

Saturn im Steinbock ♄ ♑: Saturn in seinem Heimatzeichen Steinbock verstärkt deine Zielstrebigkeit und Disziplin. Du lernst, Verantwortung und langfristige Erfolge zu schätzen. Dein Wachstum entsteht durch Beharrlichkeit und die Fähigkeit, mit Herausforderungen umzugehen, um letztlich stabile Strukturen aufzubauen.

Saturn im Wassermann ♄ ♒: Mit Saturn im Wassermann entwickelst du Verantwortung für deine Ideale und deine Unabhängigkeit. Du lernst, originelle Ideen strukturiert umzusetzen und Freiheit mit Verpflichtung zu verbinden. Deine Herausforderung liegt darin, progressive Veränderungen mit realistischem Einsatz zu gestalten.

Saturn in den Fischen ♄ ♓**:** Saturn in den Fischen fordert dich auf, Verantwortung für deine Sensibilität und deine Träume zu übernehmen. Du wirst angeregt, Mitgefühl und spirituelle Disziplin zu entwickeln. Dein Wachstum liegt darin, deine inneren Visionen in der realen Welt zu verwirklichen, ohne den Kontakt zur Realität zu verlieren.

Uranus: Freiheit und Innovation

Uranus steht für Freiheit, Innovation und radikale Veränderung. Er zeigt, wo du dich von Traditionen lösen und neue Wege beschreiten möchtest. Uranus inspiriert dich, unkonventionell zu denken und das Leben auf unerwartete Weise zu transformieren.

Uranus ♅ und die Tierkreiszeichen

Uranus im Widder ♅♈**:** Mit Uranus im Widder hast du eine mutige, innovative Art, Veränderungen anzugehen. Du liebst es, neue Ideen direkt umzusetzen und zögerst nicht, wenn es darum geht, etwas völlig Neues zu beginnen. Deine Energie ist impulsiv und freiheitsliebend, und du bist oft ein Pionier in allem, was du tust.

Uranus im Stier ♅♉**:** Uranus im Stier bringt Veränderungen in stabilen, materiellen Bereichen. Du hast eine einzigartige Herangehensweise an finanzielle und praktische Angelegenheiten und suchst nach neuen, beständigen Werten. Du stehst für eine Veränderung, die nachhaltig ist und bestehende Strukturen reformiert.

Uranus in den Zwillingen ♅♊: Mit Uranus in den Zwillingen denkst du schnell und bist offen für unkonventionelle Ideen. Kommunikation und Wissen sind für dich Wege zur Veränderung, und du fühlst dich zu neuen, innovativen Technologien und Denkweisen hingezogen. Flexibilität und ein reger Austausch sind deine Mittel zum Wandel.

Uranus im Krebs ♅♋: Uranus im Krebs verleiht dir eine unkonventionelle Sicht auf Familie und emotionale Bindungen. Du möchtest Traditionen neu gestalten und fühlst dich zu alternativen Formen von Geborgenheit hingezogen. Für dich ist es wichtig, Sicherheit auf kreative und eigenständige Weise zu finden.

Uranus im Löwen ♅♌: Mit Uranus im Löwen bist du unabhängig und liebst es, deine Individualität auszudrücken. Du strebst nach originellen Wegen, um deine Kreativität zu zeigen und fühlst dich zu einzigartigen Selbstausdrucksformen hingezogen. Für dich ist Veränderung eine Bühne, um deine Einzigartigkeit zu präsentieren.

Uranus in der Jungfrau ♅♍: Uranus in der Jungfrau bringt eine innovative, detailorientierte Herangehensweise an alltägliche Dinge und Arbeit. Du suchst nach neuen Methoden, um Ordnung und Effizienz zu verbessern. Alternative Gesundheits- oder Arbeitsmethoden können dir neue Perspektiven eröffnen.

Uranus in der Waage ♅♎: Mit Uranus in der Waage hast du eine unkonventionelle Sicht auf Beziehungen und Partnerschaften. Du schätzt Freiheit und Gleichberechtigung und suchst nach innovativen Wegen, Harmonie zu schaffen. Dein

Interesse gilt oft progressiven, sozialen Bewegungen, die Gerechtigkeit fördern.

Uranus im Skorpion ♅♏**:** Uranus im Skorpion bringt eine transformative und tiefgehende Art der Veränderung. Du fühlst dich zu verborgenen und intensiven Themen hingezogen und bist bereit, in die Tiefen zu gehen, um wahre Veränderung zu bewirken. Oft strebst du danach, Machtstrukturen zu hinterfragen und Altes loszulassen.

Uranus im Schützen ♅♐**:** Mit Uranus im Schützen hast du eine abenteuerliche, offene Einstellung gegenüber Wandel. Du liebst es, neue philosophische oder kulturelle Horizonte zu erkunden, und strebst danach, die Welt zu verbessern. Dein Innovationsgeist zeigt sich besonders in der Suche nach Freiheit und Wahrheit.

Uranus im Steinbock ♅♑**:** Uranus im Steinbock verleiht dir eine progressive, aber strukturierte Herangehensweise an Veränderungen. Du setzt dich für langfristige Reformen ein und strebst danach, alte Systeme und Traditionen neu zu gestalten. Für dich ist Wandel nur dann wertvoll, wenn er nachhaltig und gut geplant ist.

Uranus im Wassermann ♅♒**:** Mit Uranus in seinem Heimatzeichen Wassermann bist du ein echter Visionär. Du liebst Freiheit, Individualität und hast einen scharfen Sinn für Innovation. Dein Fokus liegt auf Fortschritt und Gleichheit, und du setzt dich oft für soziale und technische Veränderungen ein, die die Zukunft neu gestalten.

Uranus in den Fischen ♅♓: Uranus in den Fischen verleiht dir eine intuitive und spirituelle Sicht auf Veränderung. Du fühlst dich zu Träumen und Visionen hingezogen, die den Geist befreien. Deine Innovationskraft zeigt sich in deiner Empathie und dem Wunsch, kreative und spirituelle Grenzen zu überwinden.

Neptun: Träume und Intuition

Neptun steht für Träume, Intuition und spirituelle Verbindungen. Er zeigt, wo du eine besondere Sensibilität und Kreativität entwickeln kannst, aber auch, wo Illusionen und Täuschungen eine Herausforderung sein können.

Neptun ♆ und die Tierkreiszeichen

Neptun im Widder ♆♈: Mit Neptun im Widder hast du eine intuitive, impulsive Art, auf Träume und Visionen zu reagieren. Du fühlst dich oft inspiriert, sofort zu handeln, und folgst deinen Eingebungen. Dein Glaube an deine Ideen gibt dir Kraft, neue kreative oder spirituelle Wege zu gehen.

Neptun im Stier ♆♉: Neptun im Stier bringt eine spirituelle, sinnliche Verbindung zur materiellen Welt. Du findest Erfüllung in der Natur und fühlst dich zu schönen, wertvollen Dingen hingezogen. Deine Intuition hilft dir, den wahren Wert von Dingen zu erkennen und eine stabile, spirituelle Basis zu schaffen.

Neptun in den Zwillingen ♆♊: Mit Neptun in den Zwillingen bist du geistig flexibel und hast oft intuitive Eingebungen. Du fühlst dich zu mystischen oder philosophischen Themen hingezogen und liebst es, deine Fantasie durch Worte und Gedanken auszudrücken. Deine Neugier auf das Unsichtbare prägt deine Denkweise.

Neptun im Krebs ♆ ♋**:** Neptun im Krebs verleiht dir eine einfühlsame und träumerische Natur. Du bist stark mit deinen Gefühlen und deinem inneren Zuhause verbunden und empfindest oft eine tiefe Sehnsucht nach Geborgenheit. Für dich sind Intuition und Familie wichtige Quellen der inneren Ruhe.

Neptun im Löwen ♆ ♌**:** Mit Neptun im Löwen hast du eine kreative und inspirierende Art, dich auszudrücken. Du fühlst dich oft dazu berufen, durch Kunst oder Romantik deine Einzigartigkeit zu zeigen. Für dich ist es wichtig, deine Träume und Visionen auf eine dramatische, herzliche Weise auszuleben.

Neptun in der Jungfrau ♆ ♍**:** Neptun in der Jungfrau bringt eine intuitive, pragmatische Einstellung zu Spiritualität und Heilung. Du fühlst dich zu ganzheitlichen und natürlichen Heilmethoden hingezogen und schätzt eine spirituelle Routine. Deine Intuition führt dich dazu, das Alltägliche auf eine tiefere Ebene zu bringen.

Neptun in der Waage ♆ ♎**:** Mit Neptun in der Waage hast du eine idealistische und harmonische Sicht auf Beziehungen. Du träumst von Perfektion und einer tiefen, spirituellen Verbindung zu anderen. Für dich ist Schönheit und Harmonie in allen Dingen wichtig, und du suchst nach Seelenverwandten in deinen Beziehungen.

Neptun im Skorpion ♆ ♏**:** Neptun im Skorpion verleiht dir eine intensive, tiefgründige spirituelle Natur. Du fühlst dich zu mystischen, verborgenen Themen hingezogen und bist bereit, die Tiefen deiner Seele zu erkunden. Transformation und das Loslassen sind für dich Schlüsselthemen auf deinem spirituellen Weg.

Neptun im Schützen ♆ ♐: Mit Neptun im Schützen hast du eine optimistische, philosophische Herangehensweise an Spiritualität. Du fühlst dich zu Reisen und zur Erkundung fremder Kulturen hingezogen, um deinen Horizont zu erweitern. Dein Glaube und deine Visionen inspirieren dich, das Leben als spirituelle Reise zu sehen.

Neptun im Steinbock ♆ ♑: Neptun im Steinbock bringt dir eine disziplinierte, strukturierte Sicht auf Spiritualität und Träume. Du bist bereit, langfristig an spirituellen oder kreativen Projekten zu arbeiten. Für dich ist es wichtig, deine Träume in der Realität zu verankern und spirituelle Prinzipien im Alltag anzuwenden.

Neptun im Wassermann ♆ ♒: Mit Neptun im Wassermann hast du eine progressive, visionäre Einstellung zur Spiritualität. Du fühlst dich zu universellen Ideen und sozialen Idealen hingezogen und träumst von einer besseren, vereinten Welt. Deine Inspiration und Empathie gelten oft der Menschheit und zukunftsweisenden Ideen.

Neptun in den Fischen ♆ ♓: Neptun in den Fischen ist besonders stark und verleiht dir eine tief spirituelle, mitfühlende Natur. Du hast eine starke Verbindung zur inneren Welt und empfindest oft ein tiefes Verständnis für andere. Für dich ist

Spiritualität grenzenlos und beruht auf Mitgefühl und Verbundenheit mit dem Ganzen.

Pluto: Transformation und Macht

Pluto symbolisiert Transformation, Macht und die Fähigkeit, tiefgreifende Veränderungen zu durchlaufen. Er zeigt, wo du in deinem Leben Altes loslassen musst, um Platz für Neues zu schaffen, und wo du innere Stärke entwickelst.

Pluto ♇ und die Tierkreiszeichen

Pluto im Widder ♇ ♈: Mit Pluto im Widder hast du eine kraftvolle und mutige Natur. Du fühlst dich dazu hingezogen, neue Wege zu gehen und setzt dich intensiv für deine persönlichen Ziele ein. Veränderung und Transformation sind für dich oft eng mit Selbstbehauptung und dem Mut zum Neuanfang verbunden.

Pluto im Stier ♇ ♉: Pluto im Stier verleiht dir eine beständige und entschlossene Herangehensweise an Transformation. Du fühlst dich dazu hingezogen, materielle und emotionale Sicherheit zu erreichen und bist bereit, alte Werte loszulassen, um neue Stabilität zu finden. Für dich ist Veränderung nachhaltig und tief verwurzelt.

Pluto in den Zwillingen ♇ ♊: Mit Pluto in den Zwillingen hast du ein intensives Bedürfnis, Wissen und Kommunikation auf einer tieferen Ebene zu erforschen. Du fühlst dich zu geheimen oder verborgenen Informationen hingezogen und bist bereit, deine Denkweise immer wieder neu zu gestalten, um wahre

Einsichten zu gewinnen.

Pluto im Krebs ♇ ♋: Pluto im Krebs bringt eine transformative, emotionale Tiefe in dein Leben. Du fühlst dich zu deinen Wurzeln und familiären Bindungen hingezogen und bist bereit, vergangene Verletzungen zu heilen. Für dich ist wahre Veränderung oft mit dem Loslassen alter emotionaler Muster verbunden.

Pluto im Löwen ♇ ♌: Mit Pluto im Löwen hast du eine intensive, leidenschaftliche Ausdruckskraft. Du fühlst dich dazu hingezogen, deine persönliche Macht und Kreativität zu entfalten. Für dich ist Veränderung oft eng mit deiner Selbstverwirklichung und dem Streben nach persönlicher Bedeutung verbunden.

Pluto in der Jungfrau ♇ ♍: Pluto in der Jungfrau verleiht dir eine analytische, tiefgründige Herangehensweise an Transformation. Du suchst nach Möglichkeiten, alltägliche Routinen und Strukturen zu verbessern und bist bereit, dich intensiver mit Gesundheit und Heilung zu befassen. Deine Veränderung ist oft detailorientiert und praktisch.

Pluto in der Waage ♇ ♎: Mit Pluto in der Waage hast du eine intensive, transformative Einstellung zu Beziehungen und Partnerschaften. Du suchst nach tiefen, bedeutsamen Verbindungen und bist bereit, Konflikte und Ungleichgewichte zu lösen. Für dich ist Veränderung oft eng mit dem Streben nach Gleichgewicht und Gerechtigkeit verbunden.

Pluto im Skorpion ♇ ♏: Pluto im Skorpion ist besonders stark und verleiht dir eine tiefgründige, transformative Natur. Du bist bereit, in die tiefsten Ebenen deiner Psyche vorzudringen und verborgene Themen zu erforschen. Für dich ist Veränderung oft intensiv und begleitet von tiefem inneren Wachstum und Loslassen.

Pluto im Schützen ♇ ♐**:** Mit Pluto im Schützen hast du eine leidenschaftliche, philosophische Einstellung zu Transformation. Du fühlst dich zu spirituellen und kulturellen Themen hingezogen und bist bereit, deine Überzeugungen radikal zu hinterfragen. Für dich ist Veränderung oft verbunden mit der Erweiterung deines Horizonts.

Pluto im Steinbock ♇ ♑**:** Pluto im Steinbock bringt eine transformative, zielorientierte Sichtweise auf Macht und Verantwortung. Du bist bereit, langfristig an Stabilität und Struktur zu arbeiten und setzt dich dafür ein, alte Systeme zu reformieren. Für dich ist Veränderung tiefgreifend und auf nachhaltige Erfolge ausgerichtet.

Pluto im Wassermann ♇ ♒**:** Mit Pluto im Wassermann hast du eine visionäre, progressive Einstellung zu Transformation. Du fühlst dich zu sozialen und technischen Neuerungen hingezogen und bist bereit, bestehende Normen zu hinterfragen. Deine Veränderung zielt oft darauf ab, Freiheit und Gleichheit zu fördern.

Pluto in den Fischen ♇ ♓**:** Pluto in den Fischen verleiht dir eine intuitive, spirituelle Herangehensweise an Veränderung. Du fühlst dich zu mystischen und verborgenen Themen hingezogen und bist bereit, dich innerlich zu transformieren. Für dich ist wahre Veränderung oft verbunden mit Mitgefühl, Loslassen und der Rückkehr zu einer spirituellen Einheit.

Wie war die Reise bis hier her für dich? Was konntest du für dich schon herausfinden? Lasse mich gerne an deinem Fortschritt teilhaben. Hast du Herausforderungen? Schreib mir gerne auf Whatsapp :) Den QR Code gebe ich hier gerne nochmal hin, solltest du meine Nummer nicht gespeichert haben.

Kapitel 5: Der Aszendent – Dein erster Eindruck und deine innere Kraft

Was ist der Aszendent und warum ist er wichtig?

Der Aszendent ist das Zeichen, das im Moment deiner Geburt am östlichen Horizont aufging. Man könnte ihn als die "Außenseite" deiner Persönlichkeit bezeichnen – das erste, was andere Menschen wahrnehmen, wenn sie dich treffen. Während die Sonne dein Kern-Selbst und der Mond deine Gefühlswelt darstellt, zeigt der Aszendent, wie du dich nach außen hin gibst und welche Energie du ausstrahlst.

Stell dir den Aszendenten wie eine Brille vor, durch die du die
Welt siehst und durch die die Welt dich sieht. Es ist keine Maske
im Sinne einer Verkleidung, sondern vielmehr eine natürliche
Ausdrucksweise deiner Persönlichkeit, die als erstes ins Auge
fällt. Der Aszendent ist außerdem der Startpunkt deines gesamten
Geburtshoroskops und beeinflusst, wie die verschiedenen
Lebensbereiche (Häuser) in deinem Chart angeordnet sind.

Wie finde ich meinen Aszendenten?

Um deinen Aszendenten herauszufinden, brauchst du neben
deinem Geburtsdatum auch den genauen Geburtsort und die
exakte Geburtszeit. Diese Information lässt sich dann in einer
astrologischen Software oder mit speziellen Tabellen verarbeiten,
um dein komplettes Geburtschart zu erstellen. Dein Aszendent
befindet sich immer im 1. Haus. In vielen Darstellungen eines
Geburtshoroskops erscheint das 1. Haus am linken Rand (auf der
"9-Uhr-Position"), was den östlichen Horizont symbolisiert.
Beachte jedoch, dass dies von der gewählten Darstellung des
Charts abhängen kann.

Das war nun die Erklärung dazu, die ich geben musste.

Du findest in dem Chart, den ich dir geschickt habe, einen
zweiten gelben Kreis. Da steht eine 1. Siehst du den Pfeil nach
links auf ein bestimmtes Zeichen? Das ist dein Aszendent :D

Keine Sorge, wenn der Begriff "1. Haus" dir gerade nichts sagt!
Die Häuser und ihre Bedeutung behandeln wir ausführlich im
nächsten Kapitel, sodass du alle Zusammenhänge verstehen
kannst. Für den Moment kannst du das 1. Haus als deinen

Startpunkt im Geburtshoroskop ansehen – es ist jetzt noch nicht
entscheidend für das Verständnis des Aszendenten selbst.

Auf den nächsten Seiten findest du die Bedeutung der
Aszendenten. Schreibe die Bedeutung deines Aszendenten in dein
Workbook. Langsam aber sicher füllt sich dein Workbook :)

Die Bedeutung des Aszendenten in jedem Zeichen

Hier ist eine Übersicht der einzelnen Aszendenten und wie sie
wirken:

Widder-Aszendent: Mit einem Widder-Aszendenten trittst du
energisch und selbstbewusst auf. Du hast eine starke, körperliche
Präsenz und zeigst eine natürliche Begeisterung für neue
Herausforderungen.

Stier-Aszendent: Dein Auftreten wirkt ruhig, bodenständig und
beständig. Du strahlst Gelassenheit und Stabilität aus, was andere
als sehr angenehm empfinden.

Zwillinge-Aszendent: Mit einem Zwillinge-Aszendenten bist
du lebendig, neugierig und kommunikativ. Du wirkst
aufgeschlossen und interessierst dich für viele Dinge, was
Menschen anzieht.

Krebs-Aszendent: Dein Auftreten ist sanft und fürsorglich. Du
strahlst Wärme und Geborgenheit aus, und Menschen fühlen sich
bei dir verstanden und sicher.

Löwe-Aszendent: Selbstbewusst und charismatisch – so trittst du als Löwe-Aszendent auf. Du hast eine lebendige Ausstrahlung und wirst oft als inspirierend wahrgenommen.

Jungfrau-Aszendent: Du wirkst organisiert, präzise und aufmerksam. Menschen sehen dich als jemanden, der auf Details achtet und verlässlich ist.

Waage-Aszendent: Mit deinem Waage-Aszendenten strahlst du Harmonie und Charme aus. Du legst Wert auf Ausgewogenheit und trittst diplomatisch auf, was auf andere sehr anziehend wirkt.

Skorpion-Aszendent: Dein Auftreten ist intensiv und geheimnisvoll. Du hast eine magnetische Ausstrahlung, die Menschen fasziniert und ihnen das Gefühl gibt, dass du viel Tiefe besitzt.

Schütze-Aszendent: Du trittst optimistisch, offen und abenteuerlustig auf. Mit deiner positiven Ausstrahlung ziehst du andere an und bringst eine inspirierende Energie mit.

Steinbock-Aszendent: Menschen mit Steinbock-Aszendent wirken seriös, verantwortungsbewusst und verlässlich. Du kommst oft etwas zurückhaltend, aber sehr zielorientiert rüber.

Wassermann-Aszendent: Dein Auftreten ist originell und freiheitsliebend. Du hast oft eine unkonventionelle Ausstrahlung und wirst als kreativ und unabhängig wahrgenommen.

Fische-Aszendent: Du strahlst Sensibilität und Empathie aus. Menschen nehmen dich als sanft und einfühlsam wahr, und du vermittelst oft ein Gefühl der Verbundenheit mit allem.

Lass uns gleich mit dem Deszendent weiter machen.

Der Deszendent – Dein Spiegel in Beziehungen

Was ist der Deszendent und warum ist er wichtig?

Der Deszendent ist der Punkt im Horoskop, der dem Aszendenten genau gegenüberliegt. Während der Aszendent zeigt, wie du in die Welt gehst und wie andere dich auf den ersten Blick wahrnehmen, verrät dir der Deszendent, was du in Beziehungen suchst und was dir vielleicht noch fehlt. Es ist, als ob der Deszendent ein Spiegel ist – er zeigt dir, welche Eigenschaften du bei anderen bewunderst oder anziehend findest, weil sie dich ergänzen.

Die Bedeutung des Deszendenten

Der Deszendent zeigt, wie du zu Partnerschaften stehst. Er beschreibt, welche Art von Menschen dich anzieht, mit wem du dich wohlfühlst und was du von anderen lernen kannst. Wenn du deinen Deszendenten verstehst, erkennst du besser, warum bestimmte Menschen in deinem Leben so wichtig sind und was sie dir geben können.

Folgend findest du die Bedeutung des Deszendent. Schreibe was du bei deinem Deszendent findest in dein Workbook. Es ist übrigens die Linie genau gegenüber deiner Aszendenten Linie.

Der Deszendent in den verschiedenen Sternzeichen

Hier sind die Bedeutungen für den Deszendenten je nach

Sternzeichen:

Deszendent im Widder ♈**:** Du suchst starke und mutige Partner, die dir helfen, selbstbewusster zu werden. Sie inspirieren dich, aktiv zu handeln und deine eigene Stärke zu entdecken.

Deszendent im Stier ♉**:** Du fühlst dich zu Menschen hingezogen, die Ruhe und Sicherheit ausstrahlen. Sie geben dir das Gefühl von Beständigkeit und helfen dir, ein solides Fundament im Leben aufzubauen.

Deszendent in den Zwillingen ♊**:** Du magst Partner, die neugierig und gesprächig sind. Sie bringen Leichtigkeit und Spaß in dein Leben und fördern deinen Wunsch nach geistigem Austausch.

Deszendent im Krebs ♋**:** Du suchst emotionale Nähe und Verlässlichkeit. Menschen, die sich kümmern und Wärme geben, ziehen dich an und schaffen ein Gefühl von Geborgenheit.

Deszendent im Löwen ♌**:** Du suchst nach leidenschaftlichen und kreativen Partnern, die Selbstbewusstsein und Lebensfreude ausstrahlen. Sie ermutigen dich, deine eigene Einzigartigkeit zu leben.

Deszendent in der Jungfrau ♍**:** Praktische und bodenständige Menschen fühlen sich für dich richtig an. Sie helfen dir, Ordnung in dein Leben zu bringen und konzentriert an deinen Zielen zu arbeiten.

Deszendent in der Waage ♎**:** Du suchst Harmonie und

Balance in deinen Beziehungen und fühlst dich von Menschen angezogen, die freundlich, diplomatisch und ausgeglichen sind.

Deszendent im Skorpion ♏: Du suchst tiefe Verbindungen und fühlst dich von Menschen angezogen, die nicht vor intensiven Gefühlen und Transformation zurückschrecken. Sie bringen dir ein Gefühl von emotionaler Tiefe.

Deszendent im Schützen ♐: Du suchst Abenteuer und Freiheit und fühlst dich von Menschen angezogen, die neugierig, optimistisch und weltoffen sind. Sie inspirieren dich, neue Horizonte zu erkunden.

Deszendent im Steinbock ♑: Verlässliche und ehrgeizige Menschen ziehen dich an; sie geben dir ein Gefühl von Stabilität und unterstützen dich dabei, langfristige Ziele zu erreichen.

Deszendent im Wassermann ♒: Du magst originelle und freiheitsliebende Menschen, die dir Raum für deine Individualität lassen. Sie inspirieren dich, innovative Wege zu gehen und unkonventionell zu denken.

Deszendent in den Fischen ♓: Spirituelle und einfühlsame Menschen sprechen dich an. Du suchst Verbindungen, die über das Alltägliche hinausgehen und dir ein Gefühl von tiefer Verbundenheit vermitteln.

Jetzt geht es weiter mit den Häusern in deinem Geburtschart. Somit verstehst du bald auch den inneren gelben Kreis in deinem Geburtschart.

Kapitel 6: Die Häuser – Dein Lebensweg in zwölf Bereichen

Was bedeuten die Häuser in der Astrologie?

In der Astrologie stehen die Häuser für deine Lebensbereiche, die dir wichtig sind: deine Beziehungen, deine Karriere, Familie und Freunde. Während die Planeten zeigen, welche Energien in deinem Leben eine Rolle spielen, und die Tierkreiszeichen zeigen, wie diese Energien sich ausdrücken, zeigen die Häuser, **wo** sie sich entfalten. Stell dir das Geburtshoroskop als eine Bühne vor, auf der du die Hauptrolle spielst – die Planeten sind wie deine Stärken und Energien, die Zeichen geben den Charakter, und die Häuser sind die "Szenen", in denen diese Energien aktiv werden.

Die Bedeutung der Tierkreiszeichen in den Häusern

Jedes Haus wird von einem Tierkreiszeichen "angeführt", das beeinflusst, wie du dich in diesem Lebensbereich verhältst. Ein Zeichen bringt seine eigene Qualität mit, die zeigt, mit welchem Stil und welcher Energie du in diesem Bereich aktiv bist.

Zum Beispiel:

- **Widder im 1. Haus** könnte zeigen, dass du mutig und voller Initiative auftrittst.
- **Löwe im 5. Haus** könnte anzeigen, dass du gerne im Mittelpunkt stehst und Freude daran hast, dich kreativ auszudrücken.

So zeigt die Kombination aus Haus und Zeichen:

- Wie du einen Lebensbereich erlebst und gestaltest,
- Welchen Stil und welche Herangehensweise du dort zeigst,
- Wo deine Stärken und Herausforderungen liegen,
- Welche Motivation und Bedürfnisse dich in diesem Bereich antreiben.

Die Rolle der Planeten in den Häusern

Planeten, die sich in einem Haus befinden, zeigen, welche konkreten Themen und Energien in diesem Lebensbereich aktiv sind. Jeder Planet bringt seine eigene Art von Energie und Fokus mit:

- **Sonne im Haus** zeigt, dass dieser Lebensbereich zentral für deine Identität ist.
- **Mond im Haus** bringt emotionale Tiefe und Bedürfnisse in diesen Bereich.
- **Merkur im Haus** zeigt, dass Kommunikation und Denken dort wichtig sind.

Die Planeten können die Dynamik in einem Haus intensivieren und den spezifischen Fokus verdeutlichen.

Zusammenspiel von Zeichen und Planeten im Haus

Zusammen ergeben Zeichen und Planeten eine vollständige Deutung. Zum Beispiel:

- **Mars im 7. Haus mit Waage an der Hausspitze:** Deine Beziehungen (7. Haus) werden durch Mars

energiegeladen und aktiv, aber du hast das Bedürfnis, in
ihnen Balance zu finden (Waage).

- **Venus im 10. Haus mit Steinbock an der Hausspitze:** In deiner Karriere (10. Haus) suchst du nach Schönheit und Harmonie (Venus), bist jedoch auch zielstrebig und diszipliniert (Steinbock).

Das Zeichen bringt also den Stil, und der Planet gibt die konkrete Ausprägung. Die Kombination aus beiden ergibt ein vollständiges Bild des Lebensbereichs.

Deine zwölf Häuser und was sie dir bedeuten

1. **Haus – Persönlichkeit und Selbstausdruck:** Hier geht es um dich und deinen ersten Eindruck auf andere. Wie zeigst du dich in der Welt, wie trittst du auf? Es ist das Bild, das du anderen vermittelst und das oft über deinen Erfolg in neuen Situationen entscheidet.

2. **Haus – Besitz und Werte:** Dieses Haus beschreibt, wie du zu Geld und Besitz stehst. Wie schätzt du deine Werte ein? Es geht auch um dein Selbstwertgefühl und was dir das Gefühl von Sicherheit im Leben gibt.

3. **Haus – Kommunikation und Lernen:** Im 3. Haus geht es darum, wie du Informationen aufnimmst und weitergibst. Es zeigt, wie du kommunizierst, lernst und was du im direkten Umfeld, etwa mit Geschwistern oder Nachbarn, erlebst.

4. **Haus – Familie und Zuhause:** Hier geht es um deine Wurzeln, um das Zuhause, das du dir wünschst, und wo du dich sicher fühlst. Dieses Haus zeigt dir, wie du

Geborgenheit findest und welche Werte du aus deiner Herkunftsfamilie mitnimmst.

5. **Haus – Kreativität und Selbstausdruck:** Dieses Haus zeigt, wie du dich kreativ ausdrückst, was dir Freude bringt und wie du dich in deinem Leben als Individuum verwirklichst. Es ist der Bereich, in dem du spielerisch und schöpferisch sein kannst.

6. **Haus – Arbeit und Gesundheit:** Im 6. Haus zeigst du, wie du mit Arbeit, Gesundheit und alltäglichen Verpflichtungen umgehst. Hier kümmerst du dich um Routinen und die Balance zwischen körperlicher und geistiger Gesundheit.

7. **Haus – Partnerschaften und Beziehungen:** Hier geht es um die Menschen, die dich begleiten. Was brauchst du in Partnerschaften, was suchst du in anderen Menschen? Das 7. Haus zeigt dir, wie du harmonische Verbindungen eingehen kannst und welche Art von Partnerschaften dich inspiriert.

8. **Haus – Transformation und Gemeinschaftsbesitz:** Im 8. Haus findest du tiefgehende Veränderungen und das, was du mit anderen teilst. Hier siehst du, wie du mit den großen Umbrüchen des Lebens umgehst und wo du dich auf andere verlassen kannst.

9. **Haus – Reisen und Philosophie:** Dieses Haus bringt dich hinaus in die Welt. Es zeigt dir, wo du deinen Horizont erweitern willst – sei es durch Reisen, durch Bildung oder durch das Streben nach einem höheren Sinn im Leben.

10. **Haus – Karriere und Berufung:** Hier geht es um deinen Platz in der Welt, deine Berufung und deine

Karriere. Was willst du erreichen, wofür willst du bekannt
sein? Das 10. Haus zeigt dir deine Ziele und wie du sie
umsetzen kannst.

11. **Haus – Freundschaften und Gemeinschaft:** In
diesem Haus geht es um deine sozialen Verbindungen und
Gemeinschaften. Hier findest du Freunde und Menschen,
die deine Interessen teilen. Dieses Haus zeigt dir, wie du
in Gruppen agierst und welche Rolle du dort einnimmst.

12. **Haus – Spiritualität und das Unbewusste:** Das 12.
Haus repräsentiert die Bereiche, die du oft tief in dir
trägst. Hier zeigt sich deine spirituelle Seite, deine Träume
und manchmal auch deine Ängste. Es ist der Ort, an dem
du Zugang zu deiner inneren Welt findest.

Jetzt wird es persönlich: Dein Chart und die Häuser

In den nächsten Seiten wirst du herausfinden, wie sich die
Zeichen und Planeten in deinen Häusern ausdrücken. Das gibt dir
eine richtig persönliche Deutung deiner Lebensbereiche!

Nimm dein Geburtschart zur Hand und schau dir an, welches
Zeichen an der Spitze jedes Hauses steht und in welchen Häusern
sich deine Planeten befinden. Notiere dir diese Positionen – sie
sind der Schlüssel zu einer ganz individuellen Interpretation.

Deine Aufgabe:

Nimm dein Geburtschart her, schaue nach, welches Zeichen in
welchem Haus steht und wo sich die Planeten befinden. Du hast
auf den folgenden Seiten die Deutungen, die du dir einfach
herrausschreiben kannst.

Wenn du Hilfe brauchst, sende mir gerne eine Whatsapp. Meine Nummer hast du schon gespeichert?

1. Haus – Dein Auftreten und Selbstausdruck

Was bedeutet das 1. Haus?

Das 1. Haus ist der Bereich deines Geburtshoroskops, der zeigt, wie du dich in der Welt präsentierst. Es beschreibt deinen ersten Eindruck, deine Ausstrahlung und wie andere dich wahrnehmen. Du kannst dir das 1. Haus wie ein Schaufenster vorstellen: Es zeigt, was du von dir zeigst und wie du auf andere wirkst. Es ist auch der Bereich, in dem du deine Persönlichkeit aktiv nach außen trägst.

Stell dir vor, die Planeten sind Schauspieler, die Tierkreiszeichen sind ihre Rollen, und das 1. Haus ist die Bühne, auf der du dich selbst inszenierst. Deine natürliche Ausdrucksweise, dein Auftreten und deine Reaktionen auf neue Situationen werden hier sichtbar.

Zeichen an der Spitze des 1. Hauses

Jedes Sternzeichen, das an der Spitze deines 1. Hauses steht, beeinflusst, wie du dich ausdrückst und wie andere dich wahrnehmen:

Widder (♈) an der Spitze des 1. Hauses: Du trittst energisch, direkt und voller Begeisterung auf. Mut und Initiative prägen dein Auftreten, und du wirkst oft dynamisch und zielstrebig.

Stier (♉) an der Spitze des 1. Hauses: Dein Auftreten ist ruhig, beständig und bodenständig. Du strahlst Stabilität und Verlässlichkeit aus, was Menschen als beruhigend empfinden.

Zwillinge (♊) an der Spitze des 1. Hauses: Du wirkst lebendig, kommunikativ und vielseitig. Deine Offenheit und Neugier machen dich zu einem interessanten Gesprächspartner.

Krebs (♋) an der Spitze des 1. Hauses: Du kommst fürsorglich und einfühlsam rüber. Menschen spüren deine emotionale Tiefe und fühlen sich bei dir geborgen.

Löwe (♌) an der Spitze des 1. Hauses: Dein Auftreten ist charismatisch und selbstbewusst. Du strahlst Wärme und Kreativität aus und ziehst oft die Aufmerksamkeit auf dich.

Jungfrau (♍) an der Spitze des 1. Hauses: Du wirkst organisiert, analytisch und bescheiden. Menschen schätzen deinen klaren Verstand und deine aufmerksame Art.

Waage (♎) an der Spitze des 1. Hauses: Du strahlst Harmonie und Eleganz aus. Dein Auftreten ist freundlich und charmant, und du legst Wert auf ein ausgeglichenes Miteinander.

Skorpion (♏) an der Spitze des 1. Hauses: Du hast eine magnetische und geheimnisvolle Ausstrahlung. Andere erleben dich als intensiv und tiefgründig.

Schütze (♐) an der Spitze des 1. Hauses: Du wirkst optimistisch, abenteuerlustig und weltoffen. Deine positive Energie zieht Menschen an, und du bist immer bereit, Neues zu entdecken.

Steinbock (♑) an der Spitze des 1. Hauses: Dein Auftreten ist seriös, diszipliniert und zielstrebig. Du vermittelst den Eindruck von Stabilität und Verantwortung.

Wassermann (♒) an der Spitze des 1. Hauses: Du hast eine originelle und unkonventionelle Ausstrahlung. Menschen erleben dich als unabhängig und kreativ.

Fische (♓) an der Spitze des 1. Hauses: Du wirkst sanft, empathisch und spirituell. Deine einfühlsame Art zieht Menschen an, die deine Sensibilität schätzen.

Planeten im 1. Haus

Wenn Planeten in deinem 1. Haus stehen, verstärken sie deinen Ausdruck und beeinflussen, wie du auf andere wirkst. Jeder Planet bringt seine eigene Energie mit:

- **Sonne (☉) im 1. Haus:** Deine Persönlichkeit ist strahlend und präsent. Du hast ein starkes Bedürfnis, im Mittelpunkt zu stehen und deine Identität auszudrücken.
- **Mond (☽) im 1. Haus:** Deine Emotionen sind offensichtlich, und du wirkst einfühlsam und sensibel. Andere schätzen deine emotionale Tiefe und Intuition.
- **Merkur (☿) im 1. Haus:** Du bist kommunikativ und geistig aktiv. Menschen nehmen dich als neugierig, intelligent und schlagfertig wahr.
- **Venus (♀) im 1. Haus:** Du kommst charmant und anziehend rüber. Schönheit und Harmonie prägen dein

Auftreten, und du ziehst andere mit Leichtigkeit an.

- **Mars (♂) im 1. Haus:** Dein Auftreten ist energiegeladen und entschlossen. Menschen sehen dich als zielstrebig und leidenschaftlich.
- **Jupiter (♃) im 1. Haus:** Deine positive und großzügige Ausstrahlung zieht andere an. Du wirkst inspirierend und vermittelst Zuversicht.
- **Saturn (♄) im 1. Haus:** Du trittst diszipliniert und verantwortungsbewusst auf. Menschen nehmen dich als verlässlich und struktur
iert wahr.
- **Uranus (♅) im 1. Haus:** Dein Auftreten ist unkonventionell und einzigartig. Andere erleben dich als unabhängig und originell.
- **Neptun (♆) im 1. Haus:** Du wirkst verträumt und mystisch. Menschen schätzen deine einfühlsame und kreative Art.
- **Pluto (♇) im 1. Haus:** Deine Präsenz ist intensiv und kraftvoll. Du hast eine magnetische Ausstrahlung, die Menschen anzieht.

Beispiel: Wie Zeichen und Planeten zusammenwirken

Stell dir vor, du hast **Löwe (♌) an der Spitze des 1. Hauses** und die **Sonne (☉) im 1. Haus**. Dein Auftreten ist warm, charismatisch und selbstbewusst (Löwe). Die Sonne im 1. Haus verstärkt diese Energie und macht dich zu jemandem, der gerne im Rampenlicht steht und seine Individualität zum Ausdruck bringt.

So fügt sich alles langsam zusammen. Nimm dir Zeit für dieses Kapitel. Es wird sehr aufschlussreich für dich sein. Trage einfach ein Haus nach dem Anderen in dein Workbook ein mit den Deutungen, die ich dir zur Verfügung stelle.

2. Haus – Deine Werte, Besitz und Selbstwert

Das 2. Haus gibt dir Einblicke in deine Einstellung zu materiellen Dingen und zeigt, wie du zu Besitz und Finanzen stehst. Es beschreibt auch dein Selbstwertgefühl und wie wichtig dir Sicherheit und Stabilität im Leben sind.

2. Haus – Deine Werte und Ressourcen

Was bedeutet das 2. Haus?

Das 2. Haus steht für alles, was dir Sicherheit gibt, sowohl materiell als auch emotional. Es beschreibt, wie du mit Besitz, Geld und Ressourcen umgehst, aber auch, wie du deinen Selbstwert definierst. Man könnte sagen, das 2. Haus zeigt dir, was du hast, was du schätzt und wie du deine Talente nutzt, um Stabilität zu schaffen.

Stell dir das 2. Haus wie einen Schatzraum vor: Es zeigt, welche Ressourcen du besitzt und wie du sie einsetzt, um ein solides Fundament in deinem Leben zu bauen.

Zeichen an der Spitze des 2. Hauses

Jedes Sternzeichen an der Spitze deines 2. Hauses beeinflusst, wie du mit Besitz, Geld und Selbstwert umgehst:

Widder (♈) an der Spitze des 2. Hauses: Du bist energisch und mutig im Umgang mit deinen Ressourcen. Du hast keine Angst, Risiken einzugehen, um finanziellen Erfolg zu erzielen, und handelst oft spontan.

Stier (♉) an der Spitze des 2. Hauses: Du suchst Stabilität und Sicherheit. Materielle Werte sind dir wichtig, und du arbeitest geduldig daran, dir ein solides finanzielles Fundament aufzubauen.

Zwillinge (♊) an der Spitze des 2. Hauses: Du bist vielseitig und flexibel in deinem Umgang mit Geld. Kommunikation und Wissen sind für dich wertvolle Ressourcen, die du geschickt einsetzt.

Krebs (♋) an der Spitze des 2. Hauses: Dein Umgang mit Besitz ist stark von deinen Emotionen geprägt. Du investierst in Dinge, die dir Geborgenheit geben, und fühlst dich wohl, wenn du deine Ressourcen für andere einsetzen kannst.

Löwe (♌) an der Spitze des 2. Hauses: Du strebst nach Luxus und möchtest deine Ressourcen nutzen, um dich kreativ und großzügig auszudrücken. Du legst Wert auf Qualität und Prestige.

Jungfrau (♍) an der Spitze des 2. Hauses: Du bist praktisch und organisiert, wenn es um deinen Besitz geht. Du analysierst deine Finanzen sorgfältig und schätzt Effizienz und Ordnung in deinem Umgang mit Ressourcen.

Waage (♎) an der Spitze des 2. Hauses: Du suchst

Harmonie und Ausgleich in deinem finanziellen Leben. Ästhetik und Schönheit sind für dich wichtige Werte, und du investierst gerne in Dinge, die dir Freude bereiten.

Skorpion (♏) an der Spitze des 2. Hauses: Dein Umgang mit Besitz ist intensiv und oft transformativ. Du bist bereit, Risiken einzugehen, um größere Gewinne zu erzielen, und hast eine starke Verbindung zu gemeinsamen Ressourcen.

Schütze (♐) an der Spitze des 2. Hauses: Du bist großzügig und optimistisch im Umgang mit Geld. Du investierst gerne in Reisen, Bildung und alles, was deinen Horizont erweitert.

Steinbock (♑) an der Spitze des 2. Hauses: Du gehst diszipliniert und strategisch mit deinen Ressourcen um. Langfristige Stabilität ist dir wichtig, und du arbeitest hart, um finanzielle Sicherheit zu erreichen.

Wassermann (♒) an der Spitze des 2. Hauses: Du bist unkonventionell in deinem Umgang mit Besitz und Geld. Innovation und neue Technologien ziehen dich an, und du bist bereit, kreative Wege zu gehen, um finanzielle Unabhängigkeit zu erreichen.

Fische (♓) an der Spitze des 2. Hauses: Du hast eine intuitive und manchmal träumerische Einstellung zu Geld. Spirituelle Werte und Mitgefühl beeinflussen deinen Umgang mit Ressourcen, und du investierst oft in das Wohl anderer.

Planeten im 2. Haus

Planeten im 2. Haus zeigen, welche Energien und Themen in deinem Umgang mit Besitz und Selbstwert aktiv sind. Jeder Planet bringt seine eigene Dynamik:

- **Sonne (☉) im 2. Haus:** Dein Selbstwert ist stark mit deinen materiellen Errungenschaften verbunden. Du strahlst Selbstbewusstsein in finanziellen Angelegenheiten aus.

- **Mond (☽) im 2. Haus:** Deine Emotionen sind eng mit deinem Besitz und deinem Sicherheitsgefühl verknüpft. Du suchst nach Geborgenheit durch materielle Stabilität.

- **Merkur (☿) im 2. Haus:** Du denkst viel über Finanzen nach und kommunizierst gerne über materielle Werte. Wissen und Kommunikation sind wichtige Ressourcen für dich.

- **Venus (♀) im 2. Haus:** Du ziehst Reichtum und Schönheit in dein Leben. Dein Umgang mit Geld ist harmonisch, und du legst Wert auf ästhetische und luxuriöse Dinge.

- **Mars (♂) im 2. Haus:** Du bist energisch und entschlossen, wenn es um die Sicherung deiner Ressourcen geht. Du gehst mutig und aktiv vor, um finanziellen Erfolg zu erzielen.

- **Jupiter (♃) im 2. Haus:** Du hast eine großzügige und optimistische Einstellung zu Geld. Finanzielle Möglichkeiten kommen oft zu dir, und du teilst gerne deinen Wohlstand.

- **Saturn (♄) im 2. Haus:** Du gehst diszipliniert und vorsichtig mit deinen Ressourcen um. Langfristige Sicherheit ist dir wichtig, und du arbeitest hart, um deine

Werte zu schützen.

- **Uranus (⛢) im 2. Haus:** Dein Umgang mit Geld ist unkonventionell und oft überraschend. Du ziehst unerwartete finanzielle Veränderungen an und bist offen für neue Wege.
- **Neptun (♆) im 2. Haus:** Deine Einstellung zu Besitz ist intuitiv und manchmal verschwommen. Spirituelle Werte sind dir wichtiger als materielle Dinge, und du gibst oft großzügig.
- **Pluto (♇) im 2. Haus:** Dein Umgang mit Ressourcen ist intensiv und transformativ. Du bist bereit, finanzielle Risiken einzugehen, um tiefgreifende Veränderungen zu bewirken.

Beispiel: Wie Zeichen und Planeten zusammenwirken

Angenommen, du hast **Stier (♉) an der Spitze des 2. Hauses** und **Venus (♀) in diesem Haus**. Dein Umgang mit Geld ist ruhig und beständig (Stier). Venus im 2. Haus verstärkt deine Vorliebe für Schönheit und Luxus, und du investierst gerne in Dinge, die dir Freude und Genuss bereiten.

3. Haus – Kommunikation und Lernen

Was bedeutet das 3. Haus?

Das 3. Haus zeigt, wie du denkst, kommunizierst und mit deiner unmittelbaren Umgebung interagierst. Es steht für deinen Austausch mit Geschwistern, Nachbarn und deiner näheren Umgebung. Dieses Haus gibt dir Einblicke in deinen Lernstil, deine Neugier und wie du Informationen sammelst und weitergibst. Du kannst dir das 3. Haus wie einen Marktplatz vorstellen, auf dem Ideen und Gespräche lebendig sind.

Zeichen an der Spitze des 3. Hauses

Jedes Zeichen an der Spitze des 3. Hauses beeinflusst deinen Kommunikationsstil und deine Denkweise:

Widder (♈) an der Spitze des 3. Hauses: Du bist direkt, energisch und oft impulsiv in deiner Kommunikation. Deine Ideen sprudeln vor Tatendrang, und du scheust dich nicht, deine Meinung klar zu vertreten.

Stier (♉) an der Spitze des 3. Hauses: Deine Kommunikation ist ruhig, überlegt und praktisch. Du bevorzugst einfache und stabile Lösungen und denkst gerne langfristig.

Zwillinge (♊) an der Spitze des 3. Hauses: Du bist neugierig, vielseitig und liebst den Austausch. Deine Gedanken wechseln schnell von einem Thema zum nächsten, und du suchst ständig nach neuem Wissen.

Krebs (♋) an der Spitze des 3. Hauses: Deine Kommunikation ist einfühlsam und oft von Emotionen geprägt. Du teilst gerne Geschichten und Erinnerungen und legst Wert auf tiefere Verbindungen.

Löwe (♌) an der Spitze des 3. Hauses: Deine Worte sind voller Kreativität und Ausdruckskraft. Du möchtest inspirieren und schätzt es, wenn du Aufmerksamkeit für deine Ideen bekommst.

Jungfrau (♍) an der Spitze des 3. Hauses: Du bist analytisch und detailorientiert in deiner Kommunikation. Du bevorzugst klare, strukturierte Gespräche und bist gut darin, komplexe Themen zu organisieren.

Waage (♎) an der Spitze des 3. Hauses: Dein Kommunikationsstil ist diplomatisch und harmonisch. Du suchst nach Balance und bist geschickt darin, unterschiedliche Perspektiven miteinander zu verbinden.

Skorpion (♏) an der Spitze des 3. Hauses: Deine Kommunikation ist tiefgründig und intensiv. Du hast ein Talent dafür, verborgene Wahrheiten aufzudecken und Themen auf den Grund zu gehen.

Schütze (♐) an der Spitze des 3. Hauses: Deine Gedanken sind philosophisch und weitblickend. Du liebst es, große Ideen zu diskutieren und deinen Horizont durch Gespräche zu erweitern.

Steinbock (♑) an der Spitze des 3. Hauses: Deine Kommunikation ist ernsthaft und zielorientiert. Du denkst strategisch und bevorzugst es, mit deinen Worten Substanz zu vermitteln.

Wassermann (♒) an der Spitze des 3. Hauses: Du bist originell und unkonventionell in deiner Denkweise. Deine Kommunikation ist zukunftsorientiert und oft voller innovativer Ideen.

Fische (♓) an der Spitze des 3. Hauses: Deine Kommunikation ist intuitiv und kreativ. Du drückst dich gerne

durch Geschichten, Bilder oder Metaphern aus und hast ein
Gespür für das Unsichtbare.

Planeten im 3. Haus

Planeten im 3. Haus geben zusätzliche Hinweise darauf, welche
Themen und Energien in deinem Denken und deiner
Kommunikation aktiv sind:

- **Sonne (☉) im 3. Haus:** Du bist ein natürlicher
  Kommunikator und strahlst in Gesprächen. Lernen und
  Austausch sind zentrale Aspekte deiner Identität.
- **Mond (☽) im 3. Haus:** Deine Gedanken sind von
  Emotionen geprägt, und du teilst deine Gefühle gerne mit
  anderen. Deine Kommunikation ist einfühlsam und
  authentisch.
- **Merkur (☿) im 3. Haus:** Du bist ein Meister des
  Austauschs. Dein Verstand ist aktiv, neugierig und du hast
  ein großes Talent für Sprache und Vermittlung.
- **Venus (♀) im 3. Haus:** Deine Worte sind charmant und
  anziehend. Du kommunizierst auf eine harmonische und
  oft kreative Weise, die andere inspiriert.
- **Mars (♂) im 3. Haus:** Deine Kommunikation ist
  energisch und direkt. Du gehst Diskussionen mit
  Leidenschaft an und zögerst nicht, deine Meinung zu
  vertreten.
- **Jupiter (♃) im 3. Haus:** Du denkst groß und
  optimistisch. Deine Gespräche sind oft inspirierend, und
  du teilst gerne dein Wissen mit anderen.
- **Saturn (♄) im 3. Haus:** Deine Kommunikation ist

strukturiert und bedacht. Du bist ernsthaft und gründlich, manchmal zurückhaltend, aber immer präzise.

- **Uranus (♅) im 3. Haus:** Deine Gedanken sind unkonventionell und voller Innovation. Du bringst frische Perspektiven in Gespräche ein und denkst oft "out of the box".
- **Neptun (♆) im 3. Haus:** Deine Kommunikation ist intuitiv und oft von einer kreativen oder spirituellen Qualität geprägt. Du hast ein Talent dafür, Träume und Visionen auszudrücken.
- **Pluto (♇) im 3. Haus:** Deine Worte haben Macht und Tiefe. Du bist ein intensiver Kommunikator, der es versteht, transformative Gespräche zu führen.

Beispiel: Wie Zeichen und Planeten zusammenwirken

Angenommen, du hast **Zwillinge (♊) an der Spitze des 3. Hauses** und **Merkur (☿) in diesem Haus**. Du bist ein vielseitiger Denker und ein begabter Kommunikator (Zwillinge). Mit Merkur im 3. Haus verstärkt sich diese Fähigkeit, und du hast ein großes Talent, Ideen zu sammeln, zu organisieren und mit anderen zu teilen.

4. Haus – Familie und Zuhause

Was bedeutet das 4. Haus?

Das 4. Haus ist der Bereich deines Horoskops, der sich mit deinen Wurzeln, deinem inneren Zuhause und deiner emotionalen Basis befasst. Es steht für deine Herkunft, deine Familie und die Art, wie du Geborgenheit findest. Dieses Haus gibt dir Hinweise darauf, wie du Sicherheit und Stabilität in deinem Leben aufbaust und welche Werte du aus deinem Elternhaus mitgenommen hast. Du kannst dir das 4. Haus wie ein Fundament vorstellen – es trägt dich und gibt dir Halt.

Zeichen an der Spitze des 4. Hauses

Das Sternzeichen an der Spitze deines 4. Hauses beeinflusst, wie du deine emotionale Basis aufbaust und dein Zuhause gestaltest:

Widder (♈) an der Spitze des 4. Hauses: Du gehst energisch und direkt mit familiären Themen um. Konflikte können auftreten, aber du setzt dich leidenschaftlich für deine Familie und dein Zuhause ein.

Stier (♉) an der Spitze des 4. Hauses: Du schätzt Stabilität und Komfort in deinem Zuhause. Dein Heim ist ein Ort des Friedens, an dem du dich entspannen und genießen kannst.

Zwillinge (♊) an der Spitze des 4. Hauses: Dein Zuhause ist lebendig und kommunikativ. Du suchst Austausch und Bewegung, und dein Heim spiegelt deine Neugier und Vielseitigkeit wider.

Krebs (♋) an der Spitze des 4. Hauses: Geborgenheit und emotionale Sicherheit stehen im Mittelpunkt. Du legst großen Wert auf Familie und Traditionen und schaffst ein liebevolles Zuhause.

Löwe (♌) an der Spitze des 4. Hauses: Dein Zuhause ist ein Ort, an dem du dich kreativ und selbstbewusst ausdrücken kannst. Du möchtest stolz auf dein Heim sein und es mit Freude gestalten.

Jungfrau (♍) an der Spitze des 4. Hauses: Dein Heim ist ordentlich und gut organisiert. Du legst Wert auf Details und schaffst eine praktische und funktionale Umgebung.

Waage (♎) an der Spitze des 4. Hauses: Harmonie und Ästhetik sind dir wichtig. Dein Zuhause ist ein Ort der Schönheit und Balance, an dem du dich wohlfühlst.

Skorpion (♏) an der Spitze des 4. Hauses: Dein Zuhause ist ein Ort der Transformation und Tiefe. Du suchst emotionale Intensität und möchtest eine starke Verbindung zu deiner Familie haben.

Schütze (♐) an der Spitze des 4. Hauses: Du bringst Abenteuer und Weite in dein Zuhause. Dein Heim ist oft ein Ort, an dem Reisen und Bildung eine Rolle spielen, und du liebst es, neue Perspektiven einzubringen.

Steinbock (♑) an der Spitze des 4. Hauses: Du gehst verantwortungsbewusst mit familiären Themen um. Dein Zuhause ist strukturiert und solide, ein Ort der Sicherheit und Beständigkeit.

Wassermann (♒) an der Spitze des 4. Hauses: Dein Heim ist unkonventionell und originell. Du schätzt Freiheit und Individualität in deinem Zuhause und gestaltest es nach deinen einzigartigen Vorstellungen.

Fische (♓) an der Spitze des 4. Hauses: Dein Zuhause ist ein Ort der Träume und Fantasie. Du suchst spirituelle und emotionale Geborgenheit und schaffst eine einfühlsame Atmosphäre.

Planeten im 4. Haus

Planeten im 4. Haus zeigen, welche Energien und Themen in deinem Zuhause und deinem emotionalen Fundament aktiv sind:

- **Sonne (☉) im 4. Haus:** Dein Zuhause ist zentral für deine Identität. Du strahlst in familiären Angelegenheiten und ziehst Stärke aus deinen Wurzeln.
- **Mond (☽) im 4. Haus:** Deine Emotionen sind eng mit deinem Zuhause und deiner Familie verbunden. Du suchst Geborgenheit und fühlst dich stark durch familiäre Verbindungen.
- **Merkur (☿) im 4. Haus:** Kommunikation spielt eine große Rolle in deinem Zuhause. Du diskutierst gerne mit deiner Familie und denkst viel über deine Wurzeln nach.
- **Venus (♀) im 4. Haus:** Dein Zuhause ist ein Ort der Schönheit und Harmonie. Du schaffst eine liebevolle und angenehme Atmosphäre für dich und deine Familie.
- **Mars (♂) im 4. Haus:** Es kann Konflikte in deinem Zuhause geben, aber du setzt dich mit Energie und Durchsetzungskraft für deine Familie ein.
- **Jupiter (♃) im 4. Haus:** Dein Zuhause ist großzügig und einladend. Du schätzt Gastfreundschaft und fühlst

dich in einem offenen und inspirierenden Umfeld wohl.

- **Saturn (♄) im 4. Haus:** Du gehst verantwortungsvoll mit familiären Themen um. Dein Zuhause ist strukturiert, und du legst Wert auf Stabilität und Beständigkeit.
- **Uranus (♅) im 4. Haus:** Dein Zuhause ist unkonventionell und oft überraschend. Du gestaltest es auf kreative und originelle Weise, die deiner Freiheit Raum gibt.
- **Neptun (♆) im 4. Haus:** Dein Zuhause ist ein Ort der Träume und Spiritualität. Du suchst nach einem emotionalen Rückzugsort und schaffst eine einfühlsame Atmosphäre.
- **Pluto (♇) im 4. Haus:** Dein Zuhause ist ein Ort der tiefgreifenden Transformation. Familiäre Themen können intensiv sein, aber sie bieten dir auch die Möglichkeit, emotional zu wachsen.

Beispiel: Wie Zeichen und Planeten zusammenwirken

Angenommen, du hast **Krebs (♋) an der Spitze des 4. Hauses** und **Mond (☽) in diesem Haus**. Dein Zuhause ist ein Ort der Geborgenheit und emotionalen Tiefe (Krebs). Der Mond verstärkt dieses Bedürfnis nach Nähe und familiärer Verbindung, sodass du dich stark auf deine Familie und deine emotionalen Wurzeln konzentrierst.

5. Haus – Kreativität und Selbstausdruck

Was bedeutet das 5. Haus?

Das 5. Haus steht für deinen Selbstausdruck, deine Kreativität und alles, was dir Freude bereitet. Es ist der Bereich deines Horoskops, der zeigt, wie du spielerisch und schöpferisch tätig bist, sei es durch Kunst, Hobbys, Romantik oder auch Kinder. Stell dir das 5. Haus wie eine Bühne vor, auf der du dich kreativ entfalten kannst und deine Individualität zum Ausdruck bringst.

Zeichen an der Spitze des 5. Hauses

Das Sternzeichen an der Spitze des 5. Hauses beeinflusst, wie du dich kreativ ausdrückst und was dir Freude bereitet:

Widder (♈) an der Spitze des 5. Hauses: Deine Kreativität ist energiegeladen und spontan. Du stürzt dich mit Leidenschaft in Projekte und liebst es, Risiken einzugehen, besonders in der Liebe.

Stier (♉) an der Spitze des 5. Hauses: Du drückst dich durch beständige und sinnliche Formen der Kreativität aus. Genuss, Schönheit und Natur inspirieren dich.

Zwillinge (♊) an der Spitze des 5. Hauses: Du liebst es, mit Ideen zu spielen und dich vielseitig auszudrücken. Kommunikation, Schreiben und geistige Herausforderungen bereiten dir Freude.

Krebs (♋) an der Spitze des 5. Hauses: Deine Kreativität ist emotional und fürsorglich. Du drückst dich durch Verbundenheit mit Familie oder durch einfühlsame Kunstformen aus.

Löwe (♌) an der Spitze des 5. Hauses: Du genießt es, im Mittelpunkt zu stehen und deine Kreativität voller Stolz zu

präsentieren. Du liebst es, dich durch Theater, Kunst oder andere
Ausdrucksformen zu zeigen.

Jungfrau (♍) an der Spitze des 5. Hauses: Dein kreativer
Ausdruck ist praktisch und detailorientiert. Du bevorzugst
Projekte, die strukturiert sind und einen klaren Nutzen haben.

Waage (♎) an der Spitze des 5. Hauses: Du findest Freude
an Ästhetik und Harmonie. Kreative Partnerschaften und
Schönheit in all ihren Formen inspirieren dich.

Skorpion (♏) an der Spitze des 5. Hauses: Dein kreativer
Ausdruck ist intensiv und leidenschaftlich. Du tauchst tief in
deine Projekte ein und bringst transformative Energie ein.

Schütze (♐) an der Spitze des 5. Hauses: Deine Kreativität
ist optimistisch und abenteuerlustig. Du drückst dich durch
Reisen, Bildung und das Streben nach neuen Horizonten aus.

Steinbock (♑) an der Spitze des 5. Hauses: Dein kreativer
Ausdruck ist diszipliniert und zielorientiert. Du arbeitest hart an
deinen Projekten und schaffst Werke, die Bestand haben.

Wassermann (♒) an der Spitze des 5. Hauses: Du drückst
dich auf unkonventionelle und innovative Weise aus. Deine
Kreativität ist oft zukunftsorientiert und experimentell.

Fische (♓) an der Spitze des 5. Hauses: Deine Kreativität ist
intuitiv und fantasievoll. Du drückst dich durch Musik, Kunst
oder spirituelle Projekte aus und liebst es, in andere Welten
einzutauchen.

Planeten im 5. Haus

Planeten im 5. Haus zeigen, welche Energien und Themen in
deinem kreativen Ausdruck und deinem Bedürfnis nach Freude
aktiv sind:

- **Sonne (☉) im 5. Haus:** Du blühst auf, wenn du dich
  kreativ ausdrücken kannst. Deine Persönlichkeit strahlt,
  wenn du im Mittelpunkt stehst oder dich schöpferisch
  betätigst.
- **Mond (☽) im 5. Haus:** Deine Kreativität ist eng mit
  deinen Gefühlen verbunden. Emotionale Projekte und
  Beziehungen zu Kindern bereichern dein Leben.
- **Merkur (☿) im 5. Haus:** Deine Kreativität zeigt sich
  durch Worte, Schreiben oder geistige Spiele. Du liebst es,
  Ideen zu entwickeln und dich intellektuell auszudrücken.
- **Venus (♀) im 5. Haus:** Du ziehst Schönheit und
  Romantik in dein Leben. Deine Kreativität ist charmant
  und ästhetisch, und du findest Freude an Kunst und
  Liebe.
- **Mars (♂) im 5. Haus:** Du bist leidenschaftlich und aktiv
  in deinem kreativen Ausdruck. Du gehst mutig auf
  Projekte zu und bringst viel Energie ein.
- **Jupiter (♃) im 5. Haus:** Du bist großzügig und
  optimistisch in deinem kreativen Ausdruck. Du liebst es,
  große Projekte anzugehen, die dir und anderen Freude
  bringen.
- **Saturn (♄) im 5. Haus:** Du gehst diszipliniert und
  ernsthaft an kreative Projekte heran. Deine Werke sind oft
  langlebig und von hoher Qualität.

- **Uranus (♅) im 5. Haus:** Deine Kreativität ist unkonventionell und originell. Du experimentierst gerne und überraschst mit neuen Ideen.
- **Neptun (♆) im 5. Haus:** Deine Kreativität ist inspiriert und träumerisch. Du fühlst dich zu Kunst, Musik und spirituellen Projekten hingezogen.
- **Pluto (♇) im 5. Haus:** Dein kreativer Ausdruck ist intensiv und transformativ. Du hast die Fähigkeit, durch deine Projekte tiefe emotionale Wirkung zu erzielen.

Beispiel: Wie Zeichen und Planeten zusammenwirken

Angenommen, du hast **Löwe (♌) an der Spitze des 5. Hauses** und **Sonne (☉) in diesem Haus**. Deine Kreativität ist voller Stolz und Energie (Löwe), und mit der Sonne im 5. Haus strahlst du in schöpferischen Projekten und genießt es, im Rampenlicht zu stehen.

6. Haus – Arbeit, Gesundheit und Alltag

Was bedeutet das 6. Haus?

Das 6. Haus repräsentiert deinen Umgang mit Arbeit, Routinen und Gesundheit. Es zeigt, wie du deinen Alltag organisierst, wie du für deine körperliche und mentale Gesundheit sorgst und wie du mit Verpflichtungen umgehst. Dieses Haus steht für Dienst, Hingabe und die kleinen Dinge, die deine Tage strukturieren. Du kannst dir das 6. Haus wie ein Uhrwerk vorstellen, das reibungslos läuft, wenn alles im Gleichgewicht ist.

Zeichen an der Spitze des 6. Hauses

Das Sternzeichen an der Spitze des 6. Hauses beeinflusst, wie du deinen Alltag und deine Gesundheit gestaltest:

Widder (♈) an der Spitze des 6. Hauses: Du gehst mit viel Energie und Entschlossenheit an deine Aufgaben heran. Du bevorzugst einen aktiven Lebensstil und liebst es, neue Herausforderungen in deinen Alltag zu integrieren.

Stier (♉) an der Spitze des 6. Hauses: Du schätzt Stabilität und Beständigkeit in deinem Alltag. Deine Gesundheit und deine Routinen sind für dich eng mit Genuss und Komfort verbunden.

Zwillinge (♊) an der Spitze des 6. Hauses: Dein Alltag ist lebendig und voller Abwechslung. Du liebst es, mehrere Dinge gleichzeitig zu tun und geistig angeregt zu bleiben.

Krebs (♋) an der Spitze des 6. Hauses: Du sorgst auf eine fürsorgliche Weise für deine Gesundheit und deinen Alltag. Emotionale Sicherheit und ein harmonisches Umfeld sind für dich essenziell.

Löwe (♌) an der Spitze des 6. Hauses: Du bringst Kreativität und Stolz in deine Arbeit und deinen Alltag. Du möchtest deine Talente in deinen Routinen ausdrücken und wirst motiviert, wenn du Anerkennung erhältst.

Jungfrau (♍) an der Spitze des 6. Hauses: Du bist organisiert und detailorientiert in deinem Alltag. Du legst großen Wert auf Gesundheit und Effizienz und arbeitest gerne systematisch.

Waage (♎) an der Spitze des 6. Hauses: Du suchst Harmonie und Balance in deinem Alltag. Du schätzt ein schönes Arbeitsumfeld und legst Wert auf partnerschaftliche Zusammenarbeit.

Skorpion (♏) an der Spitze des 6. Hauses: Deine Arbeit und deine Gesundheit werden von intensiver Hingabe geprägt. Du bist bereit, Veränderungen anzunehmen und dich tief mit deinen Aufgaben auseinanderzusetzen.

Schütze (♐) an der Spitze des 6. Hauses: Du bringst Optimismus und Abenteuer in deinen Alltag. Du bevorzugst einen abwechslungsreichen Arbeitsstil und bist immer offen für neue Erfahrungen.

Steinbock (♑) an der Spitze des 6. Hauses: Du gehst diszipliniert und strukturiert an deinen Alltag heran. Deine Arbeit und Gesundheit sind für dich Bereiche, in denen du Verantwortung übernimmst.

Wassermann (♒) an der Spitze des 6. Hauses: Du gehst unkonventionell und innovativ mit deinem Alltag um. Du bevorzugst flexible Routinen und setzt auf technologische oder kreative Lösungen.

Fische (♓) an der Spitze des 6. Hauses: Dein Alltag ist intuitiv und fließend. Du fühlst dich zu spirituellen oder künstlerischen Tätigkeiten hingezogen und achtest darauf, dich nicht in Routinen zu verlieren.

Planeten im 6. Haus

Planeten im 6. Haus zeigen, welche Energien und Themen in deinem Arbeitsalltag und deinem Gesundheitsbewusstsein aktiv sind:

- **Sonne (☉) im 6. Haus:** Deine Arbeit und dein Alltag sind zentral für deine Identität. Du blühst auf, wenn du produktiv und nützlich sein kannst.
- **Mond (☽) im 6. Haus:** Deine Emotionen beeinflussen deinen Alltag stark. Du suchst nach Routinen, die dir Geborgenheit und emotionale Stabilität geben.
- **Merkur (☿) im 6. Haus:** Kommunikation und Analyse stehen im Mittelpunkt deiner Arbeit. Du bist gut darin, Details zu organisieren und Lösungen zu finden.
- **Venus (♀) im 6. Haus:** Du schaffst ein harmonisches Arbeitsumfeld. Deine Gesundheit und dein Alltag sind für dich eng mit Schönheit und Genuss verbunden.
- **Mars (♂) im 6. Haus:** Du bist aktiv und energiegeladen in deinem Alltag. Du packst Aufgaben entschlossen an und gehst Herausforderungen mit Tatkraft an.
- **Jupiter (♃) im 6. Haus:** Du bringst Optimismus und Großzügigkeit in deine Arbeit. Du ziehst Möglichkeiten an, die deinen Alltag bereichern und dich wachsen lassen.
- **Saturn (♄) im 6. Haus:** Du gehst verantwortungsvoll mit deiner Arbeit und Gesundheit um. Du legst Wert auf Disziplin und langfristige Stabilität.
- **Uranus (♅) im 6. Haus:** Dein Alltag ist oft von unerwarteten Veränderungen geprägt. Du bevorzugst innovative und flexible Arbeitsmethoden.
- **Neptun (♆) im 6. Haus:** Dein Alltag ist intuitiv und manchmal träumerisch. Du fühlst dich zu Tätigkeiten

hingezogen, die spirituell oder kreativ sind.

- **Pluto (♇) im 6. Haus:** Deine Arbeit und dein Alltag sind von intensiver Transformation geprägt. Du hast die Fähigkeit, Herausforderungen anzunehmen und daraus gestärkt hervorzugehen.

Beispiel: Wie Zeichen und Planeten zusammenwirken

Angenommen, du hast **Jungfrau (♍) an der Spitze des 6. Hauses** und **Merkur (☿) in diesem Haus**. Dein Alltag ist gut organisiert und effizient (Jungfrau). Mit Merkur im 6. Haus verstärkst du deine Fähigkeit, analytisch und präzise zu arbeiten, und fühlst dich wohl, wenn du Probleme löst und Struktur schaffst.

7. Haus – Partnerschaften und Beziehungen

Was bedeutet das 7. Haus?

Das 7. Haus repräsentiert deine Beziehungen zu anderen, insbesondere Partnerschaften, sei es romantischer oder geschäftlicher Natur. Es zeigt, wie du auf andere zugehst, was du in Partnerschaften suchst und welche Qualitäten du in anderen bewunderst. Das 7. Haus ist der Bereich, in dem du Gleichgewicht und Harmonie findest, indem du mit anderen zusammenarbeitest und dich ergänzen lässt. Du kannst dir das 7. Haus wie einen Spiegel vorstellen – es zeigt dir, wie andere dich wahrnehmen und welche Dynamiken in Beziehungen wichtig sind.

Zeichen an der Spitze des 7. Hauses

Das Sternzeichen an der Spitze des 7. Hauses beeinflusst, wie du Partnerschaften eingehst und welche Qualitäten du in anderen suchst:

Widder (♈) an der Spitze des 7. Hauses: Du suchst leidenschaftliche und dynamische Beziehungen. Deine Partner sind oft energisch und unabhängig, was dich herausfordert und inspiriert.

Stier (♉) an der Spitze des 7. Hauses: Du suchst nach Beständigkeit und Stabilität in Partnerschaften. Zuverlässigkeit und ein sinnlicher Zugang zu Beziehungen sind dir wichtig.

Zwillinge (♊) an der Spitze des 7. Hauses: Du bevorzugst geistige Anregung und Kommunikation in deinen Partnerschaften. Du fühlst dich zu vielseitigen und neugierigen Menschen hingezogen.

Krebs (♋) an der Spitze des 7. Hauses: Du suchst nach emotionaler Nähe und Geborgenheit. Deine Beziehungen sind geprägt von Fürsorge und einem tiefen Bedürfnis nach Verbundenheit.

Löwe (♌) an der Spitze des 7. Hauses: Du ziehst stolze und kreative Partner an. In deinen Beziehungen möchtest du bewundert werden und strebst nach einer dynamischen Verbindung.

Jungfrau (♍) an der Spitze des 7. Hauses: Du suchst nach praktischen und zuverlässigen Partnerschaften. Du schätzt Menschen, die organisiert sind und dir in alltäglichen Belangen helfen können.

Waage (♎) an der Spitze des 7. Hauses: Du suchst
Harmonie und Gleichgewicht in deinen Partnerschaften.
Ästhetik, Diplomatie und Fairness sind für dich essenziell.

Skorpion (♏) an der Spitze des 7. Hauses: Du ziehst
intensive und transformative Beziehungen an. Leidenschaft und
eine tiefe emotionale Verbindung sind dir wichtig.

Schütze (♐) an der Spitze des 7. Hauses: Du suchst Freiheit
und Abenteuer in Partnerschaften. Dein idealer Partner ist
optimistisch und teilt deine Liebe für das Lernen und Entdecken.

Steinbock (♑) an der Spitze des 7. Hauses: Du suchst nach
stabilen und verantwortungsbewussten Partnern. Deine
Beziehungen sind geprägt von langfristigen Zielen und
Beständigkeit.

Wassermann (♒) an der Spitze des 7. Hauses: Du
bevorzugst unkonventionelle und freie Partnerschaften. Du
schätzt Individualität und suchst Gleichberechtigung in deinen
Beziehungen.

Fische (♓) an der Spitze des 7. Hauses: Du ziehst intuitive
und einfühlsame Partner an. Spirituelle und romantische
Verbindungen spielen eine große Rolle in deinen Beziehungen.

Planeten im 7. Haus

Planeten im 7. Haus zeigen, welche Energien und Themen in

deinen Partnerschaften aktiv sind:

- **Sonne (☉) im 7. Haus:** Du suchst nach Beziehungen, die deine Persönlichkeit ergänzen und dich zum Strahlen bringen. Partnerschaften sind zentral für deine Identität.
- **Mond (☽) im 7. Haus:** Deine Beziehungen sind eng mit deinen Gefühlen verbunden. Du suchst emotionale Nähe und Geborgenheit in Partnerschaften.
- **Merkur (☿) im 7. Haus:** Kommunikation ist der Schlüssel zu deinen Beziehungen. Du suchst intellektuelle Anregung und schätzt den Austausch von Gedanken.
- **Venus (♀) im 7. Haus:** Harmonie und Schönheit prägen deine Partnerschaften. Du ziehst liebevolle und attraktive Verbindungen an.
- **Mars (♂) im 7. Haus:** Deine Beziehungen sind energisch und leidenschaftlich. Du bist bereit, für deine Partnerschaften zu kämpfen und dich aktiv einzubringen.
- **Jupiter (♃) im 7. Haus:** Du bist optimistisch und großzügig in deinen Beziehungen. Du ziehst Partner an, die dein Leben bereichern und erweitern.
- **Saturn (♄) im 7. Haus:** Du gehst verantwortungsvoll und ernsthaft mit deinen Partnerschaften um. Langfristige Stabilität und Verpflichtungen sind dir wichtig.
- **Uranus (♅) im 7. Haus:** Deine Beziehungen sind unkonventionell und oft überraschend. Du suchst nach Freiheit und Individualität in deinen Verbindungen.
- **Neptun (♆) im 7. Haus:** Deine Partnerschaften sind romantisch und oft von spirituellen Themen geprägt. Du suchst nach einer tiefen, idealistischen Verbindung.

- **Pluto (♇) im 7. Haus:** Deine Beziehungen sind intensiv und transformativ. Du suchst nach tiefgreifenden Verbindungen, die dich emotional und spirituell wachsen lassen.

Beispiel: Wie Zeichen und Planeten zusammenwirken

Angenommen, du hast **Waage (♎) an der Spitze des 7. Hauses** und **Venus (♀) in diesem Haus**. Deine Partnerschaften sind harmonisch und ausgeglichen (Waage). Mit Venus im 7. Haus verstärkst du deine Fähigkeit, liebevolle und attraktive Verbindungen aufzubauen, und schätzt Schönheit und Diplomatie in deinen Beziehungen.

8. Haus – Transformation und Gemeinschaftsbesitz

Was bedeutet das 8. Haus?

Das 8. Haus steht für tiefgreifende Transformationen, geteilte Ressourcen und die Verbindung zu den großen Mysterien des Lebens wie Tod, Wiedergeburt und Intimität. Es zeigt, wie du mit Veränderungen umgehst, welche Themen in deinen engen Verbindungen auftauchen und wie du dich auf gemeinschaftliche Werte und Besitz einlässt. Das 8. Haus ist ein Ort intensiver Erfahrungen, die dich wachsen lassen, und repräsentiert die Macht, Altes loszulassen und Platz für Neues zu schaffen.

Zeichen an der Spitze des 8. Hauses

Das Sternzeichen an der Spitze des 8. Hauses beeinflusst, wie du mit Transformationen, Intimität und gemeinsamen Ressourcen umgehst:

Widder (♈) an der Spitze des 8. Hauses: Du gehst Veränderungen mutig und direkt an. Du bist bereit, Risiken einzugehen, und suchst nach intensiven Erfahrungen, die dich herausfordern.

Stier (♉) an der Spitze des 8. Hauses: Du strebst nach Stabilität und Sicherheit, auch in Zeiten des Wandels. Gemeinsame Ressourcen und materielle Werte spielen eine wichtige Rolle in deinem Leben.

Zwillinge (♊) an der Spitze des 8. Hauses: Du gehst mit Neugier und einem offenen Geist an tiefere Themen heran. Kommunikation und Wissensaustausch sind dir auch in intensiven Situationen wichtig.

Krebs (♋) an der Spitze des 8. Hauses: Du bist emotional und einfühlsam, wenn es um Transformation und Intimität geht. Familiäre Verbindungen und Sicherheit sind dir wichtig.

Löwe (♌) an der Spitze des 8. Hauses: Du gehst mit Leidenschaft und Kreativität in transformative Prozesse. Du möchtest in allen intensiven Verbindungen deine Individualität ausdrücken.

Jungfrau (♍) an der Spitze des 8. Hauses: Du analysierst und organisierst die Themen des 8. Hauses mit einem praktischen Ansatz. Du bevorzugst strukturierte und klar definierte Veränderungen.

Waage (♎) an der Spitze des 8. Hauses: Du suchst Harmonie und Ausgleich in intensiven Beziehungen. Du möchtest, dass gemeinsame Ressourcen gerecht und ausgeglichen genutzt werden.

Skorpion (♏) an der Spitze des 8. Hauses: Du tauchst tief in die Themen des 8. Hauses ein. Transformation und Intimität sind für dich intensiv und leidenschaftlich.

Schütze (♐) an der Spitze des 8. Hauses: Du gehst mit Optimismus und Abenteuerlust in transformative Prozesse. Du suchst nach dem höheren Sinn hinter Veränderungen.

Steinbock (♑) an der Spitze des 8. Hauses: Du gehst mit Disziplin und Verantwortung an die Themen des 8. Hauses heran. Du strebst nach Stabilität und langfristigen Lösungen in intensiven Situationen.

Wassermann (♒) an der Spitze des 8. Hauses: Du gehst unkonventionell und innovativ mit tiefgreifenden Veränderungen um. Du bist bereit, neue Wege zu gehen und alte Muster zu durchbrechen.

Fische (♓) an der Spitze des 8. Hauses: Du fühlst dich zu den spirituellen und mystischen Aspekten des 8. Hauses hingezogen. Deine Transformationen sind oft intuitiv und emotional.

Planeten im 8. Haus

Planeten im 8. Haus zeigen, welche Energien und Themen in

deinem Umgang mit Intimität, Transformation und gemeinsamen Ressourcen aktiv sind:

- **Sonne (☉) im 8. Haus:** Du suchst nach intensiven Erfahrungen, die dein Leben bereichern und transformieren. Deine Identität wird durch tiefgreifende Veränderungen gestärkt.

- **Mond (☽) im 8. Haus:** Deine Gefühle sind intensiv, und du suchst emotionale Tiefe in deinen Beziehungen. Du bist einfühlsam und transformierst dich durch emotionale Erfahrungen.

- **Merkur (☿) im 8. Haus:** Dein Denken ist tiefgründig, und du bist an verborgenen Wahrheiten interessiert. Kommunikation spielt eine Schlüsselrolle in deinen Transformationen.

- **Venus (♀) im 8. Haus:** Deine Beziehungen sind leidenschaftlich und transformativ. Du schätzt tiefe emotionale und physische Verbindungen.

- **Mars (♂) im 8. Haus:** Du gehst energisch und entschlossen mit Transformationen um. Deine Intimität ist leidenschaftlich und von starkem Engagement geprägt.

- **Jupiter (♃) im 8. Haus:** Du gehst optimistisch und großzügig mit den Themen des 8. Hauses um. Du siehst Veränderungen als Chance für Wachstum und Erweiterung.

- **Saturn (♄) im 8. Haus:** Du gehst diszipliniert und verantwortungsvoll mit Intimität und Transformationen um. Du bevorzugst langfristige Stabilität in gemeinsamen Ressourcen.

- **Uranus (♅) im 8. Haus:** Deine Transformationen sind

oft unerwartet und unkonventionell. Du bist bereit, alte
Muster zu brechen und neue Wege zu gehen.

- **Neptun (♆) im 8. Haus:** Deine Transformationen sind
  von spirituellen und mystischen Themen geprägt. Du
  fühlst dich zu tiefer emotionaler und spiritueller
  Verbindung hingezogen.
- **Pluto (♇) im 8. Haus:** Du erlebst tiefgreifende,
  transformative Veränderungen. Deine Stärke liegt in
  deiner Fähigkeit, durch intensive Erfahrungen zu
  wachsen.

Beispiel: Wie Zeichen und Planeten zusammenwirken

Angenommen, du hast **Skorpion (♏) an der Spitze des 8.
Hauses** und **Pluto (♇) in diesem Haus**. Dein Umgang mit
Transformationen ist intensiv und tiefgreifend (Skorpion). Mit
Pluto im 8. Haus verstärkst du deine Fähigkeit, dich durch
Herausforderungen zu erneuern und gestärkt daraus
hervorzugehen.

9. Haus – Reisen und Philosophie

Was bedeutet das 9. Haus?

Das 9. Haus steht für deinen Wunsch, deinen Horizont zu
erweitern, sei es durch Reisen, Bildung oder spirituelle
Erkenntnisse. Es repräsentiert das Streben nach einem tieferen
Verständnis der Welt und deines Platzes darin. Dieses Haus zeigt,
wie du nach Weisheit suchst, welche philosophischen oder
religiösen Themen dich ansprechen und wie du deinen
Lebenssinn findest. Du kannst dir das 9. Haus wie eine Landkarte

vorstellen, die dir hilft, die größeren Zusammenhänge zu erkennen.

Zeichen an der Spitze des 9. Hauses

Das Sternzeichen an der Spitze des 9. Hauses beeinflusst, wie du dein Wissen erweiterst und welche Art von Abenteuern dich anzieht:

Widder (♈) an der Spitze des 9. Hauses: Du gehst mit Enthusiasmus und Energie auf neue Erfahrungen zu. Du bist abenteuerlustig und suchst nach Möglichkeiten, deine Ideen mutig zu verwirklichen.

Stier (♉) an der Spitze des 9. Hauses: Du suchst Stabilität und Genuss in deinen Entdeckungen. Dein Streben nach Wissen ist pragmatisch, und du bevorzugst bewährte Ansätze.

Zwillinge (♊) an der Spitze des 9. Hauses: Du bist vielseitig interessiert und liebst es, neue Informationen und Perspektiven zu entdecken. Kommunikation und Austausch sind zentrale Elemente deines Lernens.

Krebs (♋) an der Spitze des 9. Hauses: Du suchst emotionale und spirituelle Erkenntnisse. Deine Reisen und dein Lernen sind oft von einem Gefühl der Verbundenheit mit deinen Wurzeln geprägt.

Löwe (♌) an der Spitze des 9. Hauses: Du gehst selbstbewusst und kreativ auf deine Abenteuer zu. Du suchst nach Erfahrungen, die dein inneres Licht zum Strahlen bringen.

Jungfrau (♍) an der Spitze des 9. Hauses: Du bist analytisch und detailorientiert in deinem Streben nach Wissen. Deine Entdeckungen sind oft praktisch und darauf ausgerichtet, konkrete Lösungen zu finden.

Waage (♎) an der Spitze des 9. Hauses: Du suchst Harmonie und Balance in deinen philosophischen Ansichten. Du bevorzugst Reisen, die ästhetisch und kulturell bereichernd sind.

Skorpion (♏) an der Spitze des 9. Hauses: Du bist intensiv und leidenschaftlich in deinem Streben nach Wissen. Du suchst nach tiefgründigen Einsichten und transformative Erfahrungen.

Schütze (♐) an der Spitze des 9. Hauses: Du bist abenteuerlustig und optimistisch. Dein Leben ist eine ständige Reise, auf der du nach Wissen und Wahrheit suchst.

Steinbock (♑) an der Spitze des 9. Hauses: Du gehst verantwortungsbewusst und zielorientiert an deine Entdeckungen heran. Dein Streben nach Wissen ist langfristig und diszipliniert.

Wassermann (♒) an der Spitze des 9. Hauses: Du bist innovativ und unkonventionell in deinem Streben nach Wissen. Du suchst nach neuen, zukunftsweisenden Ansätzen.

Fische (♓) an der Spitze des 9. Hauses: Du suchst spirituelle und intuitive Einsichten. Deine Reisen und dein Lernen sind oft von Mitgefühl und Fantasie geprägt.

Planeten im 9. Haus

Planeten im 9. Haus zeigen, welche Energien und Themen in deinem Streben nach Wissen und deiner Suche nach Sinn aktiv sind:

- **Sonne (☉) im 9. Haus:** Du suchst nach Erfahrungen, die deine Identität erweitern. Deine Abenteuer und dein Lernen sind zentral für dein Selbstverständnis.
- **Mond (☽) im 9. Haus:** Deine Gefühle sind eng mit deinem Streben nach Sinn verbunden. Du suchst emotionale Erleuchtung durch Reisen und Bildung.
- **Merkur (☿) im 9. Haus:** Dein Denken ist offen und vielseitig. Du liebst es, neue Ideen zu erforschen und dich mit anderen über philosophische Themen auszutauschen.
- **Venus (♀) im 9. Haus:** Du findest Freude an Reisen und schönen Erfahrungen. Deine Beziehungen können stark von gemeinsamen Abenteuern profitieren.
- **Mars (♂) im 9. Haus:** Du bist aktiv und entschlossen in deinem Streben nach Wissen. Du gehst mit Leidenschaft und Energie an deine Abenteuer heran.
- **Jupiter (♃) im 9. Haus:** Du bist optimistisch und großzügig in deinem Streben nach Wahrheit. Dein Leben ist geprägt von einer ständigen Suche nach Wachstum und Expansion.
- **Saturn (♄) im 9. Haus:** Du gehst diszipliniert und ernsthaft an deine Entdeckungen heran. Dein Streben nach Wissen ist langfristig und zielgerichtet.
- **Uranus (♅) im 9. Haus:** Deine Entdeckungen sind oft unkonventionell und überraschend. Du suchst nach innovativen Wegen, die Welt zu verstehen.
- **Neptun (♆) im 9. Haus:** Deine Suche nach Sinn ist von

Spiritualität und Fantasie geprägt. Du fühlst dich zu mystischen und transzendenten Erfahrungen hingezogen.

- **Pluto (♇) im 9. Haus:** Deine Entdeckungen sind tiefgreifend und transformativ. Du suchst nach Einsichten, die dein Leben grundlegend verändern können.

Beispiel: Wie Zeichen und Planeten zusammenwirken

Angenommen, du hast **Schütze (♐) an der Spitze des 9. Hauses** und **Jupiter (♃) in diesem Haus**. Dein Streben nach Wissen und Wahrheit ist optimistisch und abenteuerlustig (Schütze). Mit Jupiter im 9. Haus verstärkt sich dein Wunsch, deinen Horizont zu erweitern und Erfahrungen zu machen, die dein Leben bereichern.

10. Haus – Karriere und Berufung

Was bedeutet das 10. Haus?

Das 10. Haus steht für deinen Platz in der öffentlichen Welt, deine beruflichen Ziele und die Art, wie du von anderen wahrgenommen werden möchtest. Es repräsentiert deine Karriere, deinen sozialen Status und deine Verantwortung in der Gesellschaft. Dieses Haus zeigt dir, wie du deine Lebensziele erreichen kannst und welche Berufung dich erfüllt. Du kannst dir das 10. Haus wie einen Gipfel vorstellen, den du durch harte Arbeit und Hingabe erklimmst.

Zeichen an der Spitze des 10. Hauses

Das Sternzeichen an der Spitze des 10. Hauses beeinflusst, wie du deine beruflichen Ziele verfolgst und welchen Weg du zur Erfüllung deiner Berufung wählst:

Widder (♈) an der Spitze des 10. Hauses: Du strebst mit viel Energie und Initiative nach beruflichem Erfolg. Du bist bereit, Risiken einzugehen und neue Wege zu beschreiten, um deine Ziele zu erreichen.

Stier (♉) an der Spitze des 10. Hauses: Du bevorzugst Stabilität und Beständigkeit in deiner Karriere. Deine Ziele erreichst du durch Geduld und einen praktischen, verlässlichen Ansatz.

Zwillinge (♊) an der Spitze des 10. Hauses: Du suchst eine berufliche Laufbahn, die vielseitig und kommunikativ ist. Du fühlst dich zu Berufen hingezogen, die Austausch und Flexibilität erfordern.

Krebs (♋) an der Spitze des 10. Hauses: Du suchst eine Berufung, die emotional erfüllend ist und dir das Gefühl gibt, anderen zu helfen. Familie und Fürsorge können zentrale Themen in deiner Karriere sein.

Löwe (♌) an der Spitze des 10. Hauses: Du strebst nach Anerkennung und möchtest deine Kreativität in deiner Karriere ausdrücken. Du suchst nach einem Beruf, der dir erlaubt, im Rampenlicht zu stehen und deine Talente zu zeigen.

Jungfrau (♍) an der Spitze des 10. Hauses: Du suchst eine berufliche Laufbahn, die organisiert und strukturiert ist. Du legst Wert auf Genauigkeit und möchtest nützlich sein.

Waage (♎) an der Spitze des 10. Hauses: Du strebst nach Harmonie und Ausgleich in deiner Karriere. Du ziehst Berufe in Betracht, die ästhetische oder zwischenmenschliche Fähigkeiten erfordern.

Skorpion (♏) an der Spitze des 10. Hauses: Du suchst eine Karriere, die dir Tiefe und Transformation bietet. Du bist bereit, intensiv zu arbeiten und Herausforderungen zu meistern.

Schütze (♐) an der Spitze des 10. Hauses: Du bist optimistisch und visionär in deiner beruflichen Laufbahn. Du strebst nach einer Berufung, die dir Freiheit und Möglichkeiten zur Expansion bietet.

Steinbock (♑) an der Spitze des 10. Hauses: Du gehst diszipliniert und ehrgeizig an deine Karriere heran. Langfristige Stabilität und Verantwortung sind zentrale Themen für dich.

Wassermann (♒) an der Spitze des 10. Hauses: Du suchst eine unkonventionelle und innovative Karriere. Du fühlst dich zu Berufen hingezogen, die Fortschritt und Individualität betonen.

Fische (♓) an der Spitze des 10. Hauses: Du suchst eine spirituelle oder kreative Berufung. Du möchtest in deiner Karriere Mitgefühl und Inspiration vermitteln.

Planeten im 10. Haus

Planeten im 10. Haus zeigen, welche Energien und Themen in deinem beruflichen Leben aktiv sind:

- **Sonne (☉) im 10. Haus:** Deine Karriere ist zentral für dein Selbstverständnis. Du möchtest in deinem Beruf strahlen und fühlst dich erfüllt, wenn du deine Ziele erreichst.
- **Mond (☽) im 10. Haus:** Deine Emotionen sind eng mit deiner Karriere verbunden. Du suchst berufliche Sicherheit und ein Umfeld, das dir emotionale Stabilität gibt.
- **Merkur (☿) im 10. Haus:** Kommunikation und Denken stehen im Mittelpunkt deiner beruflichen Laufbahn. Du bist ein natürlicher Vermittler und Problemlöser.
- **Venus (♀) im 10. Haus:** Du suchst Harmonie und Schönheit in deiner Karriere. Beziehungen und ästhetische Werte spielen eine wichtige Rolle.
- **Mars (♂) im 10. Haus:** Du bist energisch und ehrgeizig in deinem beruflichen Leben. Du packst Herausforderungen mutig an und strebst nach Spitzenleistungen.
- **Jupiter (♃) im 10. Haus:** Du bist optimistisch und großzügig in deiner beruflichen Laufbahn. Du ziehst Gelegenheiten an, die dir Wachstum und Erfolg bringen.
- **Saturn (♄) im 10. Haus:** Du gehst diszipliniert und verantwortungsvoll mit deiner Karriere um. Du bevorzugst langfristige Ziele und bist bereit, hart zu arbeiten.
- **Uranus (♅) im 10. Haus:** Deine Karriere ist unkonventionell und oft von plötzlichen Veränderungen

geprägt. Du suchst nach innovativen Ansätzen und Freiheit.

- **Neptun (Ψ) im 10. Haus:** Deine berufliche Laufbahn ist von Kreativität und Spiritualität geprägt. Du fühlst dich zu Berufen hingezogen, die Mitgefühl und Inspiration erfordern.
- **Pluto ($\Pluto$) im 10. Haus:** Deine Karriere ist von intensiver Transformation und Macht geprägt. Du suchst nach einer Berufung, die tiefgreifende Veränderungen ermöglicht.

Beispiel: Wie Zeichen und Planeten zusammenwirken

Angenommen, du hast **Steinbock ($\Capricorn$) an der Spitze des 10. Hauses** und **Saturn ($\hbar$) in diesem Haus**. Deine Karriere ist diszipliniert und ehrgeizig (Steinbock). Mit Saturn im 10. Haus verstärkt sich dein Wunsch nach Verantwortung und langfristigem Erfolg durch harte Arbeit und Durchhaltevermögen.

11. Haus – Freundschaften und Gemeinschaft

Was bedeutet das 11. Haus?

Das 11. Haus steht für deine sozialen Verbindungen, Freundschaften und deinen Platz in Gemeinschaften. Es repräsentiert deine Ideale, Hoffnungen und wie du deine Träume durch kollektive Anstrengungen verwirklichst. Dieses Haus zeigt dir, welche Rolle du in Gruppen einnimmst und wie du Netzwerke aufbaust. Du kannst dir das 11. Haus wie ein soziales Netzwerk vorstellen, das dir hilft, deine Visionen in die Wirklichkeit umzusetzen.

Zeichen an der Spitze des 11. Hauses

Das Sternzeichen an der Spitze des 11. Hauses beeinflusst, wie du dich in Gemeinschaften einbringst und welche Art von Freundschaften du bevorzugst:

Widder (♈) an der Spitze des 11. Hauses: Du bist dynamisch und initiativ in Gruppen. Du ziehst dich zu Freundschaften mit energischen und unabhängigen Menschen hingezogen.

Stier (♉) an der Spitze des 11. Hauses: Du suchst nach stabilen und beständigen Freundschaften. Du bevorzugst Gemeinschaften, die Sicherheit und Genuss bieten.

Zwillinge (♊) an der Spitze des 11. Hauses: Du bist kommunikativ und vielseitig in sozialen Verbindungen. Du schätzt geistige Anregung und einen regen Austausch in Gruppen.

Krebs (♋) an der Spitze des 11. Hauses: Du suchst nach emotionaler Geborgenheit in Freundschaften. Deine Gemeinschaften sind oft wie eine zweite Familie für dich.

Löwe (♌) an der Spitze des 11. Hauses: Du bringst Kreativität und Charisma in Gruppen ein. Du fühlst dich zu Freundschaften hingezogen, die dir die Möglichkeit geben, zu strahlen.

Jungfrau (♍) an der Spitze des 11. Hauses: Du bist

organisiert und pragmatisch in sozialen Verbindungen. Du bevorzugst Gemeinschaften, die einen praktischen Nutzen bieten.

Waage (♎) an der Spitze des 11. Hauses: Du suchst Harmonie und Ausgleich in deinen Freundschaften. Du bevorzugst Gruppen, die ästhetisch und diplomatisch ausgerichtet sind.

Skorpion (♏) an der Spitze des 11. Hauses: Du ziehst dich zu intensiven und transformierenden Freundschaften hingezogen. Du bist bereit, in Gemeinschaften tief zu gehen und Veränderungen zu bewirken.

Schütze (♐) an der Spitze des 11. Hauses: Du bist optimistisch und abenteuerlustig in sozialen Verbindungen. Du ziehst dich zu internationalen oder philosophischen Gemeinschaften hingezogen.

Steinbock (♑) an der Spitze des 11. Hauses: Du gehst verantwortungsbewusst und zielgerichtet mit deinen sozialen Verbindungen um. Du bevorzugst Gemeinschaften, die Stabilität und Struktur bieten.

Wassermann (♒) an der Spitze des 11. Hauses: Du bist innovativ und unkonventionell in sozialen Verbindungen. Du schätzt Freiheit und Individualität in deinen Gemeinschaften.

Fische (♓) an der Spitze des 11. Hauses: Du suchst nach spirituellen und intuitiven Verbindungen. Deine Gemeinschaften sind oft von Mitgefühl und Inspiration geprägt.

Planeten im 11. Haus

Planeten im 11. Haus zeigen, welche Energien und Themen in deinen sozialen Verbindungen und Gemeinschaften aktiv sind:

- **Sonne (☉) im 11. Haus:** Deine Freundschaften und Gemeinschaften sind zentral für dein Selbstverständnis. Du fühlst dich erfüllt, wenn du Teil eines größeren Ganzen bist.
- **Mond (☽) im 11. Haus:** Deine Gefühle sind eng mit deinen sozialen Verbindungen verbunden. Du suchst emotionale Geborgenheit in Freundschaften.
- **Merkur (☿) im 11. Haus:** Kommunikation steht im Mittelpunkt deiner sozialen Verbindungen. Du bist ein guter Netzwerker und liebst den Austausch von Ideen.
- **Venus (♀) im 11. Haus:** Deine Freundschaften sind harmonisch und von Zuneigung geprägt. Du ziehst dich zu Gruppen hingezogen, die Schönheit und Freude schätzen.
- **Mars (♂) im 11. Haus:** Du bringst Energie und Tatkraft in deine Gemeinschaften ein. Du bist bereit, für deine Freunde und Ideale zu kämpfen.
- **Jupiter (♃) im 11. Haus:** Du bist optimistisch und großzügig in sozialen Verbindungen. Du ziehst Gelegenheiten an, die dein Netzwerk erweitern.
- **Saturn (♄) im 11. Haus:** Du gehst diszipliniert und verantwortungsvoll mit deinen sozialen Verbindungen um. Du bevorzugst langfristige und stabile Freundschaften.
- **Uranus (♅) im 11. Haus:** Deine sozialen Verbindungen sind oft unkonventionell und innovativ. Du bist bereit,

neue Wege in Gemeinschaften zu gehen.

- **Neptun (♆) im 11. Haus:** Deine sozialen Verbindungen sind von Spiritualität und Mitgefühl geprägt. Du suchst nach Gemeinschaften, die von idealistischen Werten geleitet werden.
- **Pluto (♇) im 11. Haus:** Deine sozialen Verbindungen sind intensiv und transformativ. Du ziehst dich zu Gemeinschaften hingezogen, die tiefgreifende Veränderungen bewirken.

Beispiel: Wie Zeichen und Planeten zusammenwirken

Angenommen, du hast **Wassermann (♒) an der Spitze des 11. Hauses** und **Uranus (♅) in diesem Haus**. Deine sozialen Verbindungen sind innovativ und zukunftsorientiert (Wassermann). Mit Uranus im 11. Haus verstärkt sich dein Wunsch, neue und unkonventionelle Wege in Gemeinschaften zu gehen und Veränderungen zu bewirken.

12. Haus – Spiritualität und das Unbewusste

Was bedeutet das 12. Haus?

Das 12. Haus repräsentiert die verborgenen Aspekte deines Lebens, deine innere Welt und deine Verbindung zum Unbewussten. Es ist der Ort für Träume, Spiritualität und das Lösen alter Muster. Dieses Haus zeigt dir, wie du mit inneren Ängsten, verborgenem Potenzial und deinem spirituellen Wachstum umgehst. Du kannst dir das 12. Haus wie einen Rückzugsort vorstellen, an dem du zur Ruhe kommst und deine tiefsten Geheimnisse erforschst.

Zeichen an der Spitze des 12. Hauses

Das Sternzeichen an der Spitze des 12. Hauses beeinflusst, wie du mit deinem Unbewussten und deiner Spiritualität umgehst:

Widder (♈) an der Spitze des 12. Hauses: Du gehst mutig und initiativ an deine inneren Themen heran. Du bist bereit, alte Muster aktiv zu durchbrechen und neue Wege zu finden.

Stier (♉) an der Spitze des 12. Hauses: Du suchst Stabilität und Sicherheit in deinem inneren Leben. Du lässt dir Zeit, um alte Wunden zu heilen und deine Spiritualität zu entwickeln.

Zwillinge (♊) an der Spitze des 12. Hauses: Du reflektierst und kommunizierst viel über deine inneren Themen. Du suchst Wissen und Austausch, um dein Unbewusstes besser zu verstehen.

Krebs (♋) an der Spitze des 12. Hauses: Du bist emotional und einfühlsam in deiner inneren Welt. Du suchst Geborgenheit und Heilung durch spirituelle und emotionale Verbindungen.

Löwe (♌) an der Spitze des 12. Hauses: Du gehst kreativ und selbstbewusst an deine verborgenen Themen heran. Du suchst spirituelle Erkenntnisse, die dich in deinem Inneren stärken.

Jungfrau (♍) an der Spitze des 12. Hauses: Du analysierst und strukturierst deine inneren Themen. Du suchst nach praktischen Wegen, um Heilung und spirituelles Wachstum zu erreichen.

Waage (♎) an der Spitze des 12. Hauses: Du suchst Harmonie und Ausgleich in deinem inneren Leben. Deine Spiritualität ist oft auf Beziehungen und ästhetische Werte ausgerichtet.

Skorpion (♏) an der Spitze des 12. Hauses: Du tauchst tief in die verborgenen Aspekte deines Lebens ein. Du bist bereit, transformative Prozesse durchzugehen, um alte Muster loszulassen.

Schütze (♐) an der Spitze des 12. Hauses: Du suchst nach Sinn und Wahrheit in deiner inneren Welt. Deine Spiritualität ist optimistisch und auf Erweiterung deines Horizonts ausgerichtet.

Steinbock (♑) an der Spitze des 12. Hauses: Du gehst diszipliniert und verantwortungsvoll mit deinen inneren Themen um. Du suchst Stabilität und Struktur in deinem spirituellen Leben.

Wassermann (♒) an der Spitze des 12. Hauses: Du bist innovativ und unkonventionell in deiner Spiritualität. Du suchst nach neuen Wegen, dein Unbewusstes zu verstehen und zu integrieren.

Fische (♓) an der Spitze des 12. Hauses: Du bist intuitiv und spirituell stark verbunden. Deine innere Welt ist voller Mitgefühl und Inspiration, aber auch empfindsam und verletzlich.

Planeten im 12. Haus

Planeten im 12. Haus zeigen, welche Energien und Themen in deinem inneren Leben und deiner spirituellen Entwicklung aktiv sind:

- **Sonne (☉) im 12. Haus:** Deine Identität ist stark mit deinem inneren Leben verbunden. Du findest Erfüllung durch Selbstreflexion und spirituelles Wachstum.
- **Mond (☽) im 12. Haus:** Deine Gefühle sind tief und intuitiv. Du suchst emotionale Heilung und eine starke Verbindung zu deinem Unbewussten.
- **Merkur (☿) im 12. Haus:** Dein Denken ist introspektiv und analytisch. Du reflektierst viel über deine inneren Themen und suchst nach Klarheit.
- **Venus (♀) im 12. Haus:** Deine Beziehungen sind stark von Mitgefühl und Spiritualität geprägt. Du ziehst dich oft in deine innere Welt zurück, um Harmonie zu finden.
- **Mars (♂) im 12. Haus:** Deine Energie ist nach innen gerichtet. Du arbeitest intensiv an deinen inneren Themen und bist bereit, alte Konflikte zu lösen.
- **Jupiter (♃) im 12. Haus:** Du bist großzügig und optimistisch in deiner inneren Welt. Du suchst nach Sinn und spirituellem Wachstum.
- **Saturn (♄) im 12. Haus:** Du gehst diszipliniert und ernsthaft mit deinen inneren Themen um. Du bist bereit, Verantwortung für dein spirituelles Wachstum zu übernehmen.
- **Uranus (♅) im 12. Haus:** Deine inneren Prozesse sind unkonventionell und oft plötzlich. Du suchst nach innovativen Wegen, um alte Muster zu durchbrechen.
- **Neptun (♆) im 12. Haus:** Deine Spiritualität ist intuitiv

und von Mitgefühl geprägt. Du bist empfänglich für Träume und visionäre Einsichten.

- **Pluto (♇) im 12. Haus:** Deine inneren Themen sind intensiv und transformativ. Du bist bereit, tief in dein Unbewusstes einzutauchen und alte Muster zu erneuern.

Beispiel: Wie Zeichen und Planeten zusammenwirken

Angenommen, du hast **Fische (♓) an der Spitze des 12. Hauses** und **Neptun (♆) in diesem Haus**. Deine innere Welt ist voller Mitgefühl und Spiritualität (Fische). Mit Neptun im 12. Haus verstärkt sich deine Verbindung zur Intuition und zu spirituellen Einsichten, die dir helfen, alte Muster zu überwinden und Heilung zu finden.

Wow! Jetzt hast du schon die wichtigsten Themen deines Geburtscharts analysiert. Du wirst jetzt wahrscheinlich 24 Punkte mehr in deinem Workbook stehen haben. Welche Erkenntnisse konntest du schon gewinnen? Schreib das auch gerne in dein Workbook und wenn du möchtest, kannst du mich über Whatsapp teilhaben lassen. :)

Kapitel 7: Tiefergehende Einblicke in dein Horoskop

Dieses Kapitel bietet dir eine vertiefte Betrachtung zweier bedeutender Punkte in deinem Horoskop: dem **MC (Medium Coeli) und dem IC (Imum Coeli).** Diese Achse verbindet deine Herkunft mit deiner Berufung und gibt dir Hinweise darauf, wie du dein inneres Potenzial in die Welt trägst.

Hinweis: Neben dem MC und dem IC gibt es weitere bedeutende Punkte in der Astrologie, wie Lilith, Mondknoten, Chiron und der Glückspunkt. Zusätzlich gibt es Punkte wie den Vertex, den Antivertex und die Planetoiden (Ceres, Pallas, Juno und Vesta). Diese Punkte stehen für besondere Themen in deinem Leben: Lilith zeigt unsere unbewussten Kräfte, der Mondknoten gibt Hinweise auf unsere Lebensaufgaben, Chiron repräsentiert Bereiche, in denen wir Heilung suchen, und der Glückspunkt beleuchtet Talente und Chancen. Der Vertex weist auf schicksalhafte Begegnungen hin, während die Planetoiden uns weitere Details über Fürsorge, Weisheit und Hingabe liefern. *Diese Themen sind jedoch tiefgehender und erfordern ein gutes Verständnis der Grundlagen der Astrologie. Deshalb behandeln wir sie in einem späteren Buch ausführlich, damit du diese Punkte besser verstehen kannst.* In diesem Kapitel konzentrieren wir uns auf MC und IC, um dir eine erste Orientierung zu geben.

Das MC und das IC sind entscheidende Punkte in deinem Geburtshoroskop. Das MC, der Himmelsgipfel, zeigt, wo du beruflich und öffentlich gesehen wirst. Das IC, der tiefste Punkt, repräsentiert deine Herkunft und inneren Wurzeln. Zusammen helfen sie dir, die Balance zwischen deinem privaten Leben und deiner öffentlichen Rolle zu verstehen. Diese Punkte können eine tiefgreifende Analyse verdienen und bieten einen Einstieg, den wir hier kurz beleuchten.

MC (Medium Coeli) – Deine Berufung und öffentliche Rolle

Das MC repräsentiert deinen öffentlichen Auftritt, deine Karriere und deine Lebensziele. Es zeigt, wie du von der Welt wahrgenommen wirst und welche Rolle du in der Gesellschaft einnehmen möchtest.

- **Zeichen an deinem MC:** Das Sternzeichen, das an deinem MC steht, beeinflusst, wie du deine Ziele verfolgst und welche Eigenschaften dich in der öffentlichen Welt unterstützen.
    - **Widder am MC:** Du bist entschlossen, energisch und bereit, die Führung zu übernehmen. Herausforderungen motivieren dich, und du strebst nach Anerkennung durch mutige Taten.
    - **Stier am MC:** Deine Berufung ist geprägt von Stabilität und Beständigkeit. Du ziehst Sicherheit und materielle Werte in deine Lebensziele ein.
    - **Zwillinge am MC:** Kommunikation und Vielseitigkeit zeichnen dich in deiner öffentlichen Rolle aus. Du suchst nach Berufen, die geistige Flexibilität und Austausch erfordern.
    - **Krebs am MC:** Dein Berufungsideal umfasst Fürsorge, Geborgenheit und emotionale Verbundenheit. Du wirst oft als schützend und sensibel wahrgenommen.
    - **Löwe am MC:** Du strebst nach einer Rolle, die deine Kreativität und Individualität betont. Du willst im Rampenlicht stehen und durch deine Talente Anerkennung finden.
    - **Jungfrau am MC:** Deine beruflichen Ziele sind strukturiert und praktisch. Du suchst nach Wegen, nützlich zu sein und durch Detailarbeit zu brillieren.

- o **Waage am MC:** Harmonie und Zusammenarbeit stehen im Mittelpunkt deiner beruflichen Ambitionen. Du bevorzugst Rollen, die ästhetisches Empfinden und diplomatisches Geschick erfordern.

  o **Skorpion am MC:** Du bist intensiv und transformativ in deinem beruflichen Streben. Du suchst nach einer Berufung, die Tiefe und Veränderung mit sich bringt.

  o **Schütze am MC:** Deine Ziele sind von Optimismus und Weitblick geprägt. Du suchst nach einer Berufung, die dir Freiheit und die Möglichkeit zur Erweiterung deines Horizonts bietet.

  o **Steinbock am MC:** Deine Karriere ist diszipliniert und ehrgeizig ausgerichtet. Du strebst nach langfristigem Erfolg durch harte Arbeit und Verantwortung.

  o **Wassermann am MC:** Deine Berufung ist innovativ und unkonventionell. Du suchst nach Rollen, die Individualität und Fortschritt betonen.

  o **Fische am MC:** Deine öffentliche Rolle ist von Mitgefühl und Kreativität geprägt. Du strebst nach einer Berufung, die spirituelle oder künstlerische Werte betont.

- **Planeten in der Nähe des MC:** Planeten, die sich in der Nähe deines MC befinden, verstärken dessen Wirkung. Beispielsweise deutet die Sonne in der Nähe des MC auf eine starke öffentliche Präsenz hin, während der Mond emotionale Tiefen in deine Karriere bringt.

IC (Imum Coeli) – Deine Herkunft und innere Sicherheit

Das IC, auch als tiefster Punkt des Horoskops bekannt, steht für deine Wurzeln, dein Zuhause und deinen innersten Kern. Es zeigt, wie du Geborgenheit findest und welche Werte du aus deiner Herkunft mitnimmst.

- **Zeichen an deinem IC:** Das Sternzeichen an deinem IC gibt Hinweise darauf, wie du Geborgenheit erlebst und welchen Einfluss deine Familie auf dich hatte.
  - **Widder am IC:** Du bist von einer unabhängigen und oft aktiven Familienstruktur geprägt. Du findest Sicherheit, indem du mutig deinen eigenen Weg gehst.
  - **Stier am IC:** Stabilität und Beständigkeit waren zentrale Werte deiner Herkunft. Du findest Geborgenheit in einem sicheren, harmonischen Zuhause.
  - **Zwillinge am IC:** Dein Zuhause war kommunikativ und vielseitig. Du findest Sicherheit in Gesprächen und geistiger Anregung.
  - **Krebs am IC:** Emotionale Verbindungen und familiäre Nähe standen im Mittelpunkt deiner Wurzeln. Geborgenheit findest du in einem liebevollen, behüteten Umfeld.
  - **Löwe am IC:** Du wächst in einem Umfeld auf, das Kreativität und Individualität fördert. Sicherheit findest du, wenn du deine Einzigartigkeit ausleben kannst.

- o **Jungfrau am IC:** Deine familiären Werte sind von Praktikabilität und Ordnung geprägt. Du suchst Sicherheit durch Struktur und Funktionalität.
- o **Waage am IC:** Harmonie und Ästhetik standen im Mittelpunkt deiner Herkunft. Du findest Geborgenheit in einem ausgeglichenen und schönen Umfeld.
- o **Skorpion am IC:** Deine Wurzeln sind von Intensität und Transformation geprägt. Du findest Sicherheit, wenn du dich tief mit deinem inneren Selbst auseinandersetzt.
- o **Schütze am IC:** Deine Familie ermutigte dich zur Erweiterung deines Horizonts. Sicherheit findest du durch Bildung, Reisen oder philosophische Reflexion.
- o **Steinbock am IC:** Deine familiären Werte sind von Disziplin und Verantwortung geprägt. Du findest Geborgenheit in einem stabilen und strukturierten Umfeld.
- o **Wassermann am IC:** Dein Zuhause war oft unkonventionell oder unvorhersehbar. Sicherheit findest du, wenn du deine Individualität bewahren kannst.
- o **Fische am IC:** Deine Wurzeln sind von Mitgefühl und Spiritualität geprägt. Du findest Geborgenheit in einer Umgebung, die dir Raum für Träume und Inspiration gibt.

- **Planeten in der Nähe des IC:** Planeten in der Nähe

deines IC zeigen, welche Energien deine Wurzeln prägen. Beispielsweise deutet Venus auf eine harmonische und schöne familiäre Umgebung hin, während Saturn auf Verantwortlichkeiten oder Herausforderungen im familiären Kontext hinweist.

Das Zusammenspiel von MC und IC

MC und IC bilden eine Achse, die deine persönliche Entwicklung widerspiegelt. Während das IC zeigt, woher du kommst und welche Werte du mitbringst, gibt dir das MC Hinweise darauf, wohin du dich entwickelst und wie du deine Berufung in der Welt lebst. Diese Achse verdeutlicht die Balance zwischen innerer Sicherheit und äußerer Entfaltung.

Deine Aufgabe:

Nimm dein Geburtschart zur Hand und finde heraus:

- Welches Sternzeichen an deinem MC und deinem IC steht.
- Ob sich Planeten in der Nähe dieser Punkte befinden.

Notiere dir deine Erkenntnisse und reflektiere darüber, wie sich diese Achse in deinem Leben zeigt. So erhältst du eine tiefergehende Einsicht in deine persönliche Entwicklung.

Im nächsten Kapitel kümmern wir uns um das Zusammenspiel der Planeten untereinander - die Aspekte. Ich wünsche dir auch hier gute Erkenntnisse. Schreibe alles in dein Workbook, das du über dich herausfindest. Du bekommst am Ende eine Aufgabe von mir :)

Kapitel 8: Aspekte – Die Gespräche deiner Planeten

Die Aspekte in deinem Horoskop sind die Verbindungen zwischen den Planeten – man könnte sagen, es sind Gespräche zwischen den verschiedenen Seiten deiner Persönlichkeit. Diese Gespräche können harmonisch und unterstützend sein oder auch spannungsvoll und herausfordernd. Die Aspekte machen dein Horoskop lebendig, weil sie zeigen, wie die verschiedenen Energien in dir zusammenwirken, sich ergänzen oder manchmal auch aneinander reiben.

Die Hauptaspekte: Die kraftvollen Gespräche

Die Hauptaspekte sind wie die großen, kraftvollen Gespräche, die sofort spürbar sind und oft wichtige Lebensthemen betreffen:

- **Konjunktion (☌):** Die Planeten verschmelzen ihre Energien und verstärken sich gegenseitig.
- **Sextil (✶):** Eine harmonische Verbindung, bei der die Planeten wie gute Freunde zusammenarbeiten.
- **Quadrat (□):** Eine spannungsvolle Verbindung, die oft ein Lernfeld oder eine Herausforderung zeigt.
- **Trigon (△):** Eine leichte, fließende Verbindung, bei der die Energien sich wie von selbst ergänzen.
- **Opposition (☍):** Ein Spannungsfeld, bei dem zwei

Seiten im Ausgleich gehalten werden wollen.

Die Nebenaspekte: Die subtilen Gespräche

Die Nebenaspekte sind die feineren, subtileren Gespräche – wie
ein leiser Hintergrundton, der deinen Hauptthemen zusätzliche
Nuancen verleiht:

- **Quincunx (⚻):** Zwei Planeten, die dich zu Anpassung
  und Balance herausfordern.
- **Halbsextil (⚺):** Ein leiser Hinweis auf kleine
  Unterschiede, die dennoch Aufmerksamkeit verdienen.
- **Sesquiquadrat (⚼):** Eine latente Spannung, die unter
  der Oberfläche schlummert.
- **Halbquadrat (∠):** Kleine Hindernisse, die dich zur
  Geduld und Flexibilität anregen.
- **Anderthalbquadrat (⬦):** Ein Aspekt, der dich durch
  Beharrlichkeit weiterbringt.

Wie du deine Aspekte im Chart findest

In deinem Horoskop siehst du die Aspekte als Linien, die die
Planeten im Kreis verbinden. Die Farben der Linien helfen dir,
den Aspekttyp zu erkennen:

- **Blaue Linien** stehen oft für harmonische Verbindungen,
- **Rote Linien** für spannungsreiche Aspekte, und
- **Grüne oder graue Linien** zeigen die feineren
  Nebenaspekte an.

Schreibe dir am besten auf, welche Planeten durch welche

Aspekte verbunden sind, und nutze die Deutungen im Buch, um diese Dialoge in deinem Leben zu verstehen.

Ab hier wird das Buch wieder ein Nachschlagewerk für dich. Du hast oberhalb die Symbole kennengelernt. Jetzt schaue, wie die Planeten bei dir verbunden sind und ob sie unterstützend oder spannungsvoll bzw. herausfordernd sind. Nimm dir Zeit, damit du auch eine Erkenntnis nach der Anderen feiern kannst. Schreibe dir jeden einzelnen Aspekt heraus - egal wie viele es ist und dann schaue auf den folgenden Seiten (in Wahrheit ist es mit dem Thema der Aspekte ein Buch im Buch) wie sich deine Aspekte bei dir deuten lassen.

Warum du einige Aspekte doppelt findest

Manchmal sind Aspekte doppelt beschrieben, zum Beispiel Mond Opposition Sonne und Sonne Opposition Mond. Das liegt daran, dass jeder Planet seine eigene Sichtweise hat: Die Sicht des Mondes auf die Sonne kann eine andere Qualität haben als die Sicht der Sonne auf den Mond. Indem du beide Seiten betrachtest, bekommst du ein vollständiges Bild der Dynamik.

Die Sonne Aspekte

Sonne-Mond-Aspekte

Dein inneres Gleichgewicht

Die Sonne und der Mond repräsentieren deine bewusste und unbewusste Seite. Wenn sie in Aspekten zueinander stehen, sprechen sie über das Zusammenspiel zwischen deinem inneren

Wesenskern und deinen Gefühlen, zwischen deinen Zielen und
Bedürfnissen.

Hauptaspekte

Sonne Konjunktion Mond (☌)
Wille und Gefühl kommen zusammen. Du bist oft klar und
entschlossen. Deine Bedürfnisse und dein inneres Selbst sind im
Einklang, und du wirkst authentisch und stark.

Sonne Sextil Mond (⚹)
Eine sanfte Unterstützung, die dich ausgeglichen wirken lässt. Du
verstehst deine inneren Impulse gut und bist fähig, Harmonie
zwischen deinen Zielen und Bedürfnissen zu finden.

Sonne Quadrat Mond (□)
Hier kommt Spannung auf: Deine Wünsche und Ziele scheinen
nicht immer übereinzustimmen. Diese Herausforderung gibt dir
jedoch die Chance, weiterzuwachsen und mehr über deine
Bedürfnisse zu lernen.

Sonne Trigon Mond (△)
Ein harmonischer Aspekt – deine inneren Wünsche und Ziele
ergänzen sich. Du wirkst oft ruhig und authentisch, und diese
innere Balance inspiriert andere.

Sonne Opposition Mond (☍)
Deine bewusste Seite und deine Bedürfnisse stehen sich
gegenüber. Diese Spannung fordert dich heraus, beide in
Einklang zu bringen, wodurch du zu einer tieferen Einsicht in
deine innere Dynamik gelangst.

Sonne Quincunx Mond (⚹)

Du spürst möglicherweise eine leichte Unruhe zwischen deinen Wünschen und Zielen, die dich auffordert, zwischen beiden zu balancieren. Kleine Anpassungen in deiner Lebensgestaltung können helfen, Harmonie zu finden.

Sonne Halbsextil Mond (⚺)

Hier liegt eine sanfte Spannung, bei der du kleine Unterschiede zwischen innerem Bedürfnis und äußerem Ziel wahrnimmst. Es fordert dich dazu auf, auch auf die kleineren Impulse zu achten, um in Balance zu bleiben.

Sonne Sesquiquadrat Mond (⚼)

Eine verborgene Spannung, die gelegentlich hervortreten kann. Dies erfordert Geduld und die Fähigkeit, Herausforderungen zu erkennen und sie zu meistern.

Sonne Halbquadrat Mond (⚻)

Kleine Hindernisse können deinen Weg leicht erschweren. Mit Flexibilität und Geduld findest du jedoch eine gute Lösung.

Sonne Anderthalbquadrat Mond (⚼)

Ein spannender Aspekt, der dich dazu auffordert, dran zu bleiben und stetig auf dein Ziel hinzuarbeiten, auch wenn die Reise manchmal steinig erscheint.

Sonne-Merkur-Aspekte

Deine Gedanken und dein Selbst

Die Verbindung von Sonne und Merkur zeigt, wie dein Verstand und dein Selbstbild zusammenspielen. Diese Aspekte beeinflussen, wie klar und kraftvoll du dich ausdrücken kannst und wie du deine Gedanken mit deinem inneren Kern verbindest.

Hauptaspekte

Sonne Konjunktion Merkur (☌)
Dein Denken und deine Identität sind eng miteinander verknüpft. Du sprichst klar und direkt und hast oft das Gefühl, dass deine Gedanken mit deinem inneren Kern übereinstimmen. Andere nehmen dich als jemanden wahr, der weiß, was er sagt und was er will.

Sonne Sextil Merkur (✶)
Dein Selbstbild und deine Denkweise ergänzen sich. Du findest leicht die richtigen Worte und verstehst deine inneren Wünsche gut. Dieser Aspekt fördert harmonische Kommunikation und ein positives Selbstverständnis.

Sonne Quadrat Merkur (□)
Dein Denken und dein inneres Selbst stehen gelegentlich im Widerspruch zueinander. Du kannst das Gefühl haben, dass dein Verstand dir eine Richtung vorgibt, die nicht ganz zu deinem Herzen passt. Dieser Aspekt fordert dich auf, Klarheit zu finden und dich authentisch auszudrücken.

Sonne Trigon Merkur (△)
Du hast eine natürliche Harmonie zwischen deinem Denken und

deinem Selbst. Deine Kommunikation wirkt authentisch und klar, und andere schätzen deine natürliche Fähigkeit, deine Gedanken in Einklang mit deinem inneren Kern auszudrücken.

Sonne Opposition Merkur (☍)

Manchmal stehst du innerlich zwischen deinem Verstand und deinem Selbstbild. Diese Spannung kann dir jedoch tiefe Einblicke geben und dich lehren, dein Herz und deinen Kopf in Balance zu bringen.

Nebenaspekte

Sonne Quincunx Merkur (⚻)

Zwischen deinem Denken und deinem Selbstbild gibt es gelegentlich kleine Unstimmigkeiten. Du fühlst dich manchmal, als ob Anpassungen nötig sind, um im Einklang mit dir selbst zu sein.

Sonne Halbsextil Merkur (⚺)

Es gibt feine Unterschiede zwischen deinen Gedanken und deinem inneren Selbst, die sich bemerkbar machen. Dieser Aspekt erfordert kleine Anpassungen, um das Gefühl zu haben, dass Kopf und Herz in eine Richtung gehen.

Sonne Sesquiquadrat Merkur (⚼)

Unter der Oberfläche liegt eine subtile Spannung zwischen deinem Denken und deinem Selbst. Dies kann sich in Stress oder Unruhe äußern, die dich herausfordern, geduldig zu bleiben und innere Klarheit zu finden.

Sonne Halbquadrat Merkur (⚼)

Kleine Hindernisse und Missverständnisse zwischen Verstand und Selbst können auftauchen. Mit etwas Flexibilität und Geduld gelingt es dir, diese Hürden zu meistern.

Sonne Anderthalbquadrat Merkur (⚹)
Ein Aspekt, der stetiges Lernen und Anpassen fordert. Er ermutigt dich, kontinuierlich an der Harmonie zwischen Kopf und Herz zu arbeiten, selbst wenn es ab und an herausfordernd ist.

Sonne-Venus-Aspekte

Dein inneres Strahlen und deine Werte

Die Verbindung von Sonne und Venus zeigt, wie stark du deine Werte, Freude und Harmonie in Einklang mit deinem inneren Wesenskern bringst. Diese Aspekte spiegeln wider, wie du Liebe, Schönheit und Zufriedenheit lebst und nach außen trägst.

Hauptaspekte

Sonne Konjunktion Venus (☌)
Dein inneres Selbst und deine Werte verschmelzen hier zu einer harmonischen Einheit. Du strahlst natürliche Wärme und Anziehungskraft aus, was andere oft begeistert. Es fällt dir leicht, Liebe und Freude in dein Leben zu integrieren.

Sonne Sextil Venus (⚹)
Du erlebst eine sanfte Verbindung zwischen deinem Selbstbild und deinen Werten. Deine Liebe zur Schönheit und Harmonie ergänzt dich, und du fühlst dich in sozialen Situationen meist

wohl und ausgeglichen.

Sonne Quadrat Venus (□)

Du stehst manchmal im Konflikt zwischen deinem Selbstbild und deinen Werten. Vielleicht fühlst du dich hin- und hergerissen zwischen dem, was du wirklich willst, und dem, was dir Freude bereitet. Dieser Aspekt fordert dich heraus, klarere Entscheidungen zu treffen.

Sonne Trigon Venus (△)

Deine innere Harmonie und dein Selbstbild ergänzen sich mühelos. Du wirkst entspannt und charmant, ziehst positive Energien an und lebst deine Werte ohne große Anstrengung.

Sonne Opposition Venus (☍)

Zwischen deinem Selbstbild und deinen Werten entsteht gelegentlich Spannung. Diese Balance zu finden, hilft dir jedoch, besser zu verstehen, was dir wirklich wichtig ist und wie du Freude und Authentizität vereinen kannst.

Nebenaspekte

Sonne Quincunx Venus (⚻)

Es gibt manchmal leichte Unstimmigkeiten zwischen deinem inneren Selbst und deinen Werten. Diese subtile Spannung fordert dich auf, kleine Anpassungen vorzunehmen, um Harmonie zu schaffen.

Sonne Halbsextil Venus (⚺)

Feine Unterschiede zwischen deinem Selbstbild und deinen Werten regen dich dazu an, genauer hinzuschauen und dich immer wieder neu auszurichten.

Sonne Sesquiquadrat Venus (⚼)

Unter der Oberfläche liegt eine subtile Spannung zwischen deinen Werten und deinem inneren Selbst. Diese Herausforderung bringt dir oft Einsichten, wie du Liebe und Authentizität besser in Einklang bringen kannst.

Sonne Halbquadrat Venus (∠)

Kleine Hindernisse können in Bezug auf deine Werte und dein Selbstbild auftreten. Diese Spannung zeigt dir, wo Geduld und Flexibilität gefragt sind, um Harmonie zu bewahren.

Sonne Anderthalbquadrat Venus (⚼)

Hier ist Ausdauer gefragt. Dieser Aspekt fordert dich dazu auf, kontinuierlich daran zu arbeiten, deine Werte und dein Selbst in Einklang zu bringen, auch wenn es herausfordernd sein kann.

Sonne-Mars-Aspekte

Deine innere Kraft und dein Antrieb

Die Verbindung von Sonne und Mars zeigt, wie du deine innere Energie und deinen Antrieb ausdrückst. Diese Aspekte lassen dich erkennen, wie entschlossen, mutig und handlungsstark du bist und wie sehr du deinen Willen in die Welt tragen kannst.

Hauptaspekte

Sonne Konjunktion Mars (☌)

Dein Selbstbild und dein Antrieb verschmelzen hier zu einem

kraftvollen Impuls. Du bist voller Energie, oft entschlossen und bereit, deine Ziele zu verfolgen. Diese Dynamik gibt dir die Fähigkeit, mit voller Power voranzugehen.

Sonne Sextil Mars (⁎)

Du hast eine harmonische Beziehung zu deiner inneren Kraft. Es fällt dir leicht, deine Energie gezielt einzusetzen und deine Ziele in Angriff zu nehmen, ohne übertrieben kämpferisch zu sein. Dein Tatendrang wirkt inspirierend auf andere.

Sonne Quadrat Mars (□)

Hier entsteht eine Spannung zwischen deinem Selbstbild und deinem Antrieb. Du kannst manchmal das Gefühl haben, dass dein innerer Wille und deine Handlungsimpulse nicht ganz zusammenpassen. Diese Spannung fordert dich heraus, bewusster mit deiner Energie umzugehen.

Sonne Trigon Mars (△)

Deine Energie und dein inneres Selbst ergänzen sich harmonisch. Du gehst mit natürlichem Selbstbewusstsein und ohne große Anstrengung auf deine Ziele zu. Deine Entschlossenheit wirkt ruhig und klar, was andere oft motiviert.

Sonne Opposition Mars (☍)

Hier steht dein Wille deiner Energie gegenüber. Diese Spannung kann dazu führen, dass du manchmal zwischen Zielen und Handlungsimpulsen hin- und hergerissen bist. Doch gerade dadurch lernst du, deine Kraft besser zu kontrollieren und einzusetzen.

Nebenaspekte

Sonne Quincunx Mars (⚻)

Gelegentlich gibt es kleine Unstimmigkeiten zwischen deinem Antrieb und deinem inneren Selbst. Dieser Aspekt fordert dich auf, flexibel zu sein und Anpassungen vorzunehmen, wenn dein Wille und deine Handlungen nicht ganz im Einklang stehen.

Sonne Halbsextil Mars (⚺)

Feine Unterschiede zwischen deinem Selbstbild und deinem Tatendrang zeigen sich hier. Du wirst angeregt, deine innere Balance zu finden und kleine Anpassungen vorzunehmen, um Harmonie zu schaffen.

Sonne Sesquiquadrat Mars (⚼)

Unter der Oberfläche kann eine subtile Spannung zwischen deinem inneren Kern und deinem Antrieb liegen. Diese Herausforderung erfordert Geduld und die Fähigkeit, deine Kraft bewusst einzusetzen.

Sonne Halbquadrat Mars (⚻)

Kleine Hindernisse zwischen deinem Willen und deinem Tatendrang können auftreten. Mit Flexibilität und Geduld findest du jedoch Wege, diese Hürden zu meistern und deine Energie gezielt einzusetzen.

Sonne Anderthalbquadrat Mars (⚼)

Hier ist ein stetiges Arbeiten an der Harmonie zwischen deinem inneren Selbst und deinem Tatendrang gefragt. Dieser Aspekt fordert dich dazu auf, beständig daran zu arbeiten, deine Energie sinnvoll einzusetzen, auch wenn es ab und an herausfordernd ist.

Sonne-Jupiter-Aspekte

Dein inneres Wachstum und Optimismus

Die Sonne-Jupiter-Aspekte zeigen, wie stark dein inneres Selbst
mit deinen Werten von Glück, Wachstum und Optimismus
verbunden ist. Diese Aspekte bringen Lebensfreude, Neugier und
die Bereitschaft, immer wieder über dich hinauszuwachsen.

Hauptaspekte

Sonne Konjunktion Jupiter (☌)

Dein innerer Kern ist tief mit der Energie des Wachstums
verbunden. Du strahlst oft Lebensfreude und Optimismus aus,
die ansteckend wirken. Deine natürliche Zuversicht und
Großzügigkeit motivieren dich und inspirieren andere.

Sonne Sextil Jupiter (⁎)

Eine harmonische Verbindung, die dir eine positive Ausstrahlung
und eine innere Gelassenheit verleiht. Du fühlst dich wohl, wenn
du neue Erfahrungen machst, und ermutigst auch andere dazu.
Dein natürlicher Optimismus wirkt beruhigend und stärkend.

Sonne Quadrat Jupiter (□)

Manchmal kannst du das Gefühl haben, dass dein Wunsch nach
Wachstum und dein inneres Selbst nicht ganz übereinstimmen.
Diese Spannung fordert dich heraus, deine Grenzen zu erkennen
und deine Pläne realistisch zu gestalten, ohne die Freude am
Abenteuer zu verlieren.

Sonne Trigon Jupiter (△)

Dein Selbstbild und dein Drang nach Wachstum fließen hier
natürlich zusammen. Du gehst mit Leichtigkeit auf neue Chancen

zu und bist anderen gegenüber oft großzügig und offen. Deine positive Einstellung zieht neue Möglichkeiten an.

Sonne Opposition Jupiter (☍)

Zwischen deinem inneren Selbst und deinem Wunsch nach Freiheit und Expansion kann es zu Spannungen kommen. Diese Balance zu finden, hilft dir, das Beste aus beiden Welten zu vereinen und deine Ziele in Einklang mit deinen Werten zu bringen.

Nebenaspekte

Sonne Quincunx Jupiter (⚻)

Gelegentlich gibt es leichte Unstimmigkeiten zwischen deinem Wunsch nach Wachstum und deinem inneren Selbst. Diese Unruhe fordert dich auf, kleine Anpassungen vorzunehmen, um authentisch zu bleiben.

Sonne Halbsextil Jupiter (⚺)

Feine Unterschiede zwischen deinem Selbstbild und deinem Streben nach Glück und Expansion regen dich dazu an, immer wieder neue kleine Schritte zu gehen, die dir Freude und Harmonie bringen.

Sonne Sesquiquadrat Jupiter (⚼)

Eine unterschwellige Spannung fordert dich auf, dein Wachstum und deinen Optimismus mit Geduld und Realitätssinn zu verbinden. Diese Herausforderung kann dir helfen, mit mehr Bewusstsein zu wachsen.

Sonne Halbquadrat Jupiter (∠)

Kleine Hindernisse in Bezug auf deine Werte und dein Selbstbild
können auftreten. Mit etwas Geduld und Flexibilität lassen sich
diese jedoch leicht überwinden.

Sonne Anderthalbquadrat Jupiter (⚹)

Ein stetiger Weg zu innerem Wachstum fordert dich heraus,
kontinuierlich deine Ziele und deinen Optimismus in Balance zu
bringen. Dieser Aspekt hilft dir, authentisch zu wachsen und
dabei in deiner Kraft zu bleiben.

Sonne-Saturn-Aspekte

Deine innere Stärke und Disziplin

Die Verbindung von Sonne und Saturn zeigt, wie sehr dein
inneres Selbst mit der Kraft der Ausdauer, Verantwortung und
Disziplin verbunden ist. Diese Aspekte fordern dich auf,
authentisch und standhaft zu sein, und zeigen, wie du mit
Herausforderungen umgehst.

Hauptaspekte

Sonne Konjunktion Saturn (☌)

Du hast eine tiefe Verbindung zur Disziplin und übernimmst
Verantwortung für dich und deine Ziele. Dein innerer Kern ist
gestärkt durch Ausdauer, und du wirst oft als verlässlich und
beständig wahrgenommen.

Sonne Sextil Saturn (⚹)

Eine unterstützende Verbindung, die dir Stabilität und Vertrauen
in deine Fähigkeiten gibt. Du schaffst es, deine Ziele mit Struktur

und Ruhe zu verfolgen und strahlst eine natürliche Beständigkeit
aus, die andere bewundern.

Sonne Quadrat Saturn (□)

Hier gibt es eine innere Spannung zwischen deinem Selbst und
deiner Verantwortung. Manchmal kann es sich anfühlen, als ob
Herausforderungen dich zurückhalten. Dieser Aspekt fordert dich
jedoch heraus, deine innere Stärke zu entdecken und
durchzuhalten.

Sonne Trigon Saturn (△)

Dein Selbst und deine Disziplin arbeiten harmonisch zusammen.
Du gehst sicher und ruhig auf deine Ziele zu und schaffst es, auch
in schwierigen Zeiten Gelassenheit und Entschlossenheit zu
bewahren.

Sonne Opposition Saturn (☍)

Zwischen deinem Selbstbild und deinem Pflichtgefühl kann eine
Spannung bestehen. Diese Balance zu finden, hilft dir jedoch,
deine persönliche Kraft und deine Verantwortung miteinander in
Einklang zu bringen und eine innere Stabilität zu entwickeln.

Nebenaspekte

Sonne Quincunx Saturn (⚻)

Kleine Unstimmigkeiten zwischen deinem inneren Selbst und
deinem Pflichtgefühl fordern dich auf, deine Energie gelegentlich
anzupassen und in Balance zu halten.

Sonne Halbsextil Saturn (⚺)

Feine Unterschiede zwischen deinem Selbstbild und deiner

Disziplin regen dich an, kleine Anpassungen vorzunehmen, um authentisch und beständig zu bleiben.

Sonne Sesquiquadrat Saturn (⬓)
Eine unterschwellige Spannung fordert dich auf, mit Geduld und Durchhaltevermögen deine Ziele zu erreichen und gleichzeitig flexibel zu bleiben.

Sonne Halbquadrat Saturn (⚼)
Kleine Hindernisse zwischen deinem inneren Kern und deinem Pflichtgefühl können auftauchen. Mit Flexibilität und Geduld findest du jedoch Wege, diese Hürden zu überwinden.

Sonne Anderthalbquadrat Saturn (⬧)
Ein kontinuierlicher Weg zur inneren Stärke und zur Balance zwischen Selbst und Disziplin. Dieser Aspekt fordert dich auf, beharrlich an deinen Zielen zu arbeiten und gleichzeitig in deiner Mitte zu bleiben.

Sonne-Uranus-Aspekte

Dein innerer Freigeist und deine Authentizität

Die Sonne-Uranus-Aspekte zeigen, wie sehr dein inneres Selbst mit dem Drang nach Freiheit, Veränderung und Authentizität verbunden ist. Diese Aspekte inspirieren dich, anders zu sein und dein Leben nach deinen eigenen Regeln zu gestalten.

Hauptaspekte

Sonne Konjunktion Uranus (☌)

Dein inneres Selbst ist stark mit der Energie des Wandels und der Originalität verbunden. Du bist ein echter Freigeist, fühlst dich oft von neuen Ideen angezogen und hast das Bedürfnis, dich auf unkonventionelle Weise auszudrücken.

Sonne Sextil Uranus (✶)

Eine unterstützende Verbindung, die dir Flexibilität und Offenheit gegenüber neuen Erfahrungen verleiht. Du strahlst eine natürliche Authentizität aus und gehst auf Veränderungen gelassen zu.

Sonne Quadrat Uranus (□)

Hier entsteht eine innere Spannung zwischen deinem Selbstbild und deinem Bedürfnis nach Freiheit. Manchmal spürst du einen inneren Konflikt, dich festzulegen oder zu verändern. Dieser Aspekt fordert dich heraus, deine Einzigartigkeit zu akzeptieren und neue Wege zu gehen.

Sonne Trigon Uranus (△)

Dein inneres Selbst und dein Wunsch nach Freiheit und Veränderung fließen harmonisch zusammen. Du gehst leicht auf unkonventionelle Wege und inspirierst andere durch deine Offenheit und Individualität.

Sonne Opposition Uranus (☍)

Deine persönliche Identität und dein Drang nach Freiheit stehen sich manchmal gegenüber. Diese Spannung kann dir jedoch helfen, deine Individualität mit deinem inneren Kern in Einklang zu bringen und gleichzeitig flexibel und eigenständig zu bleiben.

Nebenaspekte

Sonne Quincunx Uranus (⚹)

Kleine Unstimmigkeiten zwischen deinem inneren Selbst und deinem Freiheitsdrang regen dich an, flexibel zu sein und immer wieder neu auszutarieren, wie du beides in Einklang bringen kannst.

Sonne Halbsextil Uranus (⚺)

Feine Unterschiede zwischen deinem Selbstbild und deinem Wunsch nach Veränderung regen dich an, dich anzupassen und kleine Schritte zur Authentizität zu machen.

Sonne Sesquiquadrat Uranus (⚼)

Eine subtile Spannung fordert dich dazu auf, deine Einzigartigkeit mit Geduld zu entwickeln. Dieser Aspekt lässt dich erkennen, dass Wandel auch mit Bedacht und langsam erfolgen kann.

Sonne Halbquadrat Uranus (⚹)

Kleine Hindernisse zwischen deinem Bedürfnis nach Freiheit und deinem inneren Selbst können auftauchen. Mit Geduld und Flexibilität meisterst du diese Herausforderungen und stärkst deine Individualität.

Sonne Anderthalbquadrat Uranus (⬧)

Ein stetiger Weg zur Balance zwischen Authentizität und innerem Frieden. Dieser Aspekt fordert dich auf, beharrlich an deiner Freiheit zu arbeiten und dein Leben nach deinen Werten zu gestalten.

Sonne-Neptun-Aspekte

Deine Träume und deine innere Sensibilität

Die Verbindung von Sonne und Neptun zeigt, wie stark dein inneres Selbst mit deinen Träumen, deiner Fantasie und deiner spirituellen Seite verbunden ist. Diese Aspekte offenbaren deine Sehnsucht nach Tiefe, Verbundenheit und die Fähigkeit, das Unsichtbare zu spüren.

Hauptaspekte

Sonne Konjunktion Neptun (☌)
Dein Selbst und deine Träume sind tief miteinander verwoben. Du bist feinfühlig und oft intuitiv in Kontakt mit deiner inneren Welt. Deine Empathie und Kreativität strahlen nach außen, und du hast eine natürliche Gabe, die Dinge hinter den Oberflächen zu sehen.

Sonne Sextil Neptun (∗)
Eine unterstützende Verbindung, die dir Leichtigkeit im Umgang mit deiner Sensibilität gibt. Du findest eine Balance zwischen deiner inneren Welt und deinem äußeren Handeln. Menschen fühlen sich durch deine sanfte und ruhige Ausstrahlung angezogen.

Sonne Quadrat Neptun (□)
Hier entsteht eine Spannung zwischen deinem Selbstbild und deiner Fantasie. Du kannst manchmal das Gefühl haben, zwischen Realität und Traumwelt hin- und hergerissen zu sein. Dieser Aspekt fordert dich heraus, klar zu erkennen, wo deine Vorstellungen in deinem Leben ihren Platz finden.

Sonne Trigon Neptun (△)
Dein Selbst und deine Träume ergänzen sich harmonisch. Du

strahlst eine natürliche Ruhe und Weisheit aus, die andere inspiriert. Deine Intuition ist stark, und du hast ein tiefes Gespür für das Unsichtbare und das Verborgene.

Sonne Opposition Neptun (☍)

Zwischen deinem inneren Selbst und deiner Fantasie kann es Spannungen geben. Manchmal kannst du dich zwischen deiner realen Welt und deinen inneren Visionen hin- und hergezogen fühlen. Diese Balance zu finden, hilft dir jedoch, deine Träume zu verwirklichen, ohne den Boden unter den Füßen zu verlieren.

Nebenaspekte

Sonne Quincunx Neptun (⚻)

Gelegentlich gibt es leichte Unstimmigkeiten zwischen deinem inneren Selbst und deinen Träumen. Dieser Aspekt fordert dich auf, die Balance zwischen deiner Sensibilität und deiner Realität immer wieder neu zu finden.

Sonne Halbsextil Neptun (⚺)

Feine Unterschiede zwischen deinem Selbstbild und deiner Intuition regen dich an, immer wieder kleine Anpassungen vorzunehmen, um deine Träume und Ziele in Einklang zu bringen.

Sonne Sesquiquadrat Neptun (⚼)

Eine subtile Spannung fordert dich auf, deine innere Ruhe zu finden und deine Träume geduldig zu entwickeln. Dieser Aspekt zeigt dir, wie wichtig Balance und Langsamkeit sind, um in Harmonie zu bleiben.

Sonne Halbquadrat Neptun (π)
Kleine Hindernisse können zwischen deinem Wunsch nach Tiefe
und deinem Selbstbild auftreten. Mit etwas Geduld und
Achtsamkeit kannst du jedoch eine tiefe Balance finden, die dich
in deinem Alltag stärkt.

Sonne Anderthalbquadrat Neptun (♦)
Ein kontinuierlicher Weg zur Balance zwischen innerer
Sensibilität und äußerer Stärke. Dieser Aspekt fordert dich
heraus, kontinuierlich an deiner Verbindung zu deinen Träumen
zu arbeiten und dabei geerdet zu bleiben.

Sonne-Pluto-Aspekte

Deine innere Stärke und Wandlungsfähigkeit

Die Verbindung von Sonne und Pluto zeigt, wie stark du dich mit
den Themen Transformation, innerer Stärke und Wandel
auseinandersetzt. Diese Aspekte offenbaren deine Fähigkeit, tief
in dich hineinzuschauen, Herausforderungen zu meistern und aus
Krisen gestärkt hervorzugehen.

Hauptaspekte

Sonne Konjunktion Pluto (☌)
Dein inneres Selbst ist eng mit der Kraft der Transformation
verbunden. Du besitzt eine intensive innere Stärke und hast das
Talent, in schwierigen Situationen Klarheit zu bewahren. Andere
nehmen dich oft als starken und einflussreichen Menschen wahr,
der auch in Krisenzeiten gelassen bleibt.

Sonne Sextil Pluto (∗)

Eine unterstützende Verbindung, die dir hilft, Veränderungen mit Ruhe und Einsicht anzunehmen. Du gehst gelassen durch Umbrüche und inspirierst andere, sich ebenfalls auf tiefe Transformationen einzulassen. Deine natürliche Ausstrahlung wirkt beruhigend und motivierend.

Sonne Quadrat Pluto (□)

Hier entsteht eine Spannung zwischen deinem Selbstbild und deiner Wandlungsfähigkeit. Manchmal fühlst du dich von inneren oder äußeren Herausforderungen blockiert. Dieser Aspekt fordert dich dazu auf, Hindernisse als Chance für Wachstum zu sehen und deine verborgene Stärke zu entdecken.

Sonne Trigon Pluto (△)

Dein inneres Selbst und deine Fähigkeit zur Veränderung ergänzen sich harmonisch. Du strahlst eine natürliche Stärke und Gelassenheit aus, die andere inspiriert. Dein Umgang mit Veränderungen zeigt, wie kraftvoll und authentisch Transformation sein kann.

Sonne Opposition Pluto (☍)

Zwischen deinem inneren Selbst und der Kraft der Veränderung kann es Spannungen geben. Diese Balance zu finden, kann dir helfen, deine tiefe innere Stärke zu entwickeln und auch in herausfordernden Zeiten in deiner Mitte zu bleiben.

Nebenaspekte

Sonne Quincunx Pluto (⚻)

Leichte Unstimmigkeiten zwischen deinem inneren Selbst und

deiner Fähigkeit zur Veränderung regen dich dazu an, flexibel zu bleiben. Diese Anpassungsfähigkeit hilft dir, Herausforderungen besser zu bewältigen und gestärkt daraus hervorzugehen.

Sonne Halbsextil Pluto (⊻)

Feine Unterschiede zwischen deinem Selbstbild und deiner inneren Stärke fordern dich auf, kleine, aber kontinuierliche Schritte in Richtung persönliches Wachstum zu gehen. Mit Geduld kannst du deinen Weg erfolgreich gestalten.

Sonne Sesquiquadrat Pluto (⊡)

Eine subtile Spannung zwischen deinem Selbst und deinem Drang zur Transformation kann dich herausfordern, Geduld und Durchhaltevermögen zu entwickeln. Diese Herausforderungen fördern langfristig deine innere Stärke.

Sonne Halbquadrat Pluto (π)

Kleine Hindernisse zwischen deinem Wunsch nach Veränderung und deinem Selbstbild können auftreten. Diese Spannungen ermutigen dich, kreative Lösungen zu finden und gestärkt aus schwierigen Situationen hervorzugehen.

Sonne Anderthalbquadrat Pluto (♦)

Ein kontinuierlicher Weg zur Balance zwischen deinem inneren Selbst und deiner Transformationskraft. Dieser Aspekt fordert dich auf, stetig an deiner inneren Stärke zu arbeiten und dabei in deiner Mitte zu bleiben.

Die Mond-Aspekte

Mond-Sonne Aspekte

Dein inneres Licht und deine Gefühle im Einklang

Die Verbindung von Mond und Sonne zeigt, wie gut dein Herz
und dein Verstand zusammenarbeiten. Diese Aspekte helfen dir
zu erkennen, wie deine Emotionen und dein inneres Licht
zusammenfließen oder manchmal auch im Widerspruch stehen
können.

Hauptaspekte

Mond Konjunktion Sonne (☌)
Deine Gefühle und dein inneres Licht stehen zusammen wie die
Sonne und der Mond, die sich am Himmel vereinen. Du strahlst
eine Einheit aus, die dich authentisch und selbstbewusst
erscheinen lässt. Andere sehen in dir jemanden, der genau weiß,
was er will und was er fühlt.

Mond Sextil Sonne (⚹)
Deine Emotionen und dein Selbst harmonieren wie ein ruhiger
Fluss, der sanft durch die Landschaft zieht. Es fällt dir leicht,
deine Gefühle und Wünsche in Einklang zu bringen, und deine
Ausgeglichenheit inspiriert andere, ebenfalls auf ihr Herz zu
hören.

Mond Quadrat Sonne (□)
Manchmal sind deine Gefühle und dein inneres Licht wie zwei
Himmelskörper, die sich in verschiedene Richtungen bewegen.
Du spürst vielleicht innere Spannungen zwischen dem, was du
möchtest, und dem, was du fühlst. Dieser Aspekt fordert dich auf,
Geduld mit dir selbst zu haben und zu entdecken, was dir wirklich
wichtig ist.

Mond Trigon Sonne (△)

Deine Gefühle und dein inneres Licht fließen wie ein
Sonnenaufgang, der den Tag erhellt. Du strahlst eine innere Ruhe
und Zufriedenheit aus, die dich authentisch und inspirierend
wirken lässt. Dein Gleichgewicht zwischen Kopf und Herz ist für
andere oft ein Vorbild.

Mond Opposition Sonne (☍)

Zwischen deinem inneren Licht und deinen Gefühlen kann es sich
manchmal wie ein Seiltanz anfühlen. Diese Spannung fordert
dich heraus, die Balance zu finden und deine Bedürfnisse besser
zu verstehen. Es ist ein Tanz zwischen Herz und Verstand, der
dich auf deinem Weg stärkt.

Nebenaspekte

Mond Quincunx Sonne (⚻)

Deine Gefühle und dein inneres Licht brauchen immer wieder
feine Anpassungen, wie zwei Instrumente, die sich aufeinander
abstimmen. Diese kleinen Herausforderungen helfen dir, flexibel
zu bleiben und deinem Herzen zu folgen.

Mond Halbsextil Sonne (⚺)

Kleine Unterschiede zwischen deinen Gefühlen und deinem
Selbstbild regen dich dazu an, sanft an deiner Balance zu
arbeiten. Du findest durch kleine Schritte deine innere Harmonie.

Mond Sesquiquadrat Sonne (⚼)

Eine subtile Spannung fordert dich auf, geduldig mit dir selbst zu
sein. Diese Herausforderung zeigt dir, wie wertvoll es ist, dir Zeit
für dein inneres Gleichgewicht zu nehmen und auf dein Herz zu

hören.

Mond Halbquadrat Sonne (⚼)

Manchmal gibt es kleine Wellen zwischen deinem Verstand und
deinem Herzen. Diese Wellen fordern dich dazu auf, deine innere
Balance zu stärken und deinem Bauchgefühl mehr Raum zu
geben.

Mond Anderthalbquadrat Sonne (⚻)

Ein kontinuierlicher Weg zur Harmonie zwischen Kopf und Herz.
Dieser Aspekt lädt dich ein, beständig an deinem inneren
Gleichgewicht zu arbeiten, auch wenn es manchmal
herausfordernd ist.

Mond-Merkur-Aspekte

Wie deine Emotionen deine Gedanken formen

Die Verbindung von Mond und Merkur zeigt, wie gut deine
Gefühle und Gedanken zusammenarbeiten. Diese Aspekte
beeinflussen, wie klar du deine Emotionen ausdrücken kannst
und wie gut du sie mit deinem Verstand verarbeitest.

Hauptaspekte

Mond Konjunktion Merkur (☌)

Deine Gefühle und Gedanken sind eng miteinander verbunden.
Du kannst deine Emotionen direkt in Worte fassen und neigst
dazu, klar und ehrlich zu kommunizieren. Deine Offenheit macht
es anderen leicht, dich zu verstehen.

Mond Sextil Merkur (⚹)

Ein unterstützender Aspekt, der dir hilft, deine Emotionen und Gedanken im Einklang zu halten. Du kannst deine inneren Gefühle ruhig und klar ausdrücken, was es dir erleichtert, mit anderen auf einer emotionalen Ebene zu kommunizieren.

Mond Quadrat Merkur (□)

Es gibt Spannungen zwischen deinem Verstand und deinen Gefühlen. Du könntest dich manchmal missverstanden fühlen oder Schwierigkeiten haben, deine Emotionen in Worte zu fassen. Dieser Aspekt ermutigt dich, daran zu arbeiten, eine Brücke zwischen beiden zu schlagen.

Mond Trigon Merkur (△)

Deine Gefühle und Gedanken harmonieren miteinander. Du findest es einfach, über deine Emotionen zu sprechen, und andere schätzen deine einfühlsame und klare Kommunikation. Dein innerer Dialog ist ausgeglichen und verständnisvoll.

Mond Opposition Merkur (☍)

Manchmal scheinen dein Verstand und deine Gefühle in entgegengesetzte Richtungen zu ziehen. Dieser Aspekt fordert dich heraus, eine Balance zu finden, indem du beide Perspektiven anerkennst und integrierst.

Nebenaspekte

Mond Quincunx Merkur (⚻)

Deine Gedanken und Gefühle benötigen gelegentlich Anpassungen, um im Einklang zu bleiben. Dieser Aspekt lädt dich ein, flexibel zu sein und deine innere Harmonie bewusst zu fördern.

Mond Halbsextil Merkur (⊻)

Kleine Unterschiede zwischen deinem Verstand und deinen Gefühlen regen dich an, kontinuierlich an deiner emotionalen Klarheit zu arbeiten. Diese kleinen Schritte bringen langfristig Balance.

Mond Sesquiquadrat Merkur (⬚)

Leichte Spannungen erinnern dich daran, geduldig mit dir selbst zu sein und dein inneres Gleichgewicht zu bewahren. Deine Kommunikation kann durch kleine Anpassungen klarer werden.

Mond Halbquadrat Merkur (∡)

Es kann kleine Hindernisse zwischen deinen Gefühlen und deinem Verstand geben. Diese Herausforderungen fordern dich dazu auf, deine innere Balance zu stärken und achtsamer mit dir selbst zu sein.

Mond Anderthalbquadrat Merkur (⧫)

Ein stetiger Prozess, um deine Emotionen und Gedanken in Einklang zu bringen. Dieser Aspekt ermutigt dich, langfristig an deiner inneren Harmonie zu arbeiten.

Mond-Venus-Aspekte

Deine Emotionen und dein Sinn für Harmonie

Die Verbindung zwischen Mond und Venus zeigt, wie deine Gefühle mit deinem Sinn für Schönheit und Harmonie interagieren. Diese Aspekte geben Einblick, wie du Zuneigung ausdrückst und was dir Freude und Erfüllung bringt.

Hauptaspekte

Mond Konjunktion Venus (☌)

Deine Gefühle und dein Sinn für Harmonie sind eng miteinander verbunden. Du empfindest eine natürliche Zuneigung zu Menschen und Dingen, die dir Freude bereiten. Deine Ausstrahlung ist warm und einladend, und du findest leicht das Schöne in deinem Umfeld.

Mond Sextil Venus (⚹)

Deine Gefühle und dein Sinn für Schönheit ergänzen sich harmonisch. Du drückst Zuneigung mühelos aus und schaffst eine Atmosphäre der Gelassenheit. Menschen fühlen sich wohl in deiner Nähe, und du genießt es, Harmonie zu verbreiten.

Mond Quadrat Venus (□)

Es gibt Spannungen zwischen deinen Gefühlen und deinen Werten. Du könntest dich hin- und hergerissen fühlen zwischen dem, was dir wichtig ist, und dem, wonach du dich sehnst. Dieser Aspekt fordert dich auf, Klarheit über deine Bedürfnisse zu gewinnen.

Mond Trigon Venus (△)

Deine Emotionen und dein Sinn für Harmonie fließen harmonisch zusammen. Du strahlst natürliche Anziehungskraft und Wärme aus, die andere anzieht. Deine Liebe zur Schönheit wirkt wohltuend und beruhigend auf dein Umfeld.

Mond Opposition Venus (☍)

Zwischen deinen Gefühlen und deinen Werten besteht manchmal eine Spannung. Dieser Aspekt fordert dich heraus, eine Balance zwischen deinen Bedürfnissen und deinen Wünschen zu finden und deine Zuneigung auf authentische Weise auszudrücken.

Nebenaspekte

Mond Quincunx Venus (⚻)
Deine Gefühle und dein Sinn für Harmonie benötigen gelegentlich Anpassungen, um im Einklang zu bleiben. Dieser Aspekt lädt dich ein, flexibel zu bleiben und deinen emotionalen Ausdruck zu verfeinern.

Mond Halbsextil Venus (⚺)
Kleine Unterschiede zwischen deinen Gefühlen und deinem Sinn für Schönheit regen dich an, in kleinen Schritten Harmonie zu finden. Du wirst ermutigt, dein inneres Gleichgewicht kontinuierlich zu stärken.

Mond Sesquiquadrat Venus (⚼)
Subtile Spannungen können auftreten, die dich dazu einladen, Geduld mit dir selbst zu haben. Dieser Aspekt fordert dich auf, deine Zuneigung langsam und bewusst auszudrücken.

Mond Halbquadrat Venus (⚼)
Ab und zu entstehen kleine Reibungen zwischen deinen Gefühlen und deinen Werten. Diese Herausforderungen ermutigen dich, deine Prioritäten klarer zu erkennen und dich auf das zu konzentrieren, was dir wirklich wichtig ist.

Mond Anderthalbquadrat Venus (⚴)

Ein stetiger Prozess, um die Balance zwischen deinen Bedürfnissen und deinem Sinn für Schönheit zu finden. Dieser Aspekt fordert dich auf, kontinuierlich an deiner inneren Harmonie zu arbeiten.

Mond-Mars-Aspekte

Deine Emotionen und dein Antrieb

Die Verbindung zwischen Mond und Mars zeigt, wie stark deine Gefühle mit deinem inneren Antrieb verknüpft sind. Diese Aspekte helfen dir, herauszufinden, wie du deine Bedürfnisse durchsetzt und deine Emotionen in Einklang mit deinem Handeln bringst.

Hauptaspekte

Mond Konjunktion Mars (☌)
Deine Gefühle und dein innerer Antrieb arbeiten eng zusammen. Du reagierst leidenschaftlich und direkt auf emotionale Impulse und bist bereit, entschlossen für das einzutreten, was dir wichtig ist. Deine Energie und Begeisterung sind ansteckend.

Mond Sextil Mars (⚹)
Ein harmonischer Aspekt, der dir hilft, deine Gefühle und deinen Tatendrang auszubalancieren. Du kannst deine Emotionen klar ausdrücken, ohne impulsiv zu handeln. Deine ausgeglichene Energie inspiriert andere.

Mond Quadrat Mars (□)

Es gibt Spannungen zwischen deinen Gefühlen und deinem
Handlungsimpuls. Manchmal fühlst du dich innerlich zerrissen
zwischen dem, was du fühlst, und dem, wie du reagieren
möchtest. Dieser Aspekt fordert dich auf, Geduld zu entwickeln
und deine Energie bewusst zu lenken.

Mond Trigon Mars (△)

Deine Gefühle und dein innerer Antrieb fließen harmonisch
zusammen. Du bist entschlossen und klar in deinem Handeln.
Deine Emotionen verleihen dir Kraft, und du gehst selbstbewusst
deinen Weg.

Mond Opposition Mars (☍)

Zwischen deinen Gefühlen und deinem Tatendrang kann es
Spannungen geben. Du könntest dich hin- und hergerissen
fühlen, ob du handeln oder zurückhalten solltest. Dieser Aspekt
fordert dich auf, ein Gleichgewicht zwischen Emotionen und
Handlungen zu finden.

Nebenaspekte

Mond Quincunx Mars (⚻)

Deine Gefühle und dein Tatendrang benötigen gelegentlich
Anpassungen, um in Einklang zu bleiben. Flexibilität hilft dir,
deine innere Balance zu finden und deine Energie gezielt
einzusetzen.

Mond Halbsextil Mars (⚺)

Kleine Unterschiede zwischen deinen Gefühlen und deinem
Antrieb regen dich dazu an, achtsam auf deine innere Balance zu

achten. Deine Emotionen und dein Handlungsimpuls finden so
schrittweise Harmonie.

Mond Sesquiquadrat Mars (⚼)

Subtile Spannungen zeigen dir, wie wichtig Geduld mit dir selbst
ist. Du wirst eingeladen, deine innere Balance zu stärken und
deine Energie gezielt zu nutzen.

Mond Halbquadrat Mars (∠)

Gelegentlich entstehen kleinere Reibungen zwischen deinen
Gefühlen und deinem Antrieb. Diese Herausforderungen
ermutigen dich, deine Energie achtsam zu lenken und deine
Emotionen zu regulieren.

Mond Anderthalbquadrat Mars (⬧)

Ein stetiger Prozess, um die Balance zwischen Gefühlen und
Handlungsimpuls zu finden. Dieser Aspekt fordert dich dazu auf,
kontinuierlich an deiner inneren Stärke und Balance zu arbeiten.

Mond-Jupiter-Aspekte

Dein Herz und deine innere Freude

Die Verbindung zwischen Mond und Jupiter zeigt, wie sehr deine
Emotionen von Freude, Optimismus und dem Wunsch nach
Wachstum durchdrungen sind. Diese Aspekte geben dir Offenheit
und die Fähigkeit, andere mit deinem Lachen und deiner
Zuversicht zu inspirieren.

Hauptaspekte

Mond Konjunktion Jupiter (☌)

Deine Gefühle und dein Optimismus gehen Hand in Hand. Du strahlst Wärme und Vertrauen aus und findest immer etwas Positives, woran du dich erfreuen kannst. Deine innere Freude wirkt anziehend auf andere und inspiriert dein Umfeld.

Mond Sextil Jupiter (∗)

Eine unterstützende Verbindung, die dir Leichtigkeit und Freude schenkt. Du bringst Optimismus und eine entspannte Atmosphäre in dein Leben und das deiner Mitmenschen. Deine positive Ausstrahlung fördert Harmonie und Inspiration.

Mond Quadrat Jupiter (□)

Es gibt Spannungen zwischen deinen Gefühlen und deinem Optimismus. Manchmal könntest du dich überfordert fühlen, deine Freude mit deinen emotionalen Bedürfnissen in Einklang zu bringen. Dieser Aspekt ermutigt dich, auf innere Balance zu achten.

Mond Trigon Jupiter (△)

Deine Gefühle und dein Optimismus ergänzen sich harmonisch. Du gehst mit Leichtigkeit durchs Leben und kannst andere durch deine positive Energie bereichern. Dein Optimismus schenkt dir innere Zufriedenheit und Zuversicht.

Mond Opposition Jupiter (☍)

Dein Wunsch nach Freude und deine tiefsten emotionalen Bedürfnisse können in Spannung zueinander stehen. Dieser Aspekt fordert dich heraus, deine innere Harmonie zu finden und deine Bedürfnisse mit deinem Optimismus zu vereinen.

Nebenaspekte

Mond Quincunx Jupiter (⚻)

Deine Gefühle und dein Optimismus benötigen gelegentlich Anpassungen, um im Einklang zu bleiben. Flexibilität hilft dir, deine Balance zu finden und Freude bewusst zu erleben.

Mond Halbsextil Jupiter (⚺)

Kleine Unterschiede zwischen deinem inneren Selbst und deinem Optimismus fordern dich auf, sanft auf deine Bedürfnisse zu achten und deine innere Balance zu stärken.

Mond Sesquiquadrat Jupiter (⚼)

Subtile Spannungen laden dich ein, geduldig mit dir selbst zu sein. Deine innere Freude fordert dich auf, achtsam mit deinen Gefühlen umzugehen und deine positive Einstellung zu pflegen.

Mond Halbquadrat Jupiter (∠)

Gelegentlich gibt es kleine Reibungen zwischen deinem Gefühl und deinem Optimismus. Diese Herausforderungen helfen dir, dein Herz offen zu halten und deine innere Freude zu stärken.

Mond Anderthalbquadrat Jupiter (⚼)

Ein kontinuierlicher Weg, um die Balance zwischen Gefühlen und Lebensfreude zu finden. Dieser Aspekt ermutigt dich, beständig an deiner inneren Harmonie zu arbeiten und deinen Optimismus bewusst zu fördern.

Mond-Saturn-Aspekte

Dein Herz und dein Fels in der Brandung

Die Verbindung zwischen Mond und Saturn zeigt, wie stark deine Emotionen mit deinem Bedürfnis nach Stabilität und innerer Stärke verknüpft sind. Diese Aspekte offenbaren deine Fähigkeit, in stürmischen Zeiten ruhig und geerdet zu bleiben, und laden dich ein, Verantwortung für deine Gefühle zu übernehmen.

Hauptaspekte

Mond Konjunktion Saturn (☌)

Dein Herz und dein innerer Halt sind eng verbunden. Du strahlst eine tiefe innere Ruhe und Beständigkeit aus, die andere als Quelle der Sicherheit wahrnehmen. Du übernimmst Verantwortung für deine Gefühle und handelst bedacht.

Mond Sextil Saturn (∗)

Eine harmonische Verbindung, die dir hilft, emotional stabil zu bleiben. Du schaffst Gelassenheit und Verlässlichkeit in deinen Beziehungen und strahlst Ruhe aus, die anderen ein Gefühl von Sicherheit gibt.

Mond Quadrat Saturn (□)

Es gibt Spannungen zwischen deinen Gefühlen und deinem Pflichtbewusstsein. Du könntest dich hin- und hergerissen fühlen zwischen deinem Bedürfnis nach emotionaler Nähe und deinem Wunsch, stark und verantwortungsbewusst zu sein. Dieser Aspekt ermutigt dich, eine Balance zwischen Nähe und Stabilität zu finden.

Mond Trigon Saturn (△)

Deine Gefühle und deine innere Stärke harmonieren miteinander. Du wirkst ruhig und geerdet, was andere inspiriert. Deine

Fähigkeit, Stabilität mit emotionaler Tiefe zu verbinden, macht dich zu einem verlässlichen Partner und Freund.

Mond Opposition Saturn (☍)

Dein Bedürfnis nach Nähe und deine Verpflichtungen können sich manchmal gegenüberstehen. Diese Spannung lädt dich ein, einen Weg zu finden, der sowohl deinem emotionalen Wohlbefinden als auch deinem Wunsch nach Stabilität gerecht wird.

Nebenaspekte

Mond Quincunx Saturn (⚻)

Kleine Anpassungen sind notwendig, um deine Emotionen und dein Pflichtbewusstsein in Einklang zu bringen. Diese Herausforderungen helfen dir, flexibel zu bleiben und dein inneres Gleichgewicht zu stärken.

Mond Halbsextil Saturn (⚺)

Feine Unterschiede zwischen deinen Gefühlen und deinem Pflichtgefühl regen dich dazu an, sanft auf deine Bedürfnisse zu achten und deine innere Balance zu fördern.

Mond Sesquiquadrat Saturn (⚼)

Leichte Spannungen erinnern dich daran, geduldig mit dir selbst zu sein. Diese Herausforderungen fördern langfristig deine innere Stärke und emotionale Stabilität.

Mond Halbquadrat Saturn (∠)

Es können kleinere Reibungen zwischen deinen Emotionen und deinem Pflichtbewusstsein entstehen. Diese Hindernisse ermutigen dich, deine innere Balance zu finden und deinem Herzen mehr Raum zu geben.

Mond Anderthalbquadrat Saturn (⚹)

Ein kontinuierlicher Prozess, um deine Emotionen und deine Verpflichtungen in Einklang zu bringen. Dieser Aspekt fordert dich auf, langfristig an deiner inneren Stabilität zu arbeiten.

Mond-Uranus-Aspekte

Dein Herz und dein Freiheitsdrang

Die Verbindung zwischen Mond und Uranus zeigt, wie deine Gefühle und dein Wunsch nach Unabhängigkeit zusammenarbeiten. Diese Aspekte offenbaren, wie sehr du dich in deinen Emotionen nach Freiheit sehnst und wie du deinen eigenen Weg gehst.

Hauptaspekte

Mond Konjunktion Uranus (☌)

Deine Gefühle und dein Drang nach Freiheit sind eng miteinander verknüpft. Du reagierst spontan auf deine Emotionen und liebst es, deinen eigenen Weg zu gehen. Deine Begeisterung für Neues inspiriert andere und bringt frischen Wind in dein Umfeld.

Mond Sextil Uranus (⚹)

Dein Herz und dein Freiheitsdrang ergänzen sich harmonisch. Du bist offen für Veränderungen und lässt deine Gefühle natürlich fließen. Deine Leichtigkeit und Offenheit machen dich zu einem angenehmen und inspirierenden Begleiter.

Mond Quadrat Uranus (□)

Es gibt Spannungen zwischen deinen Gefühlen und deinem Freiheitsbedürfnis. Du könntest dich hin- und hergerissen fühlen zwischen deinem Wunsch nach Unabhängigkeit und deinem Bedürfnis nach emotionaler Nähe. Dieser Aspekt fordert dich heraus, deine Prioritäten klar zu definieren.

Mond Trigon Uranus (△)

Dein Herz und dein Freiheitsdrang fließen harmonisch zusammen. Du reagierst flexibel und souverän auf Veränderungen und beeindruckst andere durch deine innere Ruhe und Entschlossenheit, neue Wege zu gehen.

Mond Opposition Uranus (☍)

Zwischen deinen Gefühlen und deinem Freiheitswunsch können Spannungen entstehen. Du wirst aufgefordert, eine Balance zwischen Nähe und Unabhängigkeit zu finden und deinen eigenen Weg mit Bedacht zu gestalten.

Nebenaspekte

Mond Quincunx Uranus (⚻)

Deine Gefühle und dein Freiheitsdrang passen sich oft aneinander an. Diese Flexibilität hilft dir, deine innere Balance zu bewahren und Unabhängigkeit mit emotionaler Stabilität zu vereinen.

Mond Halbsextil Uranus (⚺)

Kleine Unterschiede zwischen deinem Gefühl und deinem

Wunsch nach Freiheit laden dich dazu ein, dein inneres
Gleichgewicht behutsam und in kleinen Schritten zu finden.

Mond Sesquiquadrat Uranus (⌺)

Subtile Spannungen regen dich an, geduldig mit dir selbst zu sein.
Dieser Aspekt fordert dich auf, deine Unabhängigkeit und deine
Gefühle in Einklang zu bringen.

Mond Halbquadrat Uranus (∠)

Gelegentlich können kleine Reibungen zwischen deinem
Freiheitsbedürfnis und deinem Wunsch nach Nähe auftreten.
Diese Herausforderungen laden dich ein, deine innere Balance zu
stärken.

Mond Anderthalbquadrat Uranus (⚼)

Ein stetiger Weg zur Balance zwischen deinen Gefühlen und
deinem Freiheitsdrang. Dieser Aspekt ermutigt dich,
kontinuierlich an deiner emotionalen Stärke und Unabhängigkeit
zu arbeiten.

Mond-Neptun-Aspekte

Dein Herz und deine innere Fantasie

Die Verbindung von Mond und Neptun zeigt, wie deine Gefühle
mit deiner spirituellen und kreativen Seite zusammenfließen.
Diese Aspekte offenbaren, wie tief du in deine innere Welt
eintauchen kannst und wie deine Emotionen oft von Mitgefühl
und Fantasie durchdrungen sind.

Hauptaspekte

Mond Konjunktion Neptun (☌)

Deine Gefühle und deine Fantasie sind eng miteinander
verknüpft. Du spürst die Welt tief und intuitiv, und deine Träume
sind oft voller Bedeutung. Menschen empfinden dich als
einfühlsam und spüren, dass du eine sanfte, mitfühlende Energie
ausstrahlst.

Mond Sextil Neptun (⚹)

Dein Herz und deine Intuition harmonieren miteinander. Du
gehst gelassen mit deinen Gefühlen um und lässt dich von deiner
inneren Stimme leiten. Deine sanfte Art und dein Mitgefühl
lassen andere sich bei dir geborgen fühlen.

Mond Quadrat Neptun (□)

Manchmal gibt es Spannungen zwischen deinen Emotionen und
deiner Fantasie. Du könntest dich innerlich zerrissen fühlen
zwischen dem, was du fühlst, und deiner Sehnsucht nach tiefem
Verständnis. Dieser Aspekt fordert dich heraus, deiner Intuition
zu vertrauen, auch wenn sie schwer greifbar scheint.

Mond Trigon Neptun (△)

Deine Gefühle und deine spirituelle Seite fließen harmonisch
zusammen. Du hast ein tiefes Mitgefühl und eine starke Intuition,
die dir oft zeigt, was richtig ist. Andere finden in dir jemanden,
der mit offenem Herzen und großem Verständnis zuhört.

Mond Opposition Neptun (☍)

Zwischen deinen Gefühlen und deiner Intuition können
Spannungen entstehen. Diese Spannung lädt dich ein, eine
Balance zu finden und deiner inneren Stimme zu folgen, ohne
dich in Fantasien zu verlieren.

Mond Quincunx Neptun (⚻)

Deine Gefühle und deine Intuition benötigen gelegentlich Anpassungen, um im Einklang zu bleiben. Dieser Aspekt hilft dir, flexibel zu reagieren und deine Träume mit deinen Gefühlen zu harmonisieren.

Mond Halbsextil Neptun (⚺)

Kleine Unterschiede zwischen deinem Gefühl und deiner Fantasie regen dich dazu an, sanft auf dein Herz zu hören und kleine Schritte in Richtung innerer Harmonie zu gehen.

Mond Sesquiquadrat Neptun (⚼)

Subtile Spannungen laden dich ein, Geduld mit dir selbst zu haben. Dieser Aspekt fordert dich auf, deine Intuition und deine Gefühle in Einklang zu bringen.

Mond Halbquadrat Neptun (⚻)

Zwischen deinen Emotionen und deiner Fantasie können gelegentlich kleine Reibungen entstehen. Diese Herausforderungen ermutigen dich, deiner inneren Stimme Raum zu geben und deine Balance zu stärken.

Mond Anderthalbquadrat Neptun (⬦)

Ein kontinuierlicher Prozess, um deine Gefühle und deine spirituelle Seite in Einklang zu bringen. Dieser Aspekt fordert dich auf, beständig an deiner Verbindung zu deinem inneren Selbst zu arbeiten und deine Träume bewusst zu leben.

Mond-Pluto-Aspekte

Dein Herz und deine Tiefe

Die Verbindung von Mond und Pluto zeigt, wie deine Emotionen mit deiner Fähigkeit zur inneren Transformation verbunden sind. Diese Aspekte offenbaren, wie intensiv und kraftvoll deine Gefühle sein können und wie sehr du dich von tiefen Emotionen leiten lässt.

Hauptaspekte

Mond Konjunktion Pluto (☌)
Deine Gefühle und deine innere Tiefe sind wie ein stiller, kraftvoller Ozean. Du spürst die Welt intensiv und tief und gehst keine halben Wege in deinen Beziehungen und Emotionen. Menschen empfinden dich oft als mysteriös und fühlen sich von deiner tiefen und leidenschaftlichen Art angezogen.

Mond Sextil Pluto (⚹)
Dein Herz und deine Transformationskraft harmonieren wie die Gezeiten, die sich sanft verändern. Du hast eine ruhige innere Stärke und kannst auch mit schwierigen Emotionen gut umgehen. Dein Mitgefühl und deine Fähigkeit, andere zu verstehen, machen dich zu einem wertvollen Freund.

Mond Quadrat Pluto (□)
Deine Emotionen und deine innere Tiefe stehen manchmal wie zwei gewaltige Wellen gegenüber. Du spürst eine Spannung zwischen dem Bedürfnis nach Nähe und deiner inneren Kraft, Veränderungen herbeizuführen. Dieser Aspekt fordert dich heraus, deine intensive Seite anzunehmen und deine Emotionen bewusst zu steuern.

Mond Trigon Pluto (△)
Dein Herz und deine Transformationskraft fließen harmonisch wie ein Fluss, der seinen Weg in die Tiefe findet. Du gehst ruhig und gelassen mit intensiven Emotionen um und lässt dich von deinem Mitgefühl und deiner inneren Stärke leiten. Andere empfinden deine Energie als beruhigend und inspirierend.

Mond Opposition Pluto (☍)
Dein innerer Wunsch nach Nähe und deine Kraft zur Veränderung stehen sich manchmal wie zwei starke Wellen gegenüber. Diese Spannung fordert dich heraus, eine Balance zu finden und zu verstehen, wann du Nähe suchst und wann du bereit bist, loszulassen.

Nebenaspekte

Mond Quincunx Pluto (⚻)
Dein Herz und deine Transformationskraft passen sich sanft an wie Lava, die langsam fließt und neue Wege bildet. Du lernst, flexibel auf deine inneren Bedürfnisse zu reagieren und deine Emotionen und deine Tiefe in Einklang zu bringen.

Mond Halbsextil Pluto (⚺)
Kleine, feine Unterschiede zwischen deinem Gefühl und deiner inneren Stärke fordern dich dazu auf, schrittweise deine Balance zu finden und deine Emotionen in ihre tiefste Form zu entfalten.

Mond Sesquiquadrat Pluto (⚼)
Eine subtile Spannung fordert dich dazu auf, deine Gefühle und deine Kraft zur Veränderung mit Geduld zu vereinen und deine innere Stärke zu finden.

Mond Halbquadrat Pluto (⊼)

Kleine Wellen zwischen deinem inneren Gefühl und deiner tiefen
Kraft laden dich dazu ein, dein Herz offen zu halten und deinen
inneren Weg klar zu erkennen.

Mond Anderthalbquadrat Pluto (⚼)

Ein stetiger Weg zur Balance zwischen Gefühl und innerer
Transformation. Dieser Aspekt fordert dich dazu auf, an deiner
tiefen Verbundenheit und deiner inneren Stärke zu arbeiten.

Merkur Aspekte

Merkur-Sonne-Aspekte

Wenn dein Kopf und dein Herz zusammenarbeiten

Die Verbindung von Merkur und der Sonne zeigt, wie gut dein
Verstand und dein inneres Licht zusammenwirken. Diese Aspekte
helfen dir, klar und überzeugt aufzutreten und zu wissen, was du
willst und wie du es anderen mitteilst.

Merkur Konjunktion Sonne (☌)

Dein Kopf und dein Herz leuchten gemeinsam wie zwei
strahlende Sonnen. Du sprichst klar und sicher über deine Ideen
und ziehst andere mit deinem Selbstbewusstsein an. Menschen
spüren, dass du genau weißt, wohin du willst.

Merkur Sextil Sonne (⚹)

Deine Gedanken und dein Herz verstehen sich wie zwei Freunde,
die die Welt gemeinsam entdecken. Du kannst dich leicht
ausdrücken und hast ein natürliches Talent, mit deinen Worten

andere zu begeistern und auf positive Weise zu inspirieren.

Merkur Quadrat Sonne (□)

Es ist, als ob dein Kopf und dein Herz manchmal in verschiedene Richtungen schauen. Du fühlst eine Spannung zwischen dem, was du denkst, und dem, was du fühlst. Dieser Aspekt lädt dich ein, genauer hinzuschauen und herauszufinden, was wirklich zu dir passt.

Merkur Trigon Sonne (△)

Deine Gedanken und dein Herz schwingen harmonisch wie eine schöne Melodie. Du sprichst offen und ehrlich über das, was dir wichtig ist, und andere spüren deine Authentizität. Deine Worte strahlen und ziehen Menschen an, die genauso offen und aufrichtig sind wie du.

Merkur Opposition Sonne (☍)

Dein Kopf und dein Herz stehen sich manchmal wie zwei Seiten eines Spiegels gegenüber. Diese Spannung fordert dich heraus, tiefer zu verstehen, was du wirklich willst. Du lernst, deine Worte so auszuwählen, dass sie deinem inneren Kern entsprechen.

Nebenaspekte

Merkur Quincunx Sonne (⚻)

Dein Kopf und dein Herz müssen sich sanft aufeinander einstellen, wie zwei Instrumente, die sich gegenseitig einstimmen. Du lernst, flexibel auf deine inneren Bedürfnisse zu hören und deine Gedanken mit deinem Herzen zu verbinden.

Merkur Halbsextil Sonne (⚺)

Kleine Unterschiede zwischen deinem Verstand und deinem inneren Selbst fordern dich auf, geduldig mit dir zu sein und deine Balance zu finden.

Merkur Sesquiquadrat Sonne (⬍)

Eine subtile Spannung fordert dich auf, mit Verständnis für dich selbst deine Gedanken und Überzeugungen zu klären.

Merkur Halbquadrat Sonne (∠)

Manchmal gibt es kleine Stolpersteine zwischen deinem Kopf und deinem Herzen. Diese Hürden erinnern dich daran, dir selbst zuzuhören und deine innere Klarheit zu stärken.

Merkur Anderthalbquadrat Sonne (⬥)

Ein stetiger Weg zur Balance zwischen Denken und innerem Selbst. Dieser Aspekt fordert dich dazu auf, mit Geduld an deiner inneren Klarheit zu arbeiten.

Merkur-Mond-Aspekte

Verbindung von Gefühlen und Verstand

Die Aspekte zwischen Merkur und Mond zeigen, wie Gedanken und Gefühle miteinander interagieren. Merkur steht für Kommunikation, Denken und Logik, während der Mond Gefühle, Intuition und das Unterbewusstsein repräsentiert. Diese Aspekte verdeutlichen, wie gut du deine Emotionen verstehen und ausdrücken kannst, sowie die Art, wie du innerlich und äußerlich kommunizierst.

Merkur Konjunktion Mond (☌)

Dein Verstand und deine Gefühle sind eng verbunden. Du kannst deine Emotionen klar ausdrücken und direkt kommunizieren, was in dir vorgeht.

Merkur Sextil Mond (✶)

Deine Gedanken und Gefühle ergänzen sich gut. Du findest leicht die passenden Worte, um dich einfühlsam und verständlich auszudrücken.

Merkur Quadrat Mond (□)

Es gibt Spannungen zwischen dem, was du fühlst, und dem, was du sagen willst. Dieser Aspekt fordert dich heraus, bewusster zu kommunizieren und beide Seiten in Einklang zu bringen.

Merkur Trigon Mond (△)

Deine Gedanken und Gefühle harmonieren. Du drückst dich klar und ehrlich aus, wodurch andere deine Offenheit und Verständnis schätzen.

Merkur Opposition Mond (☍)

Manchmal wirken Verstand und Gefühle widersprüchlich. Dieser Aspekt fordert dich auf, deine innere Balance zu finden und Gefühle und Worte bewusst zu vereinen.

Nebenaspekte

Merkur Quincunx Mond (⚻)

Dein Verstand und deine Gefühle müssen sich aufeinander einstellen. Dieser Aspekt lädt dich ein, flexibel zu bleiben und eine Verbindung herzustellen.

Merkur Halbsextil Mond (⋀)

Kleine Unterschiede zwischen Verstand und Gefühl fordern dich
auf, achtsam mit dir selbst zu sein und eine klare Kommunikation
zu entwickeln.

Merkur Sesquiquadrat Mond (⚼)

Eine subtile Spannung verlangt Geduld, um Gedanken und
Gefühle zu vereinen. Lerne, besser auf deine innere Stimme zu
hören.

Merkur Halbquadrat Mond (☊)

Kleine Reibungen zwischen Verstand und Gefühl können
Herausforderungen schaffen. Nimm dir Zeit, um deine Gefühle
klar zu erkennen und zu kommunizieren.

Merkur Anderthalbquadrat Mond (⧫)

Dieser Aspekt erfordert kontinuierliche Arbeit an der Balance
zwischen Kopf und Herz. Entwickle Geduld, um beide Seiten
besser zu integrieren.

Merkur-Venus-Aspekte

Verbindung von Gedanken und Schönheit

Die Aspekte zwischen Merkur und Venus zeigen, wie Gedanken
und Ästhetik harmonieren. Merkur steht für Kommunikation,
Denken und Austausch, während Venus Schönheit, Harmonie
und Werte repräsentiert. Diese Verbindungen beschreiben, wie
du deine Worte wählst, um sowohl Klarheit als auch Schönheit zu
vermitteln.

Merkur Konjunktion Venus (☌)

Dein Verstand und deine Liebe zur Ästhetik sind eng verbunden.
Du drückst dich charmant und einfühlsam aus, und deine Worte
haben eine besondere Anziehungskraft. Menschen fühlen sich
von deiner warmen und harmonischen Art der Kommunikation
angezogen.

Merkur Sextil Venus (⚹)

Deine Gedanken und deine Liebe zur Harmonie ergänzen sich.
Du findest leicht die richtigen Worte, um angenehm und
freundlich zu kommunizieren. Gespräche mit dir sind oft ein
Genuss, da du ein gutes Gespür für den richtigen Ton hast.

Merkur Quadrat Venus (□)

Es gibt Spannungen zwischen deinem Verstand und deiner
Wertschätzung für das Schöne. Manchmal fällt es dir schwer,
Gedanken und Ästhetik in Einklang zu bringen. Dieser Aspekt
fordert dich auf, bewusst nach Ausgewogenheit zu suchen.

Merkur Trigon Venus (△)

Dein Verstand und dein Sinn für Schönheit harmonieren
wunderbar. Du drückst dich klar, herzlich und freundlich aus.
Menschen schätzen deine positive Ausstrahlung und fühlen sich
von deinen Worten inspiriert.

Merkur Opposition Venus (☍)

Manchmal wirken Verstand und Ästhetik widersprüchlich. Diese
Spannung lädt dich ein, bewusst an deiner Kommunikation zu
arbeiten, um Ehrlichkeit und Schönheit zu vereinen.

Nebenaspekte

Merkur Quincunx Venus (☍)

Dein Verstand und deine Liebe zur Harmonie müssen sich aneinander anpassen. Du lernst, flexibel zu sein und deine Worte mit Fingerspitzengefühl zu wählen.

Merkur Halbsextil Venus (⊼)

Kleine Unterschiede zwischen Gedanken und Ästhetik fordern dich auf, geduldig zu bleiben und deinen inneren Frieden in der Kommunikation zu bewahren.

Merkur Sesquiquadrat Venus (⚼)

Eine subtile Spannung fordert dich auf, deine Worte mit Bedacht zu wählen und dabei deinem Sinn für Harmonie treu zu bleiben.

Merkur Halbquadrat Venus (∠)

Manchmal gibt es kleine Reibungen zwischen Verstand und Wertschätzung für das Schöne. Diese Herausforderungen laden dich ein, an deiner klaren und ästhetischen Kommunikation zu arbeiten.

Merkur Anderthalbquadrat Venus (⬧)

Dieser Aspekt erfordert Geduld, um Gedanken und Schönheit zu vereinen. Mit Zeit und Mühe kannst du eine harmonische Balance in deiner Kommunikation erreichen.

Merkur-Mars-Aspekte

Dein Verstand und dein innerer Antrieb

Die Aspekte zwischen Merkur und Mars zeigen, wie Gedanken und Tatendrang zusammenwirken. Merkur repräsentiert

Kommunikation und Logik, während Mars für Energie und Handlungsbereitschaft steht. Diese Verbindungen offenbaren, wie du deine Ideen klar äußern und entschlossen umsetzen kannst.

Merkur Konjunktion Mars (☌)

Dein Verstand und dein innerer Antrieb sind stark miteinander verbunden. Du drückst dich klar und direkt aus, ohne Umschweife. Andere spüren deine Energie und Entschlossenheit, die deine Worte verstärken.

Merkur Sextil Mars (✶)

Deine Gedanken und dein Tatendrang arbeiten harmonisch zusammen. Du kannst deine Ideen mit Klarheit und Ruhe vermitteln, wobei deine Zielstrebigkeit deutlich wird. Andere schätzen deine Fähigkeit, kraftvolle Botschaften auf den Punkt zu bringen.

Merkur Quadrat Mars (□)

Zwischen deinen Gedanken und deinem Handlungsdrang gibt es Spannungen. Dein Wunsch, schnell zu handeln, kann deinen klaren Ausdruck behindern. Dieser Aspekt fordert dich auf, Geduld zu entwickeln und zuerst nachzudenken, bevor du handelst.

Merkur Trigon Mars (△)

Dein Verstand und dein Tatendrang fließen harmonisch zusammen. Du kommunizierst bestimmt und klar, ohne aufdringlich zu wirken. Menschen bewundern deine Fähigkeit, Ideen mit Energie und gleichzeitig Gelassenheit zu präsentieren.

Merkur Opposition Mars (☍)

Manchmal stehen dein Kopf und dein Handlungsdrang im Konflikt. Diese Spannung fordert dich heraus, eine Balance zwischen Überlegung und Aktion zu finden. Du lernst, deine Worte gezielt einzusetzen, sodass sie ihre Wirkung entfalten.

Nebenaspekte

Merkur Quincunx Mars (☊)
Dein Verstand und dein Tatendrang brauchen Feinabstimmung. Dieser Aspekt hilft dir, flexibel zu bleiben und deine Energie und Kommunikation aufeinander abzustimmen.

Merkur Halbsextil Mars (⋀)
Kleine Unterschiede zwischen Gedanken und Handlungsimpulsen fordern dich auf, geduldig zu bleiben und schrittweise vorzugehen.

Merkur Sesquiquadrat Mars (⛎)
Eine subtile Spannung ermutigt dich, deine Worte und Taten besser zu koordinieren. Arbeite daran, Klarheit und Entschlossenheit zu verbinden.

Merkur Halbquadrat Mars (☊)
Gelegentlich gibt es kleine Reibungen zwischen deinem Verstand und deinem Handlungsdrang. Diese fordern dich auf, überlegt zu handeln und deine Energie bewusst einzusetzen.

Merkur Anderthalbquadrat Mars (♦)
Dieser Aspekt verlangt, kontinuierlich an der Balance zwischen Denken und Handeln zu arbeiten. Mit Geduld kannst du deine Energie effizient und gezielt einsetzen.

Merkur-Jupiter-Aspekte

Dein Verstand und dein Sinn für das Große

Die Verbindung zwischen Merkur und Jupiter zeigt, wie deine Gedanken und dein Optimismus zusammenwirken. Merkur repräsentiert Kommunikation und Logik, während Jupiter für Expansion, Optimismus und Visionen steht. Diese Aspekte verdeutlichen, wie du große Ideen entwickelst und sie anderen klar und zuversichtlich vermittelst.

Merkur Konjunktion Jupiter (☌)

Dein Verstand und dein Optimismus arbeiten eng zusammen. Du denkst groß und hast Vertrauen in deine Ideen. Deine Worte sind inspirierend, und andere lassen sich von deiner positiven Haltung anstecken.

Merkur Sextil Jupiter (⚹)

Deine Gedanken und dein Sinn für das Große ergänzen sich harmonisch. Du drückst dich mit Offenheit und Überzeugung aus. Menschen schätzen deine positive und konstruktive Sichtweise.

Merkur Quadrat Jupiter (□)

Es gibt Spannungen zwischen deinem Wunsch, groß zu denken, und realistischen Überlegungen. Dieser Aspekt fordert dich heraus, Idealismus und Pragmatismus in Balance zu bringen.

Merkur Trigon Jupiter (△)

Deine Gedanken und dein Optimismus harmonieren perfekt. Du kommunizierst mit Zuversicht und inspirierst andere durch deine großzügige und optimistische Haltung.

Merkur Opposition Jupiter (☌)
Dein Verstand und dein Wunsch nach Expansion stehen sich manchmal entgegen. Diese Spannung fordert dich auf, eine Balance zwischen großen Visionen und realistischen Umsetzungen zu finden.

Nebenaspekte

Merkur Quincunx Jupiter (☋)
Dein Verstand und dein Optimismus müssen sich anpassen. Du lernst, große Ideen mit pragmatischen Überlegungen zu verbinden.

Merkur Halbsextil Jupiter (▲)
Kleine Unterschiede zwischen Gedanken und Optimismus fordern dich auf, geduldig zu bleiben und deine Balance zu finden.

Merkur Sesquiquadrat Jupiter (⚼)
Subtile Spannungen laden dich ein, deine Ideen mit realistischen Erwartungen abzugleichen.

Merkur Halbquadrat Jupiter (☋)
Manchmal gibt es kleine Wellen zwischen deinem Verstand und deiner Zuversicht. Diese Hürden helfen dir, deine Balance zu stärken.

Merkur Anderthalbquadrat Jupiter (♦)
Dieser Aspekt fordert dich auf, beständig an der Balance zwischen

Optimismus und Realismus zu arbeiten.

Merkur-Saturn-Aspekte

Dein Verstand und deine Struktur

Die Verbindung zwischen Merkur und Saturn zeigt, wie deine Gedanken durch Disziplin und Klarheit geprägt werden. Merkur steht für Kommunikation und Logik, während Saturn Struktur, Verantwortung und Ausdauer repräsentiert. Diese Aspekte verdeutlichen, wie du Ideen mit Gründlichkeit und Bedacht entwickelst.

Merkur Konjunktion Saturn (☌)
Dein Verstand und deine Disziplin arbeiten eng zusammen. Du bist überlegt und wählst deine Worte sorgfältig. Andere schätzen deine klare und stabile Kommunikation.

Merkur Sextil Saturn (✶)
Deine Gedanken und deine Struktur ergänzen sich. Du drückst dich klar, präzise und zuverlässig aus. Menschen schätzen deine sachliche Art.

Merkur Quadrat Saturn (□)
Es gibt Spannungen zwischen deinem Wunsch, strukturiert zu sein, und der Herausforderung, flexibel zu bleiben. Dieser Aspekt fordert dich auf, Geduld mit dir selbst zu haben.

Merkur Trigon Saturn (△)
Dein Verstand und deine Struktur fließen harmonisch zusammen. Du kommunizierst ruhig und sicher und genießt das Vertrauen

anderer.

Merkur Opposition Saturn (☍)

Manchmal stehen dein Verstand und dein Bedürfnis nach Struktur im Widerspruch. Diese Spannung fordert dich auf, zwischen Klarheit und Flexibilität zu balancieren.

Nebenaspekte

Merkur Quincunx Saturn (⚻)

Dein Verstand und deine Disziplin brauchen Feinabstimmung. Du lernst, Struktur und Flexibilität zu verbinden.

Merkur Halbsextil Saturn (⚺)

Kleine Unterschiede zwischen Gedanken und Struktur laden dich ein, sanft und geduldig vorzugehen.

Merkur Sesquiquadrat Saturn (⚼)

Subtile Spannungen helfen dir, deine Gedanken zu ordnen und Verantwortung zu übernehmen.

Merkur Halbquadrat Saturn (∠)

Gelegentlich gibt es kleine Reibungen zwischen deinem Verstand und deiner Disziplin. Diese laden dich ein, deine innere Stabilität zu stärken.

Merkur Anderthalbquadrat Saturn (⚼)

Dieser Aspekt erfordert kontinuierliche Arbeit an der Balance zwischen Struktur und Flexibilität.

Merkur-Uranus-Aspekte

Verstand trifft Freiheit

Die Verbindung zwischen Merkur und Uranus zeigt, wie dein Verstand mit Originalität und Freiheit harmoniert. Merkur steht für Kommunikation und Logik, während Uranus Innovation und Unabhängigkeit symbolisiert. Diese Aspekte verdeutlichen, wie gut du kreative Ideen entwickeln und kommunizieren kannst.

Merkur Konjunktion Uranus (☌)

Dein Verstand und dein Freiheitsdrang sind stark miteinander verbunden. Du denkst originell und bringst oft unkonventionelle Ideen ein. Andere schätzen deine innovative und inspirierende Art.

Merkur Sextil Uranus (⁎)

Deine Gedanken und dein freier Geist arbeiten harmonisch zusammen. Du findest mühelos neue Lösungen und kommunizierst offen und klar. Menschen lassen sich gern von deiner Einzigartigkeit inspirieren.

Merkur Quadrat Uranus (□)

Zwischen deinem Verstand und deinem Wunsch nach Neuem gibt es Spannungen. Dein Drang nach Originalität kann zu Konflikten mit etablierten Ideen führen. Dieser Aspekt fordert dich auf, flexibel zu denken und Balance zu finden.

Merkur Trigon Uranus (△)

Deine Gedanken und dein kreativer Geist fließen natürlich zusammen. Du drückst dich innovativ und dennoch verständlich aus. Menschen schätzen deine erfrischende Perspektive.

Merkur Opposition Uranus (☌)
Dein Verstand und dein Freiheitsdrang stehen manchmal im Gegensatz zueinander. Diese Spannung fordert dich heraus, zwischen traditionellen Ideen und innovativen Ansätzen zu vermitteln.

Nebenaspekte

Merkur Quincunx Uranus (☍)
Dein Verstand und dein Wunsch nach Freiheit müssen sich aufeinander einstellen. Dieser Aspekt fordert Flexibilität, um deine Gedanken frei und gleichzeitig geordnet zu halten.

Merkur Halbsextil Uranus (▲)
Kleine Unterschiede zwischen deinem Verstand und deinem Freiheitsdrang laden dich ein, geduldig mit dir selbst zu sein und kreative Ideen in Ruhe zu entwickeln.

Merkur Sesquiquadrat Uranus (⚼)
Eine subtile Spannung ermutigt dich, originelle Gedanken mit pragmatischen Überlegungen zu verbinden.

Merkur Halbquadrat Uranus (☍)
Gelegentlich gibt es kleine Reibungen zwischen deinem Verstand und deinem Wunsch nach Neuem. Diese Hürden helfen dir, deine Kreativität bewusster zu nutzen.

Merkur Anderthalbquadrat Uranus (♦)
Dieser Aspekt erfordert Geduld, um Gedankenfreiheit und

Struktur in Einklang zu bringen. Mit Zeit kannst du eine inspirierende Balance finden.

Merkur-Neptun-Aspekte

Verstand trifft Intuition

Die Verbindung zwischen Merkur und Neptun zeigt, wie deine Gedanken mit Fantasie und Empathie interagieren. Merkur steht für Logik und Kommunikation, während Neptun Sensibilität und Intuition repräsentiert. Diese Aspekte verdeutlichen, wie gut du Inspiration und Mitgefühl ausdrücken kannst.

Merkur Konjunktion Neptun (☌)

Dein Verstand und deine Intuition arbeiten eng zusammen. Du denkst fantasievoll und bist sehr einfühlsam. Andere schätzen deine sanfte und kreative Art zu kommunizieren.

Merkur Sextil Neptun (⁎)

Deine Gedanken und deine Intuition ergänzen sich harmonisch. Du drückst dich empathisch und klar aus. Menschen fühlen sich von deinem Mitgefühl und deiner Weisheit angezogen.

Merkur Quadrat Neptun (□)

Zwischen klaren Gedanken und intuitivem Wissen gibt es Spannungen. Du kämpfst manchmal damit, Fakten von Fantasie zu trennen. Dieser Aspekt fordert dich auf, gezielt auf deine innere Stimme zu hören.

Merkur Trigon Neptun (△)

Dein Verstand und deine Intuition fließen reibungslos zusammen.

Du denkst kreativ und empfindsam und findest leicht Worte, die
andere berühren.

Merkur Opposition Neptun (☍)
Dein Verstand und deine Intuition stehen manchmal im
Gegensatz. Diese Spannung fordert dich heraus, zwischen
rationalem Denken und intuitivem Wissen eine Balance zu
finden.

Nebenaspekte

Merkur Quincunx Neptun (⚻)
Dein Verstand und deine Intuition passen sich langsam an. Dieser
Aspekt fordert dich auf, flexibel zu bleiben und Vertrauen in
deine innere Weisheit zu entwickeln.

Merkur Halbsextil Neptun (⚺)
Kleine Unterschiede zwischen Gedanken und Intuition ermutigen
dich, sanft mit dir selbst zu sein und deinen inneren Frieden zu
bewahren.

Merkur Sesquiquadrat Neptun (⚼)
Subtile Spannungen fordern dich auf, logisches Denken und
intuitives Wissen zu vereinen.

Merkur Halbquadrat Neptun (∠)
Manchmal gibt es kleine Reibungen zwischen rationalen
Überlegungen und intuitivem Gespür. Diese Herausforderungen
laden dich ein, deiner inneren Stimme mehr Raum zu geben.

Merkur Anderthalbquadrat Neptun (⚼)

Dieser Aspekt fordert Geduld, um Gedanken und Intuition in Einklang zu bringen. Mit Zeit kannst du eine tiefe Verbindung zwischen Verstand und Gefühl schaffen.

Merkur-Pluto-Aspekte

Verstand und Tiefgang

Die Verbindung zwischen Merkur und Pluto zeigt, wie tief du denkst und kommunizierst. Merkur steht für Logik und Austausch, Pluto für Transformation und das Aufdecken von Wahrheiten. Diese Aspekte helfen dir, Hintergründe zu erforschen und Gespräche mit Substanz zu führen.

Merkur Konjunktion Pluto (☌)

Du denkst intensiv und zielgerichtet. Deine Fragen gehen an die Substanz, und du scheust dich nicht, schwierige Themen anzusprechen. Andere schätzen deine Klarheit und Tiefe.

Merkur Sextil Pluto (⁎)

Deine Gedanken fließen harmonisch in tiefgründige Themen ein. Du drückst dich klar aus und inspirierst andere durch deine Überzeugungskraft.

Merkur Quadrat Pluto (□)

Es gibt Spannungen zwischen deinem Wunsch nach Klarheit und dem Umgang mit intensiven Themen. Dieser Aspekt fordert dich auf, Konflikte konstruktiv zu lösen und Gefühle zu sortieren.

Merkur Trigon Pluto (△)

Dein Denken und deine Ausdrucksweise sind präzise und

tiefgründig. Du gehst mit Leichtigkeit in Gespräche, die eine klare Richtung und Substanz haben.

Merkur Opposition Pluto (☍)

Dein Denken und dein Drang, das Verborgene aufzudecken, stehen manchmal im Gegensatz. Diese Spannung lädt dich ein, eine Balance zwischen Rationalität und Intensität zu finden.

Nebenaspekte

Merkur Quincunx Pluto (⚻)

Du lernst, deinen Forscherdrang flexibel mit deinem Verstand zu verbinden. Dieser Aspekt fordert dich auf, gezielt Prioritäten zu setzen.

Merkur Halbsextil Pluto (⚺)

Kleine Unterschiede zwischen Denken und Tiefe ermutigen dich, achtsam und geduldig mit dir selbst zu sein.

Merkur Sesquiquadrat Pluto (⚼)

Subtile Spannungen laden dich ein, deine Gedanken und deinen Wunsch nach Erkenntnis besser abzustimmen.

Merkur Halbquadrat Pluto (⚼)

Gelegentliche Reibungen zwischen Verstand und Tiefgang fordern dich auf, bewusster Klarheit und Fokus zu schaffen.

Merkur Anderthalbquadrat Pluto (⚼)

Dieser Aspekt ermutigt dich, kontinuierlich an der Balance zwischen Denkweise und Forscherdrang zu arbeiten. Geduld führt zu nachhaltigen Erkenntnissen.

Venus Aspekte

Venus-Sonne-Aspekte

Dein Strahlen und deine Liebe zur Schönheit

Die Verbindung von Venus und der Sonne zeigt, wie sehr dein Wunsch nach Liebe, Schönheit und Harmonie in deinem Inneren leuchtet. Diese Aspekte lassen dich strahlen und laden dich ein, deine warme, inspirierende Seite mit anderen zu teilen.

Venus Konjunktion Sonne (☌)

Dein Strahlen und deine Liebe zur Schönheit sind wie eine Blume, die in voller Blüte steht. Du bist warmherzig und freundlich, und Menschen fühlen sich von deiner positiven Ausstrahlung angezogen. Deine Liebe zur Harmonie leuchtet in allem, was du tust.

Venus Sextil Sonne (⚹)

Dein Herz und deine Liebe zur Schönheit ergänzen sich wie zwei Töne, die perfekt zusammenklingen. Du strahlst eine ruhige, friedliche Energie aus, und andere genießen deine entspannte und harmonische Art. Deine Freundlichkeit wirkt ansteckend.

Venus Quadrat Sonne (□)

Manchmal scheinen dein inneres Strahlen und dein Wunsch nach Harmonie wie zwei Farben, die sich erst finden müssen. Du spürst eine Spannung zwischen dem, was du willst, und dem Wunsch nach Frieden und Schönheit. Dieser Aspekt fordert dich auf, beide Seiten in Balance zu bringen.

Venus Trigon Sonne (△)

Deine Liebe zur Schönheit und dein Strahlen fließen wie
Sonnenstrahlen an einem klaren Tag. Du ziehst Menschen mit
deiner offenen und freundlichen Art an, und andere fühlen sich in
deiner Nähe wohl und inspiriert.

Venus Opposition Sonne (☍)

Dein inneres Strahlen und dein Bedürfnis nach Harmonie stehen
sich manchmal gegenüber wie zwei Spiegelbilder. Diese
Spannung fordert dich heraus, einen Weg zu finden, dich selbst
zu schätzen und auch für andere da zu sein.

Nebenaspekte

Venus Quincunx Sonne (⚻)

Deine Liebe zur Schönheit und dein Selbstbild passen sich sanft
an, wie eine Pflanze, die dem Sonnenlicht entgegenwächst. Du
lernst, flexibel zu bleiben und deine Werte mit deinem inneren
Licht zu vereinen.

Venus Halbsextil Sonne (⚺)

Kleine Unterschiede zwischen deinem Strahlen und deinem
Wunsch nach Harmonie laden dich ein, geduldig zu sein und
deinen inneren Frieden zu bewahren.

Venus Sesquiquadrat Sonne (⚼)

Eine feine Spannung fordert dich auf, deiner Liebe zur Schönheit
und deinem inneren Strahlen Raum zu geben und achtsam mit
dir zu sein.

Venus Halbquadrat Sonne (⚼)

Manchmal gibt es kleine Stolpersteine zwischen deinem inneren Licht und deiner Liebe zur Harmonie. Diese Momente laden dich ein, dein Gleichgewicht zu finden und deinem Herzen treu zu bleiben.

Venus Anderthalbquadrat Sonne (⚹)

Ein sanfter Weg, um dein Strahlen und deinen Wunsch nach Frieden in Einklang zu bringen. Dieser Aspekt fordert dich dazu auf, in dir die Balance zwischen Liebe und Harmonie zu finden.

Venus-Mond-Aspekte

Deine Gefühle und deine Sehnsucht nach Liebe

Die Verbindung von Venus und Mond zeigt, wie deine Gefühle und deine Liebe zur Harmonie und Nähe miteinander verschmelzen. Diese Aspekte machen dich besonders sensibel und schenken dir die Fähigkeit, auf liebevolle und fürsorgliche Weise mit anderen umzugehen.

Venus Konjunktion Mond (☌)

Deine Gefühle und deine Liebe zur Schönheit fließen wie zwei klare Wasserströme, die eins werden. Du bist warmherzig, liebevoll und fühlst dich von schönen Dingen und friedlichen Momenten angezogen. Menschen fühlen sich in deiner Nähe geborgen und umsorgt.

Venus Sextil Mond (✳)

Deine Gefühle und deine Liebe ergänzen sich wie zwei Harmonietöne in einer sanften Melodie. Du strahlst Ruhe und Frieden aus, und andere fühlen sich von deiner sanften und

freundlichen Art inspiriert und verstanden. Du hast ein Gespür
dafür, wie du anderen ein Gefühl von Zuhause geben kannst.

Venus Quadrat Mond (□)

Manchmal scheinen deine Gefühle und deine Liebe wie zwei
Puzzleteile, die noch ihren Platz suchen. Du spürst eine Spannung
zwischen dem, was du fühlst, und deinem Wunsch nach
Harmonie. Dieser Aspekt fordert dich heraus, in dir die Balance
zu finden und Geduld mit dir selbst zu haben.

Venus Trigon Mond (△)

Deine Gefühle und deine Liebe zur Schönheit fließen wie ein
sonniger Tag im Frühling. Du bist einfühlsam und freundlich,
und andere fühlen sich von deiner herzlichen Ausstrahlung
angezogen. Du hast eine natürliche Gabe, Frieden und Freude in
dein Leben und das anderer zu bringen.

Venus Opposition Mond (☍)

Deine Gefühle und deine Liebe zur Harmonie stehen sich
manchmal wie zwei Seiten eines Flusses gegenüber. Diese
Spannung fordert dich heraus, eine Balance zu finden und sowohl
deinen eigenen Frieden als auch die Bedürfnisse anderer zu
respektieren.

Nebenaspekte

Venus Quincunx Mond (⚻)

Deine Gefühle und deine Liebe zur Schönheit passen sich sanft
an, wie ein sanfter Wind, der sich seinen Weg bahnt. Du lernst,
flexibel zu bleiben und deine Bedürfnisse und deine Liebe zu
vereinen.

Venus Halbsextil Mond (⊻)

Kleine, feine Unterschiede zwischen deinen Gefühlen und deiner
Liebe zur Harmonie fordern dich dazu auf, sanft und geduldig mit
dir selbst zu sein und deinen inneren Frieden zu finden.

Venus Sesquiquadrat Mond (⊡)

Eine feine Spannung fordert dich dazu auf, deine Liebe zur
Harmonie und deine Gefühle in Einklang zu bringen und dein
Herz offen zu halten.

Venus Halbquadrat Mond (∠)

Manchmal gibt es kleine Wellen zwischen deinen Gefühlen und
deinem Bedürfnis nach Nähe und Frieden. Diese Momente laden
dich ein, dein Gleichgewicht zu finden und dir selbst treu zu
bleiben.

Venus Anderthalbquadrat Mond (⧫)

Ein stetiger Weg zur Balance zwischen deinen Gefühlen und
deiner Liebe zur Harmonie. Dieser Aspekt fordert dich dazu auf,
Geduld und Mitgefühl in deinem Herzen zu bewahren.

Venus-Merkur-Aspekte

Dein Kopf und dein Herz für das Schöne

Die Verbindung zwischen Venus und Merkur zeigt, wie liebevoll
und harmonisch du dich ausdrückst. Diese Aspekte bringen dir
die Fähigkeit, mit Herz und Charme zu sprechen und dich auf
eine Weise mitzuteilen, die andere berührt.

Venus Konjunktion Merkur (☌)

Dein Verstand und deine Liebe zur Schönheit fließen zusammen
wie zwei Farben, die ein harmonisches Bild ergeben. Du drückst
dich charmant und freundlich aus, und deine Worte haben eine
besondere Wärme. Menschen hören dir gerne zu und fühlen sich
von deiner positiven Art angezogen.

Venus Sextil Merkur (✳)

Deine Gedanken und deine Liebe zur Harmonie ergänzen sich wie
zwei Melodien, die perfekt zusammenspielen. Du kannst dich
liebevoll und klar ausdrücken und vermittelst in Gesprächen ein
Gefühl von Leichtigkeit und Freude. Andere fühlen sich von
deinem positiven Wesen inspiriert.

Venus Quadrat Merkur (□)

Manchmal scheinen dein Kopf und dein Herz für das Schöne in
unterschiedliche Richtungen zu schauen. Du spürst eine
Spannung zwischen deinen Gedanken und deinem Wunsch nach
Harmonie. Dieser Aspekt fordert dich heraus, achtsam mit deinen
Worten umzugehen und Geduld mit dir selbst zu haben.

Venus Trigon Merkur (△)

Dein Verstand und deine Liebe zur Schönheit fließen wie ein
ruhiger, klarer Fluss. Du drückst dich auf natürliche Weise
freundlich und herzlich aus, und Menschen fühlen sich von
deiner sanften und warmherzigen Art angezogen. Deine Worte
bringen oft Licht und Freude in die Gespräche.

Venus Opposition Merkur (☍)

Dein Kopf und dein Bedürfnis nach Harmonie stehen sich
manchmal wie zwei Spiegelbilder gegenüber. Diese Spannung

fordert dich heraus, eine Balance zu finden und deine Gedanken
so auszudrücken, dass sie sowohl dir selbst als auch anderen
guttun.

Nebenaspekte

Venus Quincunx Merkur (⚼)

Dein Verstand und deine Liebe zur Harmonie passen sich sanft
an wie eine sanfte Welle im Meer. Du lernst, flexibel zu bleiben
und deine Gedanken liebevoll und ausgeglichen zu formulieren.

Venus Halbsextil Merkur (⚺)

Kleine, feine Unterschiede zwischen deinem Kopf und deinem
Bedürfnis nach Harmonie fordern dich auf, geduldig zu sein und
deine Balance zu finden.

Venus Sesquiquadrat Merkur (⚼)

Eine feine Spannung fordert dich dazu auf, deine Liebe zur
Schönheit und deine Gedanken in Einklang zu bringen und
freundlich mit dir selbst zu sein.

Venus Halbquadrat Merkur (⚼)

Manchmal gibt es kleine Wellen zwischen deinem Verstand und
deinem Bedürfnis nach Schönheit. Diese Momente laden dich ein,
dein Herz offen zu halten und dir selbst treu zu bleiben.

Venus Anderthalbquadrat Merkur (⚹)

Ein stetiger Weg zur Balance zwischen Gedanken und Harmonie.
Dieser Aspekt fordert dich dazu auf, deine Worte mit Geduld und
Liebe zu wählen.

Venus-Mars-Aspekte

Dein Herz und dein Tatendrang

Die Verbindung zwischen Venus und Mars zeigt, wie deine Liebe
zur Schönheit und deine Leidenschaft sich gegenseitig befeuern.
Diese Aspekte bringen dir die Fähigkeit, deine Gefühle aktiv zu
leben und deinen Wunsch nach Nähe und Zuneigung auf
leidenschaftliche Weise auszudrücken.

Venus Konjunktion Mars (☌)
Deine Liebe und deine Leidenschaft gehen Hand in Hand wie
zwei Tänzer, die perfekt harmonieren. Du strahlst eine besondere
Anziehungskraft und Energie aus, und Menschen fühlen sich von
deiner intensiven und offenen Art angezogen. Du lebst deine
Gefühle aktiv und zögerst nicht, auf das zuzugehen, was dir
wichtig ist.

Venus Sextil Mars (⚹)
Dein Herz und dein Tatendrang ergänzen sich harmonisch wie
zwei Partner, die im Einklang tanzen. Du kannst deine Gefühle
auf eine natürliche und charmante Weise ausdrücken, ohne dabei
aufdringlich zu wirken. Andere spüren deine liebevolle Energie
und fühlen sich von deiner positiven und aktiven Art angezogen.

Venus Quadrat Mars (□)
Manchmal scheinen deine Liebe und dein Tatendrang wie zwei
Kräfte, die unterschiedliche Ziele verfolgen. Du spürst eine
Spannung zwischen deinem Wunsch nach Nähe und deinem
Drang, direkt zu handeln. Dieser Aspekt fordert dich heraus,
achtsam zu sein und eine Balance zwischen Leidenschaft und

Rücksicht zu finden.

Venus Trigon Mars (△)

Deine Liebe und deine Leidenschaft fließen wie ein kraftvoller
Strom, der auf sanfte Weise die Landschaft formt. Du bringst eine
natürliche, warme und dynamische Energie in deine
Beziehungen, und andere fühlen sich von deiner offenen und
lebensfrohen Art angezogen.

Venus Opposition Mars (☍)

Dein Herz und dein Tatendrang stehen sich manchmal gegenüber
wie zwei Seiten einer Medaille. Diese Spannung fordert dich
heraus, deine Bedürfnisse nach Liebe und Nähe mit deinem
Drang nach Unabhängigkeit und Action in Einklang zu bringen.

Nebenaspekte

Venus Quincunx Mars (⊼)

Deine Liebe und deine Leidenschaft passen sich sanft an wie eine
Flamme, die im Wind tanzt. Du lernst, flexibel auf deine
Bedürfnisse nach Nähe und Aktivität zu reagieren und eine
Balance zwischen diesen beiden Seiten zu finden.

Venus Halbsextil Mars (⊻)

Kleine, feine Unterschiede zwischen deinem Wunsch nach
Harmonie und deinem Tatendrang fordern dich dazu auf,
geduldig und sanft mit dir selbst zu sein und deine innere Balance
zu finden.

Venus Sesquiquadrat Mars (⊡)

Eine feine Spannung fordert dich dazu auf, deine Liebe und

deinen Drang, aktiv zu sein, in Einklang zu bringen und deine
Gefühle bewusst zu leben.

Venus Halbquadrat Mars (∠)

Manchmal gibt es kleine Reibungen zwischen deinem Herz und
deinem Tatendrang. Diese Momente laden dich ein, deine Liebe
mit deinem Wunsch nach Aktivität zu verbinden und in deinem
Inneren die Balance zu finden.

Venus Anderthalbquadrat Mars (⚹)

Ein stetiger Weg zur Balance zwischen Liebe und Tatendrang.
Dieser Aspekt fordert dich dazu auf, deine Leidenschaft und deine
Zuneigung auf liebevolle Weise zu leben.

Venus-Jupiter-Aspekte

Deine Liebe und dein Optimismus

Die Verbindung zwischen Venus und Jupiter zeigt, wie dein
Bedürfnis nach Liebe, Harmonie und das Gefühl von Fülle sich
ergänzen. Diese Aspekte bringen dir die Fähigkeit, warmherzig
und großzügig zu sein und Freude in deine Beziehungen zu
tragen.

Venus Konjunktion Jupiter (☌)

Deine Liebe und dein Optimismus vereinen sich wie ein helles
Licht, das jeden Raum erleuchtet. Du bist großzügig und
offenherzig und teilst gerne deine Freude mit anderen. Menschen
fühlen sich von deiner strahlenden und positiven Energie
angezogen und genießen deine Gesellschaft.

Venus Sextil Jupiter (∗)

Deine Liebe und dein Sinn für Freude ergänzen sich wie zwei
Hände, die eine schöne Melodie spielen. Du drückst dich offen
und freundlich aus und hast ein gutes Gespür dafür, andere zu
ermutigen und ihnen Freude zu schenken. Andere fühlen sich von
deiner positiven Art inspiriert.

Venus Quadrat Jupiter (□)

Manchmal scheinen deine Liebe und dein Optimismus wie zwei
Seiten, die sich erst annähern müssen. Du spürst eine Spannung
zwischen dem Wunsch nach Harmonie und deinem Drang,
großzügig und großherzig zu sein. Dieser Aspekt fordert dich auf,
deine Gefühle bewusst auszubalancieren.

Venus Trigon Jupiter (△)

Deine Liebe und dein Optimismus fließen wie ein Fluss, der reich
und voll ist. Du hast eine natürliche Anziehungskraft und andere
empfinden dich als warmherzig und inspirierend. Deine Freude
und Offenheit machen dich zu einem beliebten Menschen, der
gerne Liebe und Licht teilt.

Venus Opposition Jupiter (☍)

Dein Herz und dein Sinn für Fülle stehen sich manchmal
gegenüber wie zwei Himmelskörper, die voneinander angezogen
werden. Diese Spannung lädt dich ein, eine Balance zu finden und
deine Großzügigkeit mit Bedacht zu leben.

Nebenaspekte

Venus Quincunx Jupiter (⚻)

Deine Liebe und dein Optimismus passen sich sanft an wie zwei

Harmonietöne, die sich gegenseitig stützen. Du lernst, flexibel zu bleiben und deine Wärme und Großzügigkeit in Einklang zu bringen.

Venus Halbsextil Jupiter (⊻)

Kleine, feine Unterschiede zwischen deinem Bedürfnis nach Harmonie und deinem Sinn für Freude fordern dich dazu auf, liebevoll mit dir selbst zu sein und deine Balance zu finden.

Venus Sesquiquadrat Jupiter (⬗)

Eine feine Spannung fordert dich dazu auf, deine Liebe zur Harmonie und deinen Optimismus in Einklang zu bringen und großzügig mit dir selbst zu sein.

Venus Halbquadrat Jupiter (⊼)

Manchmal gibt es kleine Stolpersteine zwischen deinem Herzen und deinem Drang, Freude zu verbreiten. Diese Momente laden dich ein, achtsam mit dir selbst umzugehen und dein Gleichgewicht zu bewahren.

Venus Anderthalbquadrat Jupiter (♦)

Ein stetiger Weg zur Balance zwischen Liebe und Optimismus. Dieser Aspekt fordert dich dazu auf, deine Freude und Harmonie auf liebevolle Weise zu leben.

bauen. Du schätzt aufrichtige und stabile Beziehungen und drückst deine Zuneigung ruhig und beständig aus. Menschen in deinem Leben fühlen sich bei dir geborgen und wissen, dass sie auf dich zählen können.

Venus Quadrat Saturn (□)

Manchmal wirken deine Liebe und dein Bedürfnis nach Stabilität
wie zwei gegensätzliche Seiten. Du spürst eine Spannung
zwischen deinem Wunsch nach Nähe und deiner Vorsicht, sich zu
öffnen. Dieser Aspekt fordert dich heraus, geduldig mit dir selbst
zu sein und deinem Herzen Raum zu geben.

Venus Trigon Saturn (△)

Dein Herz und dein inneres Fundament fließen wie ein stiller,
klarer Fluss. Du strahlst Zuverlässigkeit und Aufrichtigkeit aus,
und Menschen fühlen sich von deiner beständigen und herzlichen
Art angezogen. Deine Liebe bringt anderen Stabilität und
Sicherheit.

Venus Opposition Saturn (☍)

Dein Bedürfnis nach Liebe und deine innere Stärke stehen sich
manchmal wie zwei Seiten einer Brücke gegenüber. Diese
Spannung fordert dich heraus, eine Balance zu finden und sowohl
dein Bedürfnis nach Nähe als auch nach Schutz zu respektieren.

Venus-Uranus-Aspekte

Dein Herz und dein Wunsch nach Neuem

Die Verbindung von Venus und Uranus zeigt, wie deine Liebe zur
Schönheit und dein Bedürfnis nach Freiheit und Originalität sich
vereinen. Diese Aspekte bringen dir die Fähigkeit, Beziehungen
mit Offenheit und Einzigartigkeit zu gestalten.

Venus Konjunktion Uranus (☌)

Deine Liebe und dein Bedürfnis nach Freiheit verschmelzen wie ein freier Vogel, der im Wind fliegt. Du schätzt kreative und unkonventionelle Beziehungen und ziehst Menschen an, die sich ebenfalls nach Freiheit und Abenteuer sehnen. Deine Anziehungskraft liegt in deiner Originalität und deinem offenen Herzen.

Venus Sextil Uranus (*)

Dein Herz und dein Wunsch nach Neuem ergänzen sich wie zwei Farben, die ein außergewöhnliches Bild malen. Du bringst frischen Wind in deine Beziehungen und hast die Gabe, Leichtigkeit und Freude zu verbreiten. Andere empfinden deine Offenheit und spontane Art als inspirierend.

Venus Quadrat Uranus (□)

Manchmal scheinen deine Liebe und dein Freiheitsdrang wie zwei widersprüchliche Energien. Du spürst eine Spannung zwischen deinem Bedürfnis nach Nähe und deinem Wunsch, ungebunden zu bleiben. Dieser Aspekt fordert dich heraus, eine Balance zwischen Stabilität und Freiheit zu finden.

Venus Trigon Uranus (△)

Deine Liebe und dein Wunsch nach Originalität fließen harmonisch wie ein Fluss, der neue Wege erkundet. Du bist offen, spontan und ziehst Menschen an, die deinen einzigartigen Blick auf die Welt teilen. Beziehungen sind für dich voller Abenteuer und Neugier.

Venus Opposition Uranus (☍)

Dein Herz und dein Freiheitsdrang stehen sich manchmal wie zwei Seiten eines Horizonts gegenüber. Diese Spannung fordert dich auf, eine Balance zu finden und sowohl deinen Wunsch nach Nähe als auch nach persönlicher Freiheit zu respektieren.

Nebenaspekte

Venus Quincunx Uranus (⚻)
Deine Liebe zur Nähe und dein Wunsch nach Freiheit passen sich sanft an, wie eine Blume, die sich im Wind bewegt. Du lernst, flexibel zu sein und die Balance zwischen Nähe und Unabhängigkeit zu finden.

Venus Halbsextil Uranus (⚺)
Kleine Unterschiede zwischen deinem Bedürfnis nach Liebe und deinem Drang nach Freiheit laden dich dazu ein, sanft und geduldig mit dir selbst umzugehen und dein Gleichgewicht zu finden.

Venus Sesquiquadrat Uranus (⚼)
Eine feine Spannung fordert dich dazu auf, dein Herz für Neues und dein Bedürfnis nach Freiheit in Einklang zu bringen und mutig zu sein.

Venus Halbquadrat Uranus (⚼)
Manchmal gibt es kleine Wellen zwischen deiner Liebe und deinem Wunsch nach Abenteuer. Diese Momente laden dich ein, auf dein Gleichgewicht zu achten und dir selbst treu zu bleiben.

Venus Anderthalbquadrat Uranus (⚼)
Ein stetiger Weg zur Balance zwischen Nähe und Freiheit. Dieser Aspekt fordert dich dazu auf, deine Einzigartigkeit mit Liebe und Verständnis zu leben.

Venus-Neptun-Aspekte

Deine Liebe und deine Träume

Die Verbindung zwischen Venus und Neptun zeigt, wie sehr deine
Liebe zur Schönheit und dein Bedürfnis nach tiefen,
fantasievollen Verbindungen sich ergänzen. Diese Aspekte
bringen dir die Fähigkeit, mit Mitgefühl und
Einfühlungsvermögen zu lieben und in deinen Beziehungen das
Besondere zu finden.

Venus Konjunktion Neptun (☌)

Dein Herz und deine Träume verschmelzen wie ein sanfter Nebel,
der sich über das Wasser legt. Du liebst es, das Schöne im
Alltäglichen zu sehen und fühlst dich zu tiefen, seelenvollen
Verbindungen hingezogen. Andere spüren deine Empathie und
deine besondere Gabe, mit Liebe und Mitgefühl zu berühren.

Venus Sextil Neptun (✶)

Deine Liebe und deine Fantasie ergänzen sich wie zwei Melodien,
die sanft im Einklang spielen. Du drückst dich auf liebevolle
Weise aus und hast ein natürliches Gespür für das Unsichtbare
und Magische in Beziehungen. Menschen fühlen sich von deinem
warmen, intuitiven Wesen inspiriert.

Venus Quadrat Neptun (□)

Manchmal scheinen deine Liebe und deine Träume wie zwei
Flüsse, die in unterschiedliche Richtungen fließen. Du spürst eine
Spannung zwischen dem Wunsch nach Nähe und der Sehnsucht
nach dem Unnahbaren. Dieser Aspekt fordert dich heraus, die
Balance zwischen Fantasie und Realität zu finden und dir selbst

treu zu bleiben.

Venus Trigon Neptun (△)

Deine Liebe und deine Träume fließen wie ein ruhiger, klarer See, der das Mondlicht widerspiegelt. Du siehst das Gute in anderen und hast eine starke Verbindung zur Schönheit und zur Tiefe in deinen Beziehungen. Menschen fühlen sich von deiner warmherzigen und verständnisvollen Art angezogen.

Venus Opposition Neptun (☍)

Dein Herz und deine Fantasie stehen sich manchmal wie zwei Spiegelbilder gegenüber. Diese Spannung fordert dich heraus, eine Balance zwischen deiner romantischen Seite und den Anforderungen des Alltags zu finden.

Nebenaspekte

Venus Quincunx Neptun (π)

Deine Liebe und deine Fantasie passen sich sanft an, wie ein Schmetterling, der durch einen geheimnisvollen Garten fliegt. Du lernst, deine romantischen Vorstellungen und die Realität in Einklang zu bringen.

Venus Halbsextil Neptun (⊻)

Kleine Unterschiede zwischen deinem Bedürfnis nach Nähe und deiner Sehnsucht nach Tiefe und Magie fordern dich dazu auf, sanft und geduldig mit dir selbst zu sein und deine Balance zu finden.

Venus Sesquiquadrat Neptun (⍁)

Eine feine Spannung fordert dich auf, deine Liebe zur Romantik

und deine tiefen, fantasievollen Vorstellungen in Einklang zu
bringen.

Venus Halbquadrat Neptun (⚼)

Manchmal gibt es kleine Wellen zwischen deinem Herzen und
deinem Bedürfnis, das Magische im Leben zu finden. Diese
Momente laden dich dazu ein, die Balance zwischen deinen
romantischen Vorstellungen und deinem Alltag zu halten.

Venus Anderthalbquadrat Neptun (⚻)

Ein stetiger Weg zur Balance zwischen Liebe und Fantasie. Dieser
Aspekt fordert dich dazu auf, deine Romantik und deine Liebe
mit Verständnis und Geduld zu leben.

Venus-Pluto-Aspekte

Deine Liebe und deine Tiefe

Die Verbindung zwischen Venus und Pluto zeigt, wie intensiv und
tiefgründig du lieben kannst. Diese Aspekte bringen dir die
Fähigkeit, Leidenschaft und Tiefe in Beziehungen zu leben und
das Verborgene im Herzen zu erforschen.

Venus Konjunktion Pluto (☌)

Deine Liebe und deine Leidenschaft verschmelzen wie Feuer und
Glut. Du fühlst intensiv und hast ein starkes Bedürfnis nach tiefen
Verbindungen. Menschen spüren deine magnetische
Anziehungskraft und fühlen sich von deinem geheimnisvollen
und leidenschaftlichen Wesen angezogen.

Venus Sextil Pluto (⚹)

Dein Herz und deine Tiefe ergänzen sich wie zwei Flüsse, die zu einem ruhigen, kraftvollen Strom zusammenfließen. Du schätzt ehrliche und tiefgründige Beziehungen und drückst dich auf eine intensive, aber sanfte Weise aus. Andere fühlen sich von deinem inneren Feuer und deiner Zuverlässigkeit angezogen.

Venus Quadrat Pluto (□)
Manchmal scheinen deine Liebe und deine Leidenschaft wie zwei Kräfte, die sich herausfordern. Du spürst eine Spannung zwischen dem Wunsch nach Harmonie und einer starken Sehnsucht nach Tiefe. Dieser Aspekt fordert dich heraus, ehrlich zu dir selbst zu sein und deine innere Balance zu finden.

Venus Trigon Pluto (△)
Deine Liebe und deine Tiefe fließen wie ein Fluss, der alles auf seinem Weg berührt. Du hast eine natürliche Gabe, Beziehungen mit Substanz und Sinn zu führen, und Menschen fühlen sich von deiner ehrlichen und kraftvollen Art inspiriert.

Venus Opposition Pluto (☍)
Dein Bedürfnis nach Nähe und deine tiefe Leidenschaft stehen sich manchmal gegenüber wie zwei Spiegelbilder. Diese Spannung fordert dich heraus, deine starken Gefühle mit Bedacht zu leben und sowohl dir als auch anderen Raum zu geben.

Nebenaspekte

Venus Quincunx Pluto (⚻)
Deine Liebe und deine Leidenschaft passen sich sanft an wie eine Flamme, die auf tiefe Gewässer trifft. Du lernst, flexibel zu bleiben und deine intensiven Gefühle und dein Bedürfnis nach

Harmonie in Einklang zu bringen.

Venus Halbsextil Pluto (⊻)

Kleine Unterschiede zwischen deinem Wunsch nach Nähe und deiner tiefen Leidenschaft laden dich dazu ein, geduldig mit dir selbst zu sein und deine Balance zu finden.

Venus Sesquiquadrat Pluto (⬓)

Eine feine Spannung fordert dich dazu auf, deine Liebe und deine tiefe Leidenschaft in Einklang zu bringen und ehrlich mit deinen Gefühlen zu sein.

Venus Halbquadrat Pluto (⊼)

Manchmal gibt es kleine Reibungen zwischen deinem Bedürfnis nach Harmonie und deiner Leidenschaft. Diese Momente laden dich ein, deinem Herzen Raum zu geben und deine Balance zu finden.

Venus Anderthalbquadrat Pluto (♦)

Ein stetiger Weg zur Balance zwischen Liebe und intensiver Tiefe. Dieser Aspekt fordert dich dazu auf, deine starke Leidenschaft auf eine Weise zu leben, die dir und deinen Beziehungen guttut.

Mars Aspekte

Mars-Sonne-Aspekte

Tatkraft und Selbstbewusstsein

Die Verbindung zwischen Mars und der Sonne zeigt, wie dein Antrieb und dein Selbstbewusstsein zusammenwirken. Diese

Aspekte helfen dir, entschlossen zu handeln und deine Energie gezielt einzusetzen.

Mars Konjunktion Sonne (☌)

Dein Tatendrang und dein Selbstbewusstsein sind stark verbunden. Du handelst entschlossen und energisch, was andere motiviert und beeindruckt.

Mars Sextil Sonne (⚹)

Dein Antrieb und dein Selbstbewusstsein ergänzen sich harmonisch. Du gehst zielstrebig und mit Leichtigkeit an neue Projekte heran und inspirierst andere durch deine positive Energie.

Mars Quadrat Sonne (□)

Dein Tatendrang und dein Selbstbild stehen manchmal im Konflikt. Dieser Aspekt fordert dich heraus, deine Energie bewusst zu lenken und geduldig mit dir selbst zu sein.

Mars Trigon Sonne (△)

Dein Antrieb und dein Selbstbewusstsein fließen harmonisch. Du strahlst natürliche Kraft aus, die andere motiviert und inspiriert.

Mars Opposition Sonne (☍)

Deine Energie und dein Selbstbewusstsein stehen sich manchmal gegenüber. Diese Spannung lädt dich ein, Balance zu finden und deine Kraft gezielt einzusetzen.

Nebenaspekte

Mars Quincunx Sonne (⚻)

Dein Antrieb und dein Selbstbewusstsein passen sich allmählich an. Du lernst, deine Energie flexibel und im Einklang mit deinen Zielen einzusetzen.

Mars Halbsextil Sonne (⚺)

Kleine Unterschiede zwischen deinem Tatendrang und deinem Selbstbewusstsein fordern dich auf, sanft und geduldig mit dir selbst zu sein.

Mars Sesquiquadrat Sonne (⚼)

Eine subtile Spannung fordert dich auf, deine Energie und dein Selbstbild besser aufeinander abzustimmen.

Mars Halbquadrat Sonne (∠)

Gelegentliche Reibungen zwischen deinem Antrieb und deinem Selbstbild helfen dir, deine innere Balance zu stärken.

Mars Anderthalbquadrat Sonne (⬧)

Dieser Aspekt lädt dich ein, kontinuierlich an der Verbindung von Tatkraft und Selbstbewusstsein zu arbeiten.

Mars-Mond-Aspekte

Tatkraft und Emotionen

Die Verbindung zwischen Mars und dem Mond zeigt, wie dein Antrieb und deine Gefühle zusammenwirken. Diese Aspekte geben dir die Fähigkeit, leidenschaftlich und gefühlvoll zu handeln.

Mars Konjunktion Mond (☌)

Deine Tatkraft und deine Emotionen sind eng verbunden. Du handelst leidenschaftlich und mit voller Energie, was andere mitreißt.

Mars Sextil Mond (✳)

Dein Antrieb und deine Gefühle ergänzen sich. Du handelst mit Freude und Motivation, was positive Energie in dein Leben bringt.

Mars Quadrat Mond (□)

Es gibt Spannungen zwischen deinem Tatendrang und deinen Gefühlen. Dieser Aspekt fordert dich auf, bewusst auf deine innere Balance zu achten.

Mars Trigon Mond (△)

Deine Tatkraft und deine Emotionen fließen harmonisch. Du handelst entschlossen und mit Einfühlungsvermögen, was andere inspiriert.

Mars Opposition Mond (☍)

Deine Tatkraft und deine Gefühle stehen sich manchmal gegenüber. Diese Spannung lädt dich ein, deine Emotionen und deinen Antrieb in Einklang zu bringen.

Nebenaspekte

Mars Quincunx Mond (⚻)

Dein Antrieb und deine Gefühle passen sich schrittweise an. Du lernst, flexibel und einfühlsam zu handeln.

Mars Halbsextil Mond (⚺)

Kleine Unterschiede zwischen deinem Tatendrang und deinen
Gefühlen fordern dich auf, sanft mit dir selbst zu sein.

Mars Sesquiquadrat Mond (⬐)
Subtile Spannungen laden dich ein, deine Tatkraft und deine
Emotionen besser abzustimmen.

Mars Halbquadrat Mond (∧)
Gelegentliche Reibungen zwischen deinem Antrieb und deinen
Gefühlen helfen dir, deine Balance zu finden.

Mars Anderthalbquadrat Mond (◆)
Dieser Aspekt fordert dich auf, kontinuierlich daran zu arbeiten,
deinen Tatendrang und deine Emotionen in Einklang zu bringen.

Mars-Merkur-Aspekte

Tatkraft und Gedanken

Die Verbindung zwischen Mars und Merkur zeigt, wie Tatendrang
und Verstand zusammenarbeiten. Diese Aspekte beeinflussen,
wie entschlossen und klar du denkst und kommunizierst.

Mars Konjunktion Merkur (☌)
Deine Tatkraft und dein Verstand arbeiten nahtlos zusammen.
Du denkst schnell, handelst entschlossen und inspirierst andere
mit deiner zielgerichteten Energie.

Mars Sextil Merkur (✶)
Tatkraft und Gedanken ergänzen sich harmonisch. Du drückst
dich klar aus und setzt deine Ideen mit Engagement um, was

andere motiviert.

Mars Quadrat Merkur (□)

Es gibt Spannungen zwischen deinem Antrieb und deinen Überlegungen. Dieser Aspekt fordert dich auf, geduldig zu sein und deine Gedanken zu ordnen, bevor du handelst.

Mars Trigon Merkur (△)

Dein Antrieb und deine Gedanken fließen harmonisch. Du handelst klug und entscheidungsfreudig, was andere inspiriert.

Mars Opposition Merkur (☍)

Tatkraft und Gedanken stehen sich manchmal gegenüber. Diese Spannung lädt dich ein, Balance zu finden und deine Energie gezielt einzusetzen.

Nebenaspekte

Mars Quincunx Merkur (⚻)

Du lernst, deine Energie und deinen Verstand flexibel aufeinander abzustimmen, um deine Handlungen bewusster zu steuern.

Mars Halbsextil Merkur (⚺)

Kleine Unterschiede zwischen Tatendrang und Gedanken fordern dich auf, geduldig zu bleiben und Klarheit zu schaffen.

Mars Sesquiquadrat Merkur (⚼)

Subtile Spannungen ermutigen dich, deine Energie und deinen Verstand in Einklang zu bringen.

Mars Halbquadrat Merkur (⊼)

Gelegentliche Reibungen laden dich ein, deine Gedanken zu
sortieren und fokussiert zu handeln.

Mars Anderthalbquadrat Merkur (♦)

Ein stetiger Weg zur Balance zwischen Tatendrang und Verstand.
Dieser Aspekt fordert dich dazu auf, deine Ideen klar und gezielt
umzusetzen.

Mars-Venus-Aspekte

Energie und Liebe

Die Verbindung zwischen Mars und Venus zeigt, wie Tatkraft und
Zuneigung zusammenwirken. Diese Aspekte fördern
leidenschaftliches und herzliches Handeln.

Mars Konjunktion Venus (♂)

Deine Energie und Liebe verschmelzen. Du bist leidenschaftlich,
ausdrucksstark und ziehst Menschen mit deiner lebendigen Art
an.

Mars Sextil Venus (∗)

Tatkraft und Zuneigung ergänzen sich. Du bringst Freude und
Lebenslust in Beziehungen und wirkst charmant und herzlich.

Mars Quadrat Venus (□)

Spannungen zwischen Tatkraft und Harmonie fordern dich
heraus, achtsam mit deinen Gefühlen umzugehen und Balance zu
finden.

Mars Trigon Venus (△)

Energie und Liebe fließen harmonisch. Du inspirierst mit Leidenschaft und bringst Tiefe in deine Beziehungen.

Mars Opposition Venus (☍)

Tatkraft und Zuneigung stehen sich manchmal gegenüber. Diese Spannung fordert dich auf, Liebe und Energie in Einklang zu bringen.

Nebenaspekte

Mars Quincunx Venus (⚻)

Tatkraft und Liebe passen sich flexibel an. Du lernst, Bedürfnisse nach Nähe und Aktivität auszugleichen.

Mars Halbsextil Venus (⚺)

Kleine Unterschiede zwischen Harmoniebedürfnis und Tatendrang fordern dich auf, sanft mit dir selbst umzugehen.

Mars Sesquiquadrat Venus (⚼)

Subtile Spannungen laden dich ein, Liebe und Aktivität bewusster zu leben.

Mars Halbquadrat Venus (⚻)

Gelegentliche Reibungen ermutigen dich, deine Energie und Zuneigung im Gleichgewicht zu halten.

Mars Anderthalbquadrat Venus (♦)

Ein stetiger Weg zur Balance zwischen Nähe und Tatendrang. Dieser Aspekt fordert Geduld und Verständnis in deinen Handlungen.

Mars-Jupiter-Aspekte

Energie und Optimismus

Die Verbindung zwischen Mars und Jupiter zeigt, wie Tatendrang und Sinn für Wachstum zusammenwirken. Diese Aspekte fördern Enthusiasmus, Zuversicht und den Mut, große Ziele anzugehen.

Mars Konjunktion Jupiter (☌)

Energie und Optimismus verschmelzen. Du gehst voller Begeisterung an neue Aufgaben heran und inspirierst andere mit deinem positiven Geist und deiner Tatkraft.

Mars Sextil Jupiter (⁎)

Tatendrang und Freude ergänzen sich. Du handelst mit positiver Energie und ziehst neue Herausforderungen an. Andere schätzen deine Zuversicht und Motivation.

Mars Quadrat Jupiter (□)

Spannungen zwischen Energie und Optimismus. Du neigst dazu, zu viel auf einmal zu wollen. Dieser Aspekt fordert dich auf, deine Begeisterung zu lenken und realistische Ziele zu setzen.

Mars Trigon Jupiter (△)

Energie und Optimismus fließen harmonisch. Du gehst Herausforderungen mit Enthusiasmus an und inspirierst andere durch deinen lebendigen und zielgerichteten Ansatz.

Mars Opposition Jupiter (☍)

Tatendrang und Wachstum stehen sich gegenüber. Diese Spannung fordert dich auf, Balance zwischen Aktivität und langfristigem Denken zu finden.

Nebenaspekte

Mars Quincunx Jupiter (⚻)
Energie und Optimismus müssen sich anpassen. Du lernst, deine
Begeisterung bewusst zu steuern.

Mars Halbsextil Jupiter (⚺)
Kleine Unterschiede zwischen Tatendrang und Zuversicht fordern
dich auf, geduldig zu bleiben und Balance zu finden.

Mars Sesquiquadrat Jupiter (⚼)
Subtile Spannungen laden dich ein, deine Tatkraft und dein
Wachstumspotenzial bewusster auszurichten.

Mars Halbquadrat Jupiter (∠)
Gelegentliche Reibungen fordern dich auf, deine Energie zu
fokussieren und deine Ziele klar zu definieren.

Mars Anderthalbquadrat Jupiter (⚼)
Ein stetiger Weg zur Balance zwischen Tatkraft und Optimismus.
Mit bewusster Ausrichtung kannst du deine Ziele erreichen.

Mars-Saturn-Aspekte

Energie und Ausdauer

Die Verbindung zwischen Mars und Saturn zeigt, wie Tatendrang
und Geduld sich ergänzen. Diese Aspekte fördern Disziplin,
Zielstrebigkeit und die Fähigkeit, langfristig durchzuhalten.

Mars Konjunktion Saturn (☌)

Tatendrang und Ausdauer vereinen sich. Du handelst entschlossen und bist bereit, für deine Ziele konsequent zu arbeiten. Andere schätzen deine Verlässlichkeit.

Mars Sextil Saturn (⁎)

Energie und Geduld ergänzen sich. Du gehst Projekte mit Disziplin und Beständigkeit an, was dir langfristigen Erfolg ermöglicht.

Mars Quadrat Saturn (□)

Spannungen zwischen Tatkraft und Geduld. Du spürst Konflikte zwischen deinem Wunsch, schnell voranzukommen, und der Notwendigkeit, geduldig zu sein. Dieser Aspekt fordert dich auf, ruhig und strategisch zu handeln.

Mars Trigon Saturn (△)

Energie und Ausdauer fließen harmonisch. Du arbeitest zielstrebig und mit einer inneren Stabilität, die andere beeindruckt.

Mars Opposition Saturn (☍)

Tatkraft und Geduld stehen sich gegenüber. Diese Spannung fordert dich auf, deine Energie gezielt und mit Bedacht einzusetzen.

Nebenaspekte

Mars Quincunx Saturn (⊼)

Tatkraft und Geduld passen sich an. Du lernst, flexibel mit deinen Ressourcen umzugehen und deine Ausdauer gezielt einzusetzen.

Mars Halbsextil Saturn (⩗)
Kleine Unterschiede zwischen Energie und Geduld fordern dich
auf, bewusst und ruhig voranzugehen.

Mars Sesquiquadrat Saturn (⬓)
Feine Spannungen laden dich ein, Energie und Disziplin in
Einklang zu bringen.

Mars Halbquadrat Saturn (⚼)
Gelegentliche Hürden zwischen Tatendrang und Geduld erinnern
dich daran, deine Ziele klar und fokussiert zu verfolgen.

Mars Anderthalbquadrat Saturn (⧫)
Ein stetiger Weg zur Balance zwischen Energie und Ausdauer.
Geduld und Entschlossenheit führen dich langfristig zum Erfolg.

Mars-Uranus-Aspekte

Energie und Freiheit

Die Verbindung zwischen Mars und Uranus zeigt, wie Tatendrang
und der Wunsch nach Unabhängigkeit zusammenwirken. Diese
Aspekte fördern spontanes Handeln und die Bereitschaft, neue
Wege zu gehen.

Mars Konjunktion Uranus (☌)
Dein Tatendrang und dein Freiheitsdrang sind vereint. Du
handelst schnell und entschlossen, bringst frische Impulse ein
und inspirierst andere durch deinen Mut.

Mars Sextil Uranus (⁎)

Tatendrang und Veränderungswille ergänzen sich harmonisch.
Du setzt innovative Ideen mit Leichtigkeit um und bringst neuen
Schwung in deine Projekte.

Mars Quadrat Uranus (□)
Es gibt Spannungen zwischen deinem Wunsch nach
Unabhängigkeit und gezieltem Handeln. Dieser Aspekt fordert
dich auf, impulsive Entscheidungen zu überdenken und deine
Energie bewusst einzusetzen.

Mars Trigon Uranus (△)
Dein Antrieb und dein Freiheitsdrang fließen harmonisch. Du
gehst mit Selbstvertrauen neue Herausforderungen an und
findest kreative Lösungen.

Mars Opposition Uranus (☍)
Tatendrang und Unabhängigkeit stehen sich gegenüber. Diese
Spannung lädt dich ein, Balance zwischen spontanen Handlungen
und vorausschauendem Denken zu finden.

Nebenaspekte

Mars Quincunx Uranus (⚼)
Du lernst, deine Energie und deinen Freiheitsdrang flexibel zu
kombinieren. Dieser Aspekt hilft dir, spontane Ideen mit Bedacht
umzusetzen.

Mars Halbsextil Uranus (⚺)
Kleine Unterschiede zwischen deinem Tatendrang und deinem
Wunsch nach Freiheit fordern Geduld und die Bereitschaft,
innere Balance zu schaffen.

Mars Sesquiquadrat Uranus (⛢)
Subtile Spannungen laden dich ein, deinen Tatendrang mit
deinem Drang nach Unabhängigkeit in Einklang zu bringen.

Mars Halbquadrat Uranus (⊼)
Manchmal gibt es kleine Reibungen zwischen deinem Tatendrang
und deinem Wunsch nach Veränderung. Diese Momente fordern
dich auf, fokussiert zu bleiben.

Mars Anderthalbquadrat Uranus (⬦)
Dieser Aspekt lädt dich ein, kontinuierlich an der Balance
zwischen Spontaneität und Planung zu arbeiten.

Mars-Neptun-Aspekte

Energie und Fantasie

Die Verbindung zwischen Mars und Neptun zeigt, wie Tatkraft
und Intuition zusammenwirken. Diese Aspekte fördern
einfühlsames Handeln und kreative Ansätze.

Mars Konjunktion Neptun (☌)
Deine Energie und deine Intuition verschmelzen. Du handelst mit
Gefühl und lässt dich oft von inneren Impulsen leiten. Andere
schätzen deine einfühlsame und inspirierende Art.

Mars Sextil Neptun (⚹)
Tatkraft und Fantasie ergänzen sich harmonisch. Du bringst
kreative Lösungen ein und gehst auf intuitive Weise an deine
Projekte heran.

Mars Quadrat Neptun (□)

Spannungen zwischen deinem Tatendrang und deinen Träumen
können auftreten. Dieser Aspekt fordert dich auf, deine Visionen
realistisch umzusetzen und dich nicht zu verlieren.

Mars Trigon Neptun (△)

Deine Energie und Fantasie fließen harmonisch. Du handelst
kreativ und einfühlsam, wodurch andere sich inspiriert fühlen.

Mars Opposition Neptun (☍)

Tatendrang und Träume stehen sich gegenüber. Diese Spannung
fordert dich auf, realistisch zu bleiben und deine Energie gezielt
einzusetzen.

Nebenaspekte

Mars Quincunx Neptun (⚻)

Du lernst, deine Träume und deine Tatkraft in Einklang zu
bringen. Dieser Aspekt fördert Flexibilität und kreatives Handeln.

Mars Halbsextil Neptun (⚺)

Kleine Unterschiede zwischen deinem Tatendrang und deiner
Intuition laden dich ein, sanft mit dir selbst umzugehen.

Mars Sesquiquadrat Neptun (⚼)

Subtile Spannungen fordern dich auf, Energie und Fantasie in
Einklang zu bringen.

Mars Halbquadrat Neptun (∠)

Gelegentliche Reibungen zwischen deinem Tatendrang und
deiner Fantasie laden dich ein, fokussiert zu bleiben und Balance

zu finden.

Mars Anderthalbquadrat Neptun (⚹)

Dieser Aspekt fordert dich auf, deine Träume und deine Energie mit Geduld und Klarheit zu verbinden.

Mars-Pluto-Aspekte

Energie und innere Kraft

Die Verbindung zwischen Mars und Pluto zeigt, wie Tatendrang und tiefgreifende innere Stärke zusammenwirken. Diese Aspekte fördern intensives Handeln und die Fähigkeit, Herausforderungen zu meistern.

Mars Konjunktion Pluto (♂)

Deine Energie und innere Stärke verschmelzen. Du handelst mit außergewöhnlicher Entschlossenheit und inspirierst andere durch deine kraftvolle Präsenz.

Mars Sextil Pluto (⚹)

Tatkraft und innere Stärke ergänzen sich harmonisch. Du gehst Herausforderungen entschlossen an und setzt deine Ziele mit Ruhe und Beharrlichkeit um.

Mars Quadrat Pluto (□)

Spannungen zwischen Tatendrang und innerer Kraft können entstehen. Dieser Aspekt fordert dich auf, Konflikte konstruktiv zu lösen und deine Energie zu lenken.

Mars Trigon Pluto (△)

Deine Tatkraft und deine innere Stärke fließen harmonisch. Du handelst fokussiert und inspirierst andere durch deine klare und zielgerichtete Art.

Mars Opposition Pluto (☍)
Tatendrang und innere Stärke stehen sich gegenüber. Diese Spannung fordert dich auf, Balance zu finden und deine Energie gezielt einzusetzen.

Nebenaspekte

Mars Quincunx Pluto (⚻)
Du lernst, deine innere Stärke mit deinem Tatendrang flexibel zu kombinieren. Dieser Aspekt fördert bewusstes Handeln.

Mars Halbsextil Pluto (⚺)
Kleine Unterschiede zwischen deinem Tatendrang und deiner Kraft fordern Geduld und Ausgeglichenheit.

Mars Sesquiquadrat Pluto (⚼)
Subtile Spannungen laden dich ein, deine Energie und innere Stärke in Einklang zu bringen.

Mars Halbquadrat Pluto (⚺)
Manchmal gibt es kleine Reibungen zwischen deinem Tatendrang und deiner Stärke. Diese Momente fordern dich auf, deine Kraft bewusst einzusetzen.

Mars Anderthalbquadrat Pluto (⬥)
Dieser Aspekt fordert dich auf, kontinuierlich an der Balance zwischen Tatkraft und innerer Stärke zu arbeiten.

Jupiter Aspekte

Jupiter-Sonne-Aspekte

Wachstum und Selbstbewusstsein

Die Verbindung zwischen Jupiter und der Sonne zeigt, wie dein Streben nach Wachstum und dein Selbstbewusstsein zusammenwirken. Diese Aspekte fördern Optimismus, Zuversicht und die Fähigkeit, neue Herausforderungen selbstsicher anzugehen.

Jupiter Konjunktion Sonne (☌)

Dein Streben nach Wachstum und dein inneres Licht vereinen sich. Du strahlst Optimismus aus und gehst mit Zuversicht an neue Aufgaben. Andere fühlen sich von deiner positiven Energie und Großzügigkeit angezogen.

Jupiter Sextil Sonne (⚹)

Wachstum und Selbstbewusstsein harmonieren. Du hast eine motivierende Ausstrahlung und gehst Projekte mit Offenheit und Lebensfreude an. Andere schätzen deinen positiven Einfluss.

Jupiter Quadrat Sonne (□)

Es gibt Spannungen zwischen deinem Drang nach Wachstum und deinem Selbstbewusstsein. Dieser Aspekt fordert dich auf, deine Ziele klar zu definieren und deine Energie gezielt einzusetzen, ohne dich zu übernehmen.

Jupiter Trigon Sonne (△)

Dein Wachstum und dein Selbstbewusstsein fließen harmonisch.

Du gehst mit Gelassenheit an Aufgaben heran und inspirierst
andere durch deine optimistische Haltung.

Jupiter Opposition Sonne (☍)

Wachstum und Selbstbewusstsein stehen sich manchmal
gegenüber. Diese Spannung lädt dich ein, innere Balance zu
finden und deinen Optimismus bedacht zu leben.

Nebenaspekte

Jupiter Quincunx Sonne (⚻)

Du lernst, Wachstum und Selbstbewusstsein flexibel aufeinander
abzustimmen, um deine Energie effizient zu nutzen.

Jupiter Halbsextil Sonne (⚺)

Kleine Unterschiede zwischen Wachstum und Selbstbewusstsein
fordern dich auf, geduldig zu sein und deine Balance zu
bewahren.

Jupiter Sesquiquadrat Sonne (⚼)

Eine subtile Spannung fordert dich auf, deinen Optimismus mit
Klarheit und Zielstrebigkeit zu verbinden.

Jupiter Halbquadrat Sonne (∠)

Gelegentliche Reibungen zwischen deinem Drang nach
Wachstum und deinem Selbstbewusstsein laden dich ein,
fokussiert und ausgeglichen zu bleiben.

Jupiter Anderthalbquadrat Sonne (⬥)

Dieser Aspekt fordert dich auf, kontinuierlich an der Balance
zwischen Wachstum und Selbstbewusstsein zu arbeiten.

Jupiter-Mond-Aspekte

Wachstum und Emotionen

Die Verbindung zwischen Jupiter und dem Mond zeigt, wie dein Wunsch nach Wachstum und deine Gefühle zusammenwirken. Diese Aspekte fördern emotionale Offenheit, Vertrauen und die Bereitschaft, Neues mit Freude zu erleben.

Jupiter Konjunktion Mond (☌)
Dein Drang nach Wachstum und deine Emotionen gehen Hand in Hand. Du fühlst intensiv und gehst optimistisch auf neue Erfahrungen zu. Andere schätzen deine emotionale Wärme und Großzügigkeit.

Jupiter Sextil Mond (⁎)
Wachstum und Emotionen ergänzen sich. Du bringst Freude und positive Energie in deine Beziehungen und inspirierst andere mit deiner lebensbejahenden Haltung.

Jupiter Quadrat Mond (□)
Spannungen zwischen deinem Drang nach Expansion und deinen Gefühlen können auftreten. Dieser Aspekt fordert dich auf, deine emotionalen Bedürfnisse mit deinem Wunsch nach Wachstum in Einklang zu bringen.

Jupiter Trigon Mond (△)
Wachstum und Emotionen fließen harmonisch. Du bist offen für neue Erfahrungen und strahlst Optimismus und Wärme aus, was deine Beziehungen stärkt.

Jupiter Opposition Mond (☍)

Wachstum und Gefühle stehen sich manchmal gegenüber. Diese Spannung fordert dich auf, deine Offenheit mit emotionaler Stabilität zu verbinden.

Nebenaspekte

Jupiter Quincunx Mond (⚻)

Du lernst, deine Gefühle und deinen Drang nach Expansion flexibel zu verbinden und eine Balance zwischen Offenheit und emotionaler Sicherheit zu finden.

Jupiter Halbsextil Mond (⚺)

Kleine Unterschiede zwischen deinem Wachstum und deinen Emotionen fordern Geduld und Achtsamkeit, um Harmonie zu bewahren.

Jupiter Sesquiquadrat Mond (⚼)

Subtile Spannungen laden dich ein, deine emotionale Offenheit und deinen Optimismus bewusst zu koordinieren.

Jupiter Halbquadrat Mond (⚼)

Gelegentliche Reibungen zwischen deinem Drang nach Wachstum und deinen Gefühlen fordern dich auf, inneren Frieden und Balance zu schaffen.

Jupiter Anderthalbquadrat Mond (♦)

Dieser Aspekt ermutigt dich, kontinuierlich an der Balance zwischen emotionaler Stabilität und Offenheit für Neues zu arbeiten.

Jupiter-Merkur-Aspekte

Wachstum und Verstand

Die Verbindung zwischen Jupiter und Merkur zeigt, wie dein Drang nach Wissen und dein Verstand zusammenwirken. Diese Aspekte fördern Offenheit, Neugier und die Fähigkeit, neue Ideen aufzunehmen und zu teilen.

Jupiter Konjunktion Merkur (☌)
Dein Wissensdurst und dein Verstand arbeiten harmonisch zusammen. Du denkst positiv, bist offen für neue Informationen und begeisterst andere mit deiner optimistischen Sichtweise.

Jupiter Sextil Merkur (⁎)
Dein Drang nach Wissen und dein Verstand ergänzen sich mühelos. Du bringst Leichtigkeit und positive Energie in Gespräche, was andere inspiriert.

Jupiter Quadrat Merkur (□)
Zwischen deinem Wissensdrang und deinem Verstand gibt es Spannungen. Dieser Aspekt fordert dich auf, deine Gedanken zu strukturieren und dich auf das Wesentliche zu konzentrieren.

Jupiter Trigon Merkur (△)
Dein Verstand und dein Wissensdrang fließen harmonisch. Du gehst mit Neugier und Offenheit an neue Themen heran und inspirierst andere durch deine Weitsicht.

Jupiter Opposition Merkur (☍)
Dein Wissensdrang und dein Verstand stehen manchmal im

Konflikt. Diese Spannung lädt dich ein, Balance zwischen Neugier und klarer Kommunikation zu finden.

Nebenaspekte

Jupiter Quincunx Merkur (⚹)
Du lernst, deinen Wissensdrang und deinen Verstand flexibel zu kombinieren. Dieser Aspekt fördert Offenheit und Geduld.

Jupiter Halbsextil Merkur (⚹)
Kleine Unterschiede zwischen Wissen und Verstand laden dich ein, geduldig mit dir selbst zu sein und Balance zu finden.

Jupiter Sesquiquadrat Merkur (⚼)
Eine subtile Spannung fordert dich auf, deine Neugier und deine Gedanken bewusster zu verbinden.

Jupiter Halbquadrat Merkur (⚹)
Gelegentliche Reibungen zwischen Wissensdrang und Verstand ermutigen dich, Klarheit und Fokus zu bewahren.

Jupiter Anderthalbquadrat Merkur (⬧)
Dieser Aspekt fordert dich auf, kontinuierlich an der Balance zwischen Neugier und Struktur zu arbeiten.

Jupiter-Venus-Aspekte

Wachstum und Liebe

Die Verbindung zwischen Jupiter und Venus zeigt, wie dein Wunsch nach Wachstum und deine Liebe harmonieren. Diese

Aspekte fördern Großzügigkeit, Freude und ein positives
Lebensgefühl.

Jupiter Konjunktion Venus (☌)

Dein Drang nach Wachstum und deine Liebe vereinen sich. Du
strahlst Freude und Großzügigkeit aus und ziehst Menschen mit
deiner herzlichen Art an.

Jupiter Sextil Venus (⁎)

Wachstum und Liebe ergänzen sich harmonisch. Du bringst
Leichtigkeit in Beziehungen und begeisterst andere durch deine
Wärme und Offenheit.

Jupiter Quadrat Venus (□)

Es gibt Spannungen zwischen deinem Wunsch nach
Großzügigkeit und der Notwendigkeit, Grenzen zu setzen. Dieser
Aspekt fordert dich auf, Balance zwischen Geben und Nehmen zu
finden.

Jupiter Trigon Venus (△)

Dein Drang nach Wachstum und deine Liebe fließen harmonisch.
Du bringst Optimismus und Freude in Beziehungen und
inspirierst andere mit deiner positiven Ausstrahlung.

Jupiter Opposition Venus (☍)

Dein Wunsch nach Wachstum und deine Liebe stehen manchmal
im Konflikt. Diese Spannung lädt dich ein, Balance zwischen
Großzügigkeit und eigenen Bedürfnissen zu schaffen.

Nebenaspekte

Jupiter Quincunx Venus (⚻)

Du lernst, Großzügigkeit und Liebe flexibel zu verbinden. Dieser Aspekt fördert Ausgeglichenheit in deinen Beziehungen.

Jupiter Halbsextil Venus (⚺)

Kleine Unterschiede zwischen Wachstum und Liebe laden dich ein, sanft mit dir selbst und anderen umzugehen.

Jupiter Sesquiquadrat Venus (⚼)

Subtile Spannungen fordern dich auf, Großzügigkeit und Liebe in Einklang zu bringen.

Jupiter Halbquadrat Venus (∠)

Gelegentliche Reibungen zwischen deinem Drang nach Liebe und deinem Bedürfnis nach Wachstum laden dich ein, bewusst Balance zu finden.

Jupiter Anderthalbquadrat Venus (⚼)

Dieser Aspekt fordert dich auf, Geduld und Klarheit in deinen Beziehungen zu entwickeln.

Jupiter-Mars-Aspekte

Wachstum und Tatkraft

Die Verbindung zwischen Jupiter und Mars zeigt, wie dein Drang nach Wachstum und deine Energie zusammenwirken. Diese Aspekte fördern zielgerichtetes Handeln und die Fähigkeit, mit Begeisterung und Zuversicht an deinen Zielen zu arbeiten.

Jupiter Konjunktion Mars (☌)

Wachstum und Tatendrang vereinen sich. Du hast die Energie und den Optimismus, um große Vorhaben entschlossen anzugehen. Deine Entschlossenheit inspiriert und motiviert andere.

Jupiter Sextil Mars (⁎)

Wachstum und Tatkraft harmonieren. Du gehst deine Projekte mit Begeisterung an und strahlst positive Energie aus, die andere erfrischt und motiviert.

Jupiter Quadrat Mars (□)

Es gibt Spannungen zwischen deinem Tatendrang und deinem Wunsch nach Wachstum. Dieser Aspekt fordert dich auf, überlegter zu handeln und deine Energie gezielt einzusetzen.

Jupiter Trigon Mars (△)

Dein Drang nach Wachstum und deine Energie fließen harmonisch. Du handelst entschlossen und gehst Herausforderungen mit Zuversicht und Mut an.

Jupiter Opposition Mars (☍)

Tatendrang und Wachstum stehen manchmal im Konflikt. Diese Spannung fordert dich auf, eine Balance zu finden und deine Energie sinnvoll einzusetzen.

Nebenaspekte

Jupiter Quincunx Mars (π)

Du lernst, Tatendrang und Wachstum flexibel zu verbinden. Deine Energie passt sich den Umständen an, und du handelst überlegt.

Jupiter Halbsextil Mars (⊻)

Kleine Unterschiede zwischen Tatkraft und Wachstum laden dich
ein, geduldig zu sein und deinen Fokus zu wahren.

Jupiter Sesquiquadrat Mars (⬚)

Eine subtile Spannung fordert dich auf, Begeisterung und
Tatkraft in Einklang zu bringen, um deine Ziele klar zu verfolgen.

Jupiter Halbquadrat Mars (∧)

Gelegentliche Reibungen zwischen deinem Drang nach
Wachstum und deinem Tatendrang laden dich ein, deine Energie
bewusst zu steuern.

Jupiter Anderthalbquadrat Mars (♦)

Dieser Aspekt ermutigt dich, kontinuierlich an der Balance
zwischen Tatkraft und Optimismus zu arbeiten.

Jupiter-Saturn-Aspekte

Wachstum und Ausdauer

Die Verbindung zwischen Jupiter und Saturn zeigt, wie dein
Streben nach Wachstum mit Stabilität und Disziplin harmoniert.
Diese Aspekte fördern die Fähigkeit, langfristig an Zielen zu
arbeiten.

Jupiter Konjunktion Saturn (☌)

Wachstum und Ausdauer vereinen sich. Du arbeitest mit
Weitblick und Disziplin an langfristigen Projekten und schaffst
eine solide Grundlage für deinen Erfolg.

Jupiter Sextil Saturn (∗)

Wachstum und Geduld ergänzen sich. Du gehst Herausforderungen mit Realismus und Optimismus an und inspirierst andere durch deine bedachte Art.

Jupiter Quadrat Saturn (□)

Spannungen zwischen deinem Wunsch nach Expansion und deiner Geduld können auftreten. Dieser Aspekt fordert dich auf, deine Ziele klar zu definieren und fokussiert voranzugehen.

Jupiter Trigon Saturn (△)

Wachstum und Ausdauer fließen harmonisch. Du arbeitest beständig an deinen Zielen und beeindruckst andere durch deine Gelassenheit und Stabilität.

Jupiter Opposition Saturn (☍)

Wachstum und Geduld stehen sich manchmal gegenüber. Diese Spannung fordert dich auf, Optimismus und Disziplin in Einklang zu bringen.

Nebenaspekte

Jupiter Quincunx Saturn (⚻)

Du lernst, Wachstum und Ausdauer flexibel zu verbinden. Du passt deine Ziele den Umständen an und handelst mit Bedacht.

Jupiter Halbsextil Saturn (⚺)

Kleine Unterschiede zwischen deinem Wunsch nach Wachstum und deiner Geduld laden dich ein, deine Balance zu wahren.

Jupiter Sesquiquadrat Saturn (⚼)

Subtile Spannungen ermutigen dich, Begeisterung und Disziplin miteinander zu verbinden und klar auf deine Ziele hinzuarbeiten.

Jupiter Halbquadrat Saturn (⊼)
Gelegentliche Reibungen zwischen deinem Wunsch nach Fortschritt und deiner Geduld erinnern dich daran, bewusst und ausgeglichen zu handeln.

Jupiter Anderthalbquadrat Saturn (⬦)
Dieser Aspekt fordert dich auf, langfristige Ziele mit Geduld und Disziplin zu verfolgen.

Jupiter Opposition Pluto (☍)
Wachstum und innere Kraft stehen sich gegenüber. Diese Spannung fordert dich auf, deine Stärke gezielt einzusetzen und Balance zu finden.

Nebenaspekte

Jupiter Quincunx Pluto (⊼)
Du lernst, Expansion und innere Kraft flexibel zu verbinden. Dieser Aspekt fördert Geduld und Ausdauer.

Jupiter Halbsextil Pluto (⊻)
Kleine Unterschiede zwischen Wachstum und innerer Stärke laden dich ein, geduldig und überlegt zu handeln.

Jupiter Sesquiquadrat Pluto (⊡)
Subtile Spannungen fordern dich auf, deine Kraft und deinen Optimismus in Einklang zu bringen.

Jupiter Halbquadrat Pluto (⚹)

Gelegentliche Reibungen zwischen deinem Wunsch nach
Expansion und deiner Stärke laden dich ein, bewusst und
fokussiert zu handeln.

Jupiter Anderthalbquadrat Pluto (♦)

Ein stetiger Weg zur Balance zwischen Wachstum und innerer
Stärke. Dieser Aspekt fordert dich auf, langfristige Ziele mit
Geduld und Klarheit zu verfolgen.

Saturn Aspekte

Saturn-Sonne-Aspekte

Ausdauer und Selbstbewusstsein

Die Verbindung zwischen Saturn und der Sonne zeigt, wie
Disziplin und Selbstbewusstsein zusammenwirken. Diese Aspekte
fördern Zielstrebigkeit und Verantwortungsbewusstsein.

Saturn Konjunktion Sonne (☌)

Deine Disziplin und dein Selbstbewusstsein verschmelzen. Du
gehst mit Ernsthaftigkeit und Weitsicht an Aufgaben heran und
strahlst Entschlossenheit aus. Andere sehen in dir eine
verlässliche Persönlichkeit.

Saturn Sextil Sonne (⚹)

Disziplin und Selbstbewusstsein ergänzen sich. Du arbeitest mit
Geduld und Sorgfalt an deinen Zielen, was andere an deiner
zuverlässigen Art schätzen.

Saturn Quadrat Sonne (□)

Zwischen Disziplin und Selbstbewusstsein gibt es Spannungen.
Dieser Aspekt fordert dich auf, Konflikte zu überwinden und dich
Schritt für Schritt weiterzuentwickeln.

Saturn Trigon Sonne (△)

Disziplin und Selbstbewusstsein fließen harmonisch. Du gehst
mit Ruhe und Beständigkeit an deine Aufgaben und inspirierst
durch deine Stabilität.

Saturn Opposition Sonne (☍)

Disziplin und Selbstbewusstsein stehen manchmal im
Widerspruch. Diese Spannung lädt dich ein, Balance zu finden
und beides in Einklang zu bringen.

Nebenaspekte

Saturn Quincunx Sonne (⚻)

Disziplin und Selbstbewusstsein passen sich schrittweise an.
Dieser Aspekt fordert dich auf, Geduld mit dir selbst zu haben.

Saturn Halbsextil Sonne (⚺)

Feine Unterschiede zwischen Disziplin und Selbstbewusstsein
ermutigen dich, achtsam und geduldig mit dir selbst umzugehen.

Saturn Sesquiquadrat Sonne (⚼)

Eine subtile Spannung fordert dich auf, Disziplin und
Selbstbewusstsein zu verbinden, um deine Ziele zu erreichen.

Saturn Halbquadrat Sonne (∠)

Kleine Reibungen zwischen Disziplin und Selbstbewusstsein

laden dich ein, bewusst Balance zu wahren.

Saturn Anderthalbquadrat Sonne (♦)
Dieser Aspekt fordert dich auf, kontinuierlich an der Verbindung
von Disziplin und Selbstbewusstsein zu arbeiten.

Saturn-Mond-Aspekte

Ausdauer und Emotionen

Die Verbindung zwischen Saturn und dem Mond zeigt, wie
Disziplin und emotionale Bedürfnisse zusammenwirken. Diese
Aspekte fördern Geduld und Stabilität im Umgang mit Gefühlen.

Saturn Konjunktion Mond (☌)
Disziplin und emotionale Stabilität verschmelzen. Du gehst mit
Ruhe und innerer Stärke an emotionale Herausforderungen
heran, was andere als beruhigend empfinden.

Saturn Sextil Mond (⁎)
Disziplin und Emotionen ergänzen sich. Du schaffst ein
Gleichgewicht zwischen emotionaler Sicherheit und
Verantwortungsbewusstsein, was deine einfühlsame Art
unterstreicht.

Saturn Quadrat Mond (□)
Zwischen Disziplin und Emotionen entstehen Spannungen.
Dieser Aspekt fordert dich auf, deine Gefühle und deine Ausdauer
in Balance zu bringen.

Saturn Trigon Mond (△)

Disziplin und Emotionen fließen harmonisch. Du gehst ruhig und stabil mit deinen Bedürfnissen um und bist eine Quelle der Stabilität für andere.

Saturn Opposition Mond (☍)

Disziplin und emotionale Bedürfnisse stehen sich manchmal gegenüber. Diese Spannung lädt dich ein, emotionale Sicherheit und Ausdauer zu verbinden.

Nebenaspekte

Saturn Quincunx Mond (⚻)

Disziplin und Emotionen passen sich schrittweise an. Du lernst, deine Gefühle und deine Geduld in Einklang zu bringen.

Saturn Halbsextil Mond (⚺)

Kleine Unterschiede zwischen Disziplin und Emotionen laden dich ein, sanft mit dir selbst umzugehen.

Saturn Sesquiquadrat Mond (⚼)

Eine feine Spannung fordert dich auf, Ausdauer und emotionale Bedürfnisse bewusster zu verbinden.

Saturn Halbquadrat Mond (∠)

Kleine Reibungen zwischen Stabilität und emotionalen Wünschen erinnern dich daran, innere Ruhe zu bewahren.

Saturn Anderthalbquadrat Mond (⬦)

Dieser Aspekt fordert dich auf, mit Geduld und Achtsamkeit an der Balance zwischen Disziplin und Emotionen zu arbeiten.

Saturn-Venus-Aspekte

Deine Ausdauer und deine Liebe

Die Verbindung zwischen Saturn und Venus zeigt, wie deine Disziplin und deine Liebe zusammenwirken. Diese Aspekte fördern Beständigkeit und Verlässlichkeit in Beziehungen.

Saturn Konjunktion Venus (☌)

Deine Ausdauer und deine Liebe vereinen sich. Du gehst Beziehungen mit Ernsthaftigkeit und Stabilität an. Deine Zuneigung ist tief und vertrauensvoll, und du gibst anderen ein Gefühl von Sicherheit.

Saturn Sextil Venus (⁎)

Disziplin und Liebe ergänzen sich. Du pflegst Beziehungen mit Beständigkeit und Wärme, wodurch andere sich auf dich verlassen können. Deine Art, Liebe auszudrücken, ist bodenständig und verlässlich.

Saturn Quadrat Venus (□)

Es gibt Spannungen zwischen deinem Bedürfnis nach Stabilität und deiner Zuneigung. Dieser Aspekt fordert dich auf, eine Balance zwischen emotionaler Offenheit und Verlässlichkeit zu finden.

Saturn Trigon Venus (△)

Disziplin und Liebe fließen harmonisch. Du bringst Ruhe und Beständigkeit in deine Beziehungen, was dir tiefe und langanhaltende Verbindungen ermöglicht.

Saturn Opposition Venus (☍)

Deine Ausdauer und deine Liebe stehen sich gegenüber. Diese Spannung lädt dich ein, Stabilität und Zuneigung in Einklang zu bringen, indem du sowohl deine eigenen Grenzen als auch die Bedürfnisse anderer respektierst.

Nebenaspekte

Saturn Quincunx Venus (⚻)

Disziplin und Liebe passen sich an. Du lernst, Geduld und Stabilität in deinen Beziehungen zu bewahren.

Saturn Halbsextil Venus (⚺)

Kleine Unterschiede zwischen deinem Wunsch nach Stabilität und deiner Liebe laden dich ein, sanft mit dir selbst umzugehen.

Saturn Sesquiquadrat Venus (⚼)

Eine subtile Spannung fordert dich auf, Verlässlichkeit und Zuneigung in Einklang zu bringen, ohne dass eine Seite dominiert.

Saturn Halbquadrat Venus (∠)

Gelegentliche Reibungen zwischen deinem Bedürfnis nach Stabilität und deiner Zuneigung laden dich ein, bewusst an deiner Balance zu arbeiten.

Saturn Anderthalbquadrat Venus (♦)

Ein stetiger Weg zur Balance zwischen Liebe und Verlässlichkeit. Dieser Aspekt fordert dich auf, Stabilität und Zuneigung bewusst zu leben.

Saturn-Mars-Aspekte

Deine Ausdauer und deine Energie

Die Verbindung zwischen Saturn und Mars zeigt, wie Disziplin und Tatendrang zusammenwirken. Diese Aspekte fördern Zielstrebigkeit und Geduld im Umgang mit Herausforderungen.

Saturn Konjunktion Mars (☌)

Disziplin und Energie vereinen sich. Du gehst Aufgaben mit Geduld und Entschlossenheit an, bewältigst Herausforderungen Schritt für Schritt und inspirierst andere durch deine Ausdauer.

Saturn Sextil Mars (⚹)

Ausdauer und Tatendrang ergänzen sich. Du handelst bedacht und zielgerichtet, was dir hilft, langfristige Projekte erfolgreich zu meistern.

Saturn Quadrat Mars (□)

Es gibt Spannungen zwischen deinem Wunsch, aktiv zu handeln, und der Notwendigkeit, geduldig zu bleiben. Dieser Aspekt fordert dich auf, deine Energie bewusst zu lenken.

Saturn Trigon Mars (△)

Disziplin und Tatkraft fließen harmonisch. Du gehst mit Ruhe und Stärke an deine Vorhaben heran und zeigst anderen, wie Zielstrebigkeit und Geduld zusammenwirken können.

Saturn Opposition Mars (☍)

Disziplin und Tatendrang stehen sich gegenüber. Diese Spannung lädt dich ein, Balance zwischen Antrieb und Gelassenheit zu

finden.

Nebenaspekte

Saturn Quincunx Mars (⚻)
Disziplin und Tatendrang passen sich an. Du lernst, Hindernisse mit Geduld und Entschlossenheit zu überwinden.

Saturn Halbsextil Mars (⚺)
Kleine Unterschiede zwischen deinem Tatendrang und deiner Geduld laden dich ein, sanft mit dir selbst umzugehen.

Saturn Sesquiquadrat Mars (⚼)
Subtile Spannungen fordern dich auf, Energie und Disziplin in Einklang zu bringen, um deine Ziele klar zu verfolgen.

Saturn Halbquadrat Mars (⚼)
Gelegentliche Reibungen zwischen deinem Wunsch, aktiv zu handeln, und deiner Geduld fordern dich auf, achtsam und ausgeglichen zu bleiben.

Saturn Anderthalbquadrat Mars (⚼)
Ein stetiger Weg zur Balance zwischen Geduld und Entschlossenheit. Dieser Aspekt fordert dich auf, deine Ziele beständig zu verfolgen.

Saturn-Jupiter-Aspekte

Ausdauer und Optimismus

Die Verbindung zwischen Saturn und Jupiter zeigt, wie deine

Disziplin und dein Wunsch nach Wachstum zusammenarbeiten.
Diese Aspekte fördern Geduld, Zuversicht und die Fähigkeit,
langfristig an deinen Zielen zu arbeiten.

Saturn Konjunktion Jupiter (☌)

Disziplin und Optimismus vereinen sich. Du gehst deine Ziele mit
einem Gleichgewicht aus realistischer Planung und Weitsicht an.
Deine ruhige und motivierende Art inspiriert und schafft
Vertrauen.

Saturn Sextil Jupiter (⚹)

Disziplin und Wachstum ergänzen sich harmonisch. Du handelst
mit Geduld und Zuversicht, was dir hilft, Projekte langfristig
erfolgreich umzusetzen. Andere schätzen deinen Realismus und
deine positive Energie.

Saturn Quadrat Jupiter (□)

Spannungen zwischen Disziplin und Optimismus fordern dich
auf, Balance zu finden. Du lernst, große Ziele Schritt für Schritt zu
verfolgen und dich nicht zu überfordern.

Saturn Trigon Jupiter (△)

Ausdauer und Optimismus fließen harmonisch. Du gehst mit
Stabilität und Zuversicht an deine Vorhaben heran und inspirierst
durch deine bodenständige und positive Einstellung.

Saturn Opposition Jupiter (☍)

Disziplin und Wachstum stehen sich gegenüber. Diese Spannung
lädt dich ein, deine Visionen und deine Geduld in Einklang zu
bringen, um deine Ziele realistisch und nachhaltig zu erreichen.

Nebenaspekte

Saturn Quincunx Jupiter (⚻)
Disziplin und Optimismus passen sich an. Du lernst, deine
Visionen mit Geduld und Realismus zu verfolgen.

Saturn Halbsextil Jupiter (⚺)
Kleine Unterschiede zwischen Disziplin und Wachstumspotenzial
ermutigen dich, sanft und geduldig voranzugehen.

Saturn Sesquiquadrat Jupiter (⚼)
Subtile Spannungen laden dich ein, Geduld und Optimismus
bewusst zu verbinden, um deine Ziele klar zu verfolgen.

Saturn Halbquadrat Jupiter (⚻)
Gelegentliche Reibungen fordern dich auf, deine Energie zu
fokussieren und deine Ziele mit Ausdauer zu erreichen.

Saturn Anderthalbquadrat Jupiter (⯒)
Dieser Aspekt fordert dich auf, Geduld und Optimismus
kontinuierlich in Balance zu bringen, um langfristig erfolgreich zu
sein.

Saturn-Uranus-Aspekte

Ausdauer und Freiheitsdrang

Die Verbindung zwischen Saturn und Uranus zeigt, wie Disziplin
und der Wunsch nach Veränderung zusammenwirken. Diese
Aspekte fördern Stabilität und Offenheit für Neues.

Saturn Konjunktion Uranus (☌)

Disziplin und Freiheitsdrang vereinen sich. Du gehst Veränderungen mit Verantwortung und Mut an. Deine Fähigkeit, Struktur mit neuen Ideen zu verbinden, inspiriert andere.

Saturn Sextil Uranus (∗)

Ausdauer und Freiheitsdrang ergänzen sich harmonisch. Du strebst nach Stabilität, bist aber gleichzeitig offen für neue Möglichkeiten. Andere schätzen deine kreative und geerdete Herangehensweise.

Saturn Quadrat Uranus (□)

Spannungen zwischen Disziplin und Freiheitsdrang fordern dich heraus, Balance zwischen Stabilität und Veränderung zu finden. Du lernst, flexibel und dennoch strukturiert vorzugehen.

Saturn Trigon Uranus (△)

Disziplin und Freiheitsdrang fließen harmonisch. Du setzt innovative Ideen mit Beständigkeit um und schaffst so nachhaltige Veränderungen.

Saturn Opposition Uranus (☍)

Disziplin und Freiheitsdrang stehen sich gegenüber. Diese Spannung fordert dich auf, Stabilität und Offenheit für Neues in Einklang zu bringen.

Nebenaspekte

Saturn Quincunx Uranus (⚻)

Disziplin und Freiheitsdrang passen sich an. Du lernst, mutige Veränderungen mit Struktur und Geduld anzugehen.

Saturn Halbsextil Uranus (⊻)

Kleine Unterschiede zwischen Stabilität und Wandel laden dich ein, flexibel zu bleiben und neue Wege bedacht zu beschreiten.

Saturn Sesquiquadrat Uranus (⬓)

Subtile Spannungen fordern dich auf, Beständigkeit und Veränderungsdrang in Einklang zu bringen.

Saturn Halbquadrat Uranus (∧)

Gelegentliche Reibungen zwischen Stabilität und Freiheit laden dich ein, bewusst Veränderungen zu integrieren und Balance zu finden.

Saturn Anderthalbquadrat Uranus (♦)

Ein stetiger Weg zur Balance zwischen Stabilität und Erneuerung. Dieser Aspekt fordert dich auf, Veränderungen geduldig und nachhaltig anzugehen.

Saturn-Neptun-Aspekte

Ausdauer und Träume

Die Verbindung zwischen Saturn und Neptun zeigt, wie deine Disziplin und deine Intuition zusammenwirken. Diese Aspekte fördern die Fähigkeit, Visionen realistisch zu gestalten und Träume mit Geduld zu verwirklichen.

Saturn Konjunktion Neptun (☌)

Disziplin und Intuition vereinen sich. Du kannst Träume in die Realität umsetzen, indem du deine Fantasie mit einer strukturierten Herangehensweise kombinierst. Andere schätzen deine Balance zwischen Realismus und Inspiration.

Saturn Sextil Neptun (∗)

Disziplin und Träume ergänzen sich harmonisch. Du handelst mit
Geduld und Einfühlungsvermögen und bist in der Lage, kreative
Ideen auf eine praktische Weise zu verwirklichen.

Saturn Quadrat Neptun (□)

Es gibt Spannungen zwischen deinem Wunsch nach Stabilität
und deinen Träumen. Dieser Aspekt fordert dich auf,
unrealistische Erwartungen loszulassen und deine Visionen mit
klaren Zielen zu verbinden.

Saturn Trigon Neptun (△)

Disziplin und Intuition fließen harmonisch. Du vereinst deine
kreative Vorstellungskraft mit pragmatischem Handeln und
inspirierst andere durch deine ausgeglichene Art.

Saturn Opposition Neptun (☍)

Disziplin und Träume stehen sich gegenüber. Diese Spannung
lädt dich ein, eine Balance zwischen Stabilität und der
Verwirklichung deiner Visionen zu finden.

Nebenaspekte

Saturn Quincunx Neptun (⚻)

Disziplin und Intuition passen sich langsam an. Du lernst, flexibel
zu bleiben und deine Träume auf eine praktische Weise
umzusetzen.

Saturn Halbsextil Neptun (⚺)

Kleine Unterschiede zwischen Stabilität und Träumen laden dich ein, sanft mit dir selbst umzugehen und deine Visionen realistisch zu gestalten.

Saturn Sesquiquadrat Neptun (⬓)

Subtile Spannungen fordern dich auf, deine Vorstellungskraft und deine Disziplin in Einklang zu bringen, um kreative Ziele zu erreichen.

Saturn Halbquadrat Neptun (∠)

Gelegentliche Reibungen zwischen deinem Wunsch nach Stabilität und deiner Intuition laden dich ein, achtsam mit deinen Ressourcen umzugehen.

Saturn Anderthalbquadrat Neptun (◆)

Dieser Aspekt fordert dich auf, Geduld und Fantasie kontinuierlich zu verbinden, um langfristige Erfolge zu erzielen.

Saturn-Pluto-Aspekte

Ausdauer und innere Kraft

Die Verbindung zwischen Saturn und Pluto zeigt, wie Disziplin und Transformationsfähigkeit zusammenwirken. Diese Aspekte fördern deine Fähigkeit, mit Ausdauer und innerer Stärke tiefgreifende Veränderungen zu meistern.

Saturn Konjunktion Pluto (☌)

Disziplin und innere Kraft vereinen sich. Du gehst Herausforderungen mit Ernsthaftigkeit und Standhaftigkeit an. Andere erleben dich als verlässlich und kraftvoll. Deine Stärke

liegt in der Fähigkeit, Wandel zuzulassen und dabei stabil zu
bleiben.

Saturn Sextil Pluto (∗)

Disziplin und innere Stärke ergänzen sich harmonisch. Du gehst
Veränderungen entschlossen und konzentriert an, was Stabilität
in unsicheren Zeiten bringt. Menschen schätzen deine ruhige
Kraft und dein Durchhaltevermögen.

Saturn Quadrat Pluto (□)

Zwischen Disziplin und innerer Kraft entstehen Spannungen. Du
fühlst dich hin- und hergerissen zwischen dem Wunsch nach
Kontrolle und der Notwendigkeit, Veränderungen zuzulassen.
Dieser Aspekt fordert dich auf, deine Energie gezielt einzusetzen
und Wandel bewusst zu steuern.

Saturn Trigon Pluto (△)

Disziplin und innere Kraft fließen harmonisch. Du gehst mit
innerer Sicherheit an große Veränderungen heran und inspirierst
andere durch deine Stabilität und Geduld. Deine Stärke zeigt sich
in deinem ruhigen und beständigen Umgang mit Transformation.

Saturn Opposition Pluto (☍)

Disziplin und Transformationskraft stehen sich gegenüber. Diese
Spannung fordert dich auf, Balance zu finden und sowohl
Stabilität als auch Wandel in Einklang zu bringen.

Nebenaspekte

Saturn Quincunx Pluto (⚻)

Disziplin und innere Kraft passen sich langsam an. Du lernst,

Geduld mit dir selbst zu haben und deine Energie gezielt für Transformation einzusetzen.

Saturn Halbsextil Pluto (⚹)
Kleine Unterschiede zwischen Disziplin und Transformationsfähigkeit laden dich ein, achtsam mit dir selbst zu sein und Veränderungen schrittweise zu gestalten.

Saturn Sesquiquadrat Pluto (⚼)
Subtile Spannungen fordern dich auf, Stabilität und Wandel in Einklang zu bringen. Mit ruhiger Entschlossenheit gehst du Veränderungen an.

Saturn Halbquadrat Pluto (∠)
Gelegentliche Reibungen zwischen deinem Wunsch nach Stabilität und deinem Drang zur Transformation laden dich ein, deine innere Stärke bewusst einzusetzen.

Saturn Anderthalbquadrat Pluto (⬧)
Dieser Aspekt fordert dich auf, kontinuierlich an der Balance zwischen Stabilität und Wandel zu arbeiten. Mit Geduld und Klarheit kannst du Transformation nachhaltig gestalten.

Uranus Aspekte

Uranus-Sonne-Aspekte

Freiheit und Individualität

Die Verbindung zwischen Uranus und der Sonne zeigt, wie dein Wunsch nach Freiheit und dein Selbstbewusstsein zusammenwirken. Diese Aspekte fördern deine Fähigkeit, mutig deinen eigenen Weg zu gehen und Neues auszuprobieren.

Uranus Konjunktion Sonne (☌)

Dein Freiheitsdrang und dein Selbstbewusstsein vereinen sich. Du bist bereit, anders zu sein und deinen einzigartigen Weg zu gehen. Deine Energie inspiriert andere durch deine Fähigkeit, unkonventionelle Entscheidungen zu treffen.

Uranus Sextil Sonne (✶)

Dein Drang nach Freiheit und dein Selbstbewusstsein ergänzen sich harmonisch. Du bist offen für neue Erfahrungen und findest eine Balance zwischen Individualität und Harmonie mit anderen.

Uranus Quadrat Sonne (□)

Dein Freiheitsdrang und dein Selbstbewusstsein geraten manchmal in Konflikt. Dieser Aspekt fordert dich auf, eine Balance zwischen deinem Wunsch nach Veränderung und Stabilität zu finden.

Uranus Trigon Sonne (△)

Freiheit und Selbstbewusstsein fließen harmonisch. Du gehst offen und selbstsicher an Herausforderungen heran und inspirierst andere durch deine innovative Art.

Uranus Opposition Sonne (☍)

Dein Freiheitsdrang und dein Selbstbewusstsein stehen sich gegenüber. Diese Spannung fordert dich heraus, sowohl deinen Wunsch nach Unabhängigkeit als auch deine Verbindungen zu integrieren.

Nebenaspekte

Uranus Quincunx Sonne (⚻)
Dein Freiheitsdrang und dein Selbstbewusstsein passen sich an.
Du lernst, deine Individualität mit Bedacht zu leben und
gleichzeitig Stabilität zu bewahren.

Uranus Halbsextil Sonne (⚺)
Kleine Unterschiede zwischen deinem Freiheitsdrang und deinem
Selbstbewusstsein laden dich ein, geduldig mit dir selbst zu sein
und beides zu verbinden.

Uranus Sesquiquadrat Sonne (⚼)
Subtile Spannungen fordern dich auf, Freiheit und
Selbstbewusstsein in Einklang zu bringen.

Uranus Halbquadrat Sonne (⚼)
Gelegentliche Reibungen laden dich ein, deinen Freiheitsdrang
klar und ruhig auszudrücken.

Uranus Anderthalbquadrat Sonne (⬦)
Dieser Aspekt fordert dich auf, kontinuierlich an der Balance
zwischen Freiheit und Stabilität zu arbeiten.

Uranus-Mond-Aspekte

Freiheit und Emotionen

Die Verbindung zwischen Uranus und dem Mond zeigt, wie dein
Wunsch nach Freiheit und deine emotionalen Bedürfnisse
zusammenwirken. Diese Aspekte fördern deine Fähigkeit, deine

Gefühle authentisch zu leben und Veränderungen mutig
anzunehmen.

Uranus Konjunktion Mond (☌)

Dein Freiheitsdrang und deine Emotionen vereinen sich. Du
spürst den Wunsch nach emotionaler Unabhängigkeit und lebst
deine Gefühle auf eine unkonventionelle Weise. Andere
empfinden deine Art als erfrischend.

Uranus Sextil Mond (⁎)

Freiheit und Emotionen ergänzen sich harmonisch. Du gehst
offen mit Veränderungen um und bist bereit, neue emotionale
Wege zu erkunden.

Uranus Quadrat Mond (□)

Dein Freiheitsdrang und deine Emotionen stehen manchmal im
Konflikt. Dieser Aspekt fordert dich auf, Stabilität in deinen
Gefühlen zu bewahren, während du deinen Wunsch nach
Unabhängigkeit erfüllst.

Uranus Trigon Mond (△)

Freiheit und Emotionen fließen harmonisch. Du bringst
Leichtigkeit und Authentizität in dein emotionales Leben und
inspirierst andere durch deine Offenheit.

Uranus Opposition Mond (☍)

Dein Freiheitsdrang und deine Emotionen stehen sich gegenüber.
Diese Spannung fordert dich auf, emotionales Wachstum mit
deinem Wunsch nach Unabhängigkeit zu verbinden.

Nebenaspekte

Uranus Quincunx Mond (⚻)

Freiheit und Emotionen passen sich an. Du lernst, deine Gefühle kreativ auszudrücken, während du deine Unabhängigkeit bewahrst.

Uranus Halbsextil Mond (⚺)

Kleine Unterschiede zwischen Freiheit und Emotionen laden dich ein, deine Gefühle achtsam zu leben.

Uranus Sesquiquadrat Mond (⚼)

Subtile Spannungen fordern dich auf, Freiheit und emotionale Stabilität in Einklang zu bringen.

Uranus Halbquadrat Mond (⚻)

Gelegentliche Reibungen zwischen deinem Wunsch nach Freiheit und emotionaler Sicherheit laden dich ein, deine Balance zu finden.

Uranus Anderthalbquadrat Mond (⚹)

Dieser Aspekt fordert dich auf, Freiheit und emotionale Bedürfnisse kontinuierlich miteinander zu verbinden.

Uranus-Merkur-Aspekte

Dein Freiheitsdrang und deine Gedanken

Die Verbindung zwischen Uranus und Merkur zeigt, wie dein Wunsch nach Individualität und dein Denkprozess zusammenwirken. Diese Aspekte fördern kreatives und unkonventionelles Denken sowie die Fähigkeit, neue Ideen einzubringen.

Uranus Konjunktion Merkur (☌)

Dein Freiheitsdrang und dein Denken vereinen sich. Du denkst schnell, originell und findest innovative Lösungen. Deine unkonventionellen Ansichten inspirieren andere und bringen frischen Wind in Gespräche.

Uranus Sextil Merkur (⚹)

Freiheit und Denken ergänzen sich harmonisch. Du bist offen für neue Ideen und findest kreative Ansätze. Deine Kommunikation ist erfrischend und regt andere zum Nachdenken an.

Uranus Quadrat Merkur (□)

Es gibt Spannungen zwischen deinem Wunsch nach Freiheit und deiner Denkweise. Du fühlst dich manchmal hin- und hergerissen zwischen Innovation und Klarheit. Dieser Aspekt fordert dich auf, deine Ideen zu strukturieren und präzise auszudrücken.

Uranus Trigon Merkur (△)

Dein Freiheitsdrang und dein Denken fließen harmonisch. Du gehst mit Leichtigkeit an neue Informationen heran und inspirierst durch deine unkonventionelle Denkweise.

Uranus Opposition Merkur (☍)

Freiheitsdrang und Denken stehen sich gegenüber. Diese Spannung fordert dich auf, eine Balance zwischen kreativen Ideen und klarer Kommunikation zu finden.

Nebenaspekte

Uranus Quincunx Merkur (⚻)

Freiheit und Denken passen sich an. Du lernst, deine kreativen

Ideen geduldig zu leben und dabei flexibel zu bleiben.

Uranus Halbsextil Merkur (⚹)
Kleine Unterschiede zwischen deinem Wunsch nach Freiheit und
deinem Denken laden dich ein, neue Perspektiven zu erkunden.

Uranus Sesquiquadrat Merkur (⚼)
Subtile Spannungen fordern dich auf, Freiheit und Gedanken in
Einklang zu bringen.

Uranus Halbquadrat Merkur (∠)
Gelegentliche Reibungen zwischen Innovation und Klarheit laden
dich ein, deine Gedanken präzise zu ordnen.

Uranus Anderthalbquadrat Merkur (⚴)
Dieser Aspekt fordert dich auf, kontinuierlich an der Balance
zwischen kreativen Ideen und klarer Kommunikation zu arbeiten.

Uranus-Venus-Aspekte

Dein Freiheitsdrang und deine Beziehungen

Die Verbindung zwischen Uranus und Venus zeigt, wie dein
Wunsch nach Individualität und deine Liebe zusammenwirken.
Diese Aspekte fördern unkonventionelle und aufregende
Beziehungen.

Uranus Konjunktion Venus (☌)
Freiheit und Liebe vereinen sich. Du suchst neue, innovative
Wege, Beziehungen zu gestalten, und strahlst dabei einen
besonderen Charme aus. Deine unkonventionelle Art zieht

Menschen an.

Uranus Sextil Venus (∗)

Freiheit und Liebe ergänzen sich harmonisch. Du schätzt deine Unabhängigkeit in Beziehungen und bringst gleichzeitig frischen Wind in deine Verbindungen.

Uranus Quadrat Venus (□)

Es gibt Spannungen zwischen deinem Freiheitsdrang und deinem Bedürfnis nach Nähe. Du lernst, Balance zwischen Unabhängigkeit und emotionaler Bindung zu finden.

Uranus Trigon Venus (△)

Freiheit und Liebe fließen harmonisch. Du gehst offen und kreativ an Beziehungen heran und bringst Freude und Leichtigkeit in dein Liebesleben.

Uranus Opposition Venus (☍)

Freiheit und Liebe stehen sich gegenüber. Diese Spannung fordert dich auf, deine Bedürfnisse nach Unabhängigkeit und emotionaler Nähe auszubalancieren.

Nebenaspekte

Uranus Quincunx Venus (π)

Freiheit und Liebe passen sich an. Du lernst, Beziehungen offen zu gestalten und gleichzeitig Raum für dich zu bewahren.

Uranus Halbsextil Venus (⊻)

Kleine Unterschiede zwischen deinem Freiheitsdrang und deiner Liebe laden dich ein, sanft und achtsam neue Wege in der

Beziehungsgestaltung zu erkunden.

Uranus Sesquiquadrat Venus (⚏)
Subtile Spannungen fordern dich auf, Unabhängigkeit und emotionale Nähe zu verbinden.

Uranus Halbquadrat Venus (∠)
Gelegentliche Reibungen zwischen deinem Wunsch nach Freiheit und emotionaler Bindung laden dich ein, Balance zu finden.

Uranus Anderthalbquadrat Venus (⚼)
Dieser Aspekt fordert dich auf, kontinuierlich an der Balance zwischen Unabhängigkeit und emotionaler Nähe zu arbeiten.

Uranus-Mars-Aspekte

Dein Freiheitsdrang und deine Energie

Die Verbindung zwischen Uranus und Mars zeigt, wie dein Wunsch nach Individualität und dein Tatendrang zusammenwirken. Diese Aspekte bringen dir die Fähigkeit, dynamisch und unkonventionell zu handeln und neue Wege in deinem Handeln zu gehen.

Uranus Konjunktion Mars (☌)
Dein Freiheitsdrang und deine Energie vereinen sich wie ein Vulkan, der bereit ist auszubrechen. Du bist impulsiv und bereit, Veränderungen sofort umzusetzen. Menschen empfinden dich als aufregend und inspirierend, da du oft unkonventionelle Entscheidungen triffst und neue Wege beschreitest.

Uranus Sextil Mars (∗)

Deine Unabhängigkeit und dein Tatendrang ergänzen sich harmonisch wie zwei gut geölte Maschinen. Du bist offen für neue Abenteuer und findest kreative Ansätze, um deine Energie in innovative Projekte zu stecken. Deine Fähigkeit, flexibel zu bleiben, bringt dir viele neue Möglichkeiten.

Uranus Quadrat Mars (□)

Manchmal geraten dein Freiheitsdrang und deine Energie in Spannung, wie zwei kraftvolle Strömungen, die aufeinanderprallen. Du spürst einen inneren Konflikt zwischen dem Drang, spontan zu handeln, und der Notwendigkeit, diszipliniert zu bleiben. Dieser Aspekt fordert dich auf, deine Impulse zu zügeln und überlegte Entscheidungen zu treffen.

Uranus Trigon Mars (△)

Dein Freiheitsdrang und deine Energie fließen wie ein frischer Wind, der durch offene Türen weht. Du gehst mutig an neue Herausforderungen heran und inspirierst andere durch deinen kreativen und dynamischen Ansatz, das Leben zu gestalten.

Uranus Opposition Mars (☍)

Dein Wunsch nach Freiheit und deine Energie stehen sich manchmal wie zwei entgegengesetzte Kräfte gegenüber. Diese Spannung fordert dich heraus, die Balance zwischen impulsivem Handeln und kontrollierter Energie zu finden. Es ist wichtig, sowohl deine Unabhängigkeit als auch deine Energie sinnvoll einzusetzen.

Nebenaspekte

Uranus Quincunx Mars (⚻)

Dein Freiheitsdrang und deine Energie passen sich sanft an wie
ein Fluss, der um Steine herumfließt. Du lernst, deine Impulse
bewusst zu steuern und zugleich offen für Veränderungen zu
bleiben.

Uranus Halbsextil Mars (⚺)

Kleine, feine Unterschiede zwischen deinem Drang nach Freiheit
und deiner Energie laden dich dazu ein, geduldig und achtsam
mit dir selbst umzugehen, während du neue Wege beschreitest.

Uranus Sesquiquadrat Mars (⚼)

Eine feine Spannung fordert dich dazu auf, deinen Freiheitsdrang
und deine Energie in Einklang zu bringen, sodass du deine
Impulse kreativ und zielgerichtet nutzen kannst.

Uranus Halbquadrat Mars (⚼)

Manchmal gibt es kleine Reibungen zwischen deinem Wunsch,
spontan zu handeln, und deinem Bedürfnis nach Kontrolle. Diese
Momente laden dich ein, deine Balance zu finden und deinen
Tatendrang mit Bedacht zu leben.

Uranus Anderthalbquadrat Mars (⚹)

Ein stetiger Weg zur Balance zwischen Freiheit und Tatendrang.
Dieser Aspekt fordert dich dazu auf, deinen Handlungsdrang
bewusst zu lenken und gleichzeitig offen für neue Möglichkeiten
zu bleiben.

Uranus-Jupiter-Aspekte

Dein Freiheitsdrang und dein Wachstum

Die Verbindung zwischen Uranus und Jupiter zeigt, wie dein Wunsch nach Individualität und dein Streben nach Expansion zusammenwirken. Diese Aspekte bringen dir die Fähigkeit, unkonventionell zu denken und neue Möglichkeiten zur persönlichen und spirituellen Entwicklung zu erkunden.

Uranus Konjunktion Jupiter (☌)

Dein Freiheitsdrang und dein Wachstum vereinen sich wie ein strahlender Stern, der neue Wege erleuchtet. Du bist offen für neue Ideen und bereit, Risiken einzugehen, um dein Leben zu bereichern. Menschen empfinden deine Energie als inspirierend, weil du es wagst, die Grenzen des Gewohnten zu überschreiten.

Uranus Sextil Jupiter (⁎)

Deine Unabhängigkeit und dein Streben nach Expansion ergänzen sich harmonisch wie zwei Tanzpartner im Einklang. Du bist bereit, neue Abenteuer zu erleben und siehst in Veränderungen eine Chance für Wachstum. Deine positive Einstellung motiviert andere, ebenfalls Neues auszuprobieren.

Uranus Quadrat Jupiter (□)

Manchmal geraten dein Freiheitsdrang und dein Streben nach Wachstum in Spannung, wie zwei Wellen, die gegeneinander schlagen. Du spürst einen inneren Konflikt zwischen dem Wunsch nach Unabhängigkeit und der Notwendigkeit, in bestimmten Bereichen stabil zu bleiben. Dieser Aspekt fordert dich auf, deine Grenzen zu erkennen und mutig neue Wege zu gehen.

Uranus Trigon Jupiter (△)

Dein Freiheitsdrang und dein Wachstum fließen wie ein klarer, aufsteigender Wind. Du bist bereit, deine Ideen und Träume mit Begeisterung zu verfolgen, und inspirierst andere, ihre Perspektiven zu erweitern. Diese Energie ermöglicht es dir, das Beste aus neuen Möglichkeiten herauszuholen.

Uranus Opposition Jupiter ($\mathcal{o}^{o}$)

Dein Wunsch nach Freiheit und dein Streben nach Expansion stehen sich manchmal wie zwei entgegengesetzte Kräfte gegenüber. Diese Spannung fordert dich heraus, die Balance zwischen deinem Drang nach Veränderung und deinem Wunsch nach Stabilität zu finden und die richtige Mischung aus beiden in deinem Leben zu integrieren.

Nebenaspekte

Uranus Quincunx Jupiter (⚻)

Dein Freiheitsdrang und dein Wachstum passen sich sanft an, wie die sanften Wellen des Ozeans. Du lernst, neue Möglichkeiten kreativ und flexibel zu erkunden, während du gleichzeitig auf deine inneren Bedürfnisse achtest.

Uranus Halbsextil Jupiter (⚺)

Kleine, feine Unterschiede zwischen deinem Drang nach Freiheit und deinem Streben nach Expansion laden dich dazu ein, achtsam zu sein und die Dinge mit einem offenen Geist zu betrachten.

Uranus Sesquiquadrat Jupiter (⚼)

Eine feine Spannung fordert dich dazu auf, deinen Freiheitsdrang und dein Wachstum in Einklang zu bringen, sodass du deine Möglichkeiten mutig und gleichzeitig realistisch angehen kannst.

Uranus Halbquadrat Jupiter (⚻)

Manchmal gibt es kleine Reibungen zwischen deinem Wunsch, neue Wege zu gehen, und deinem Streben nach Expansion. Diese Momente laden dich ein, deine Balance zu finden und deine Träume klar und deutlich zu verfolgen.

Uranus Anderthalbquadrat Jupiter (⚼)

Ein stetiger Weg zur Balance zwischen Freiheit und Wachstum. Dieser Aspekt fordert dich auf, deine Visionen mit Entschlossenheit zu leben und gleichzeitig offen für neue Ideen und Perspektiven zu bleiben.

Uranus-Saturn-Aspekte

Dein Freiheitsdrang und deine Disziplin

Die Verbindung zwischen Uranus und Saturn zeigt, wie dein Wunsch nach Individualität und deine Disziplin zusammenwirken. Diese Aspekte bringen dir die Fähigkeit, mit einem kühnen Geist und stabilen Fundamenten neue Wege zu gehen und Veränderungen in deinem Leben strategisch anzugehen.

Uranus Konjunktion Saturn (☌)

Dein Freiheitsdrang und deine Disziplin vereinen sich wie ein dynamisches Duo, das frischen Wind in alte Strukturen bringt. Du bist bereit, die Regeln zu hinterfragen und deine eigene, unkonventionelle Methode zu entwickeln, um deine Ziele zu erreichen. Menschen empfinden dich als innovativ und zielstrebig.

Uranus Sextil Saturn (⚹)

Deine Unabhängigkeit und deine Disziplin ergänzen sich harmonisch wie zwei harmonische Klänge. Du bist offen für neue Ansätze, während du gleichzeitig die Grundlagen schätzt. Diese Energie hilft dir, kreative Lösungen zu finden und Veränderungen geordnet umzusetzen.

Uranus Quadrat Saturn (□)

Manchmal geraten dein Freiheitsdrang und deine Disziplin in Spannung, wie zwei Kräfte, die in entgegengesetzte Richtungen ziehen. Du spürst einen inneren Konflikt zwischen dem Wunsch, spontan zu handeln, und der Notwendigkeit, geduldig und strukturiert zu bleiben. Dieser Aspekt fordert dich auf, deine Widerstände zu überwinden und einen klaren Plan für Veränderungen zu entwickeln.

Uranus Trigon Saturn (△)

Dein Freiheitsdrang und deine Disziplin fließen wie ein ruhiger Fluss, der neue Wege bahnt. Du bist in der Lage, Stabilität und Innovation in Einklang zu bringen, was dir hilft, deine Ziele auf kreative Weise zu erreichen. Andere schätzen deine Fähigkeit, den Mut zur Veränderung mit Verantwortung zu verbinden.

Uranus Opposition Saturn (☍)

Dein Wunsch nach Freiheit und deine Disziplin stehen sich manchmal wie zwei entgegengesetzte Kräfte gegenüber. Diese Spannung fordert dich heraus, deine Balance zu finden und sowohl deine Unabhängigkeit als auch deine Notwendigkeit nach Struktur und Sicherheit zu respektieren.

Nebenaspekte

Uranus Quincunx Saturn (⚻)

Dein Freiheitsdrang und deine Disziplin passen sich sanft an, wie ein Baum, der im Wind biegt. Du lernst, kreative Lösungen in deine alltäglichen Strukturen einzubauen und flexibel mit Veränderungen umzugehen.

Uranus Halbsextil Saturn (⚺)

Kleine, feine Unterschiede zwischen deinem Drang nach Freiheit und deiner Disziplin laden dich ein, geduldig und achtsam zu bleiben und sowohl spontane Ideen als auch verantwortungsvolles Handeln zu kombinieren.

Uranus Sesquiquadrat Saturn (⚼)

Eine feine Spannung fordert dich dazu auf, deinen Freiheitsdrang und deine Disziplin in Einklang zu bringen, sodass du Veränderungen mutig und strategisch angehen kannst.

Uranus Halbquadrat Saturn (⚻)

Manchmal gibt es kleine Reibungen zwischen deinem Wunsch, unabhängig zu handeln, und deinem Bedürfnis nach Stabilität. Diese Momente laden dich ein, achtsam zu sein und sowohl deine Disziplin als auch deinen Freiheitsdrang zu leben.

Uranus Anderthalbquadrat Saturn (⚸)

Ein stetiger Weg zur Balance zwischen Freiheit und Disziplin. Dieser Aspekt fordert dich auf, deine Pläne mit Kreativität und Durchhaltevermögen zu gestalten und gleichzeitig offen für neue Möglichkeiten zu sein.

Uranus-Neptun-Aspekte

Dein Freiheitsdrang und deine Träume

Die Verbindung zwischen Uranus und Neptun zeigt, wie dein
Wunsch nach Individualität und deine spirituellen Sehnsüchte
zusammenwirken. Diese Aspekte bringen dir die Fähigkeit,
innovativ zu denken und deine Träume auf kreative Weise zu
verwirklichen.

Uranus Konjunktion Neptun (☌)
Dein Freiheitsdrang und deine Träume vereinen sich wie ein
buntes Mosaik, das neue Wege in deiner inneren Welt eröffnet.
Du bist offen für neue Ideen und Erlebnisse und hast die
Fähigkeit, deine Visionen mit Mut zu verfolgen. Menschen
empfinden dich als inspirierend und erfrischend.

Uranus Sextil Neptun (⚹)
Deine Unabhängigkeit und deine spirituellen Sehnsüchte
ergänzen sich wie zwei harmonische Melodien. Du gehst mit
Leichtigkeit und Offenheit an neue emotionale Erfahrungen
heran und findest kreative Ansätze für dein inneres Wachstum.
Deine positive Einstellung motiviert andere, ebenfalls neue Wege
zu erkunden.

Uranus Quadrat Neptun (□)
Manchmal geraten dein Freiheitsdrang und deine Träume in
Spannung, wie Wellen, die an einen Felsen schlagen. Du spürst
einen inneren Konflikt zwischen dem Wunsch nach
Unabhängigkeit und der Sehnsucht nach tiefer emotionaler
Verbindung. Dieser Aspekt fordert dich auf, deine Visionen zu
klären und deine Bedürfnisse achtsam zu vereinen.

Uranus Trigon Neptun (△)

Dein Freiheitsdrang und deine Träume fließen wie ein ruhiger, klarer Fluss. Du bist in der Lage, Veränderungen kreativ anzugehen und inspirierst andere mit deiner Fähigkeit, Ideen und Träume zu verbinden. Diese Energie ermutigt dich, mutig und selbstbewusst zu sein.

Uranus Opposition Neptun (☍)

Dein Wunsch nach Freiheit und deine Träume stehen sich manchmal wie zwei Seiten eines Spiegels gegenüber. Diese Spannung fordert dich heraus, deine Balance zu finden und sowohl deinen Freiheitsdrang als auch deine tiefen emotionalen Bedürfnisse zu respektieren.

Nebenaspekte

Uranus Quincunx Neptun (⚻)

Dein Freiheitsdrang und deine Träume passen sich sanft an, wie Wolken, die den Himmel durchziehen. Du lernst, deine kreative Energie zu leben, während du gleichzeitig auf deine inneren Sehnsüchte achtest.

Uranus Halbsextil Neptun (⚺)

Kleine, feine Unterschiede zwischen deinem Drang nach Freiheit und deinen Träumen laden dich dazu ein, die Dinge aus verschiedenen Perspektiven zu betrachten und neue Ansätze zu finden.

Uranus Sesquiquadrat Neptun (⚼)

Eine feine Spannung fordert dich dazu auf, deinen Freiheitsdrang und deine Träume in Einklang zu bringen, sodass du deine

Visionen mit Klarheit und Kreativität leben kannst.

Uranus Halbquadrat Neptun (⊼)
Manchmal gibt es kleine Reibungen zwischen deinem Wunsch
nach Veränderung und deinen tiefen emotionalen Bedürfnissen.
Diese Momente laden dich ein, achtsam zu sein und deine
Träume realistisch zu verfolgen.

Uranus Anderthalbquadrat Neptun (⧫)
Ein stetiger Weg zur Balance zwischen Freiheit und Spiritualität.
Dieser Aspekt fordert dich auf, deine kreativen Visionen mit
Geduld und Achtsamkeit zu leben.

Uranus-Pluto-Aspekte

Dein Freiheitsdrang und deine transformative Kraft

Die Verbindung zwischen Uranus und Pluto zeigt, wie dein Wunsch
nach Individualität und deine Fähigkeit zur tiefen Transformation
zusammenwirken. Diese Aspekte bringen dir die Fähigkeit, radikale
Veränderungen in deinem Leben zu initiieren und deine inneren Werte
auf unkonventionelle Weise zu leben.

Uranus Konjunktion Pluto (☌)
Dein Freiheitsdrang und deine transformative Kraft vereinen sich
wie ein mächtiger Sturm, der alles mit frischem Wind durchweht.
Du bist bereit, alte Strukturen zu hinterfragen und tiefgreifende
Veränderungen in deinem Leben herbeizuführen. Menschen
empfinden dich als kraftvoll und visionär, weil du die Fähigkeit

hast, das Gewöhnliche in das Außergewöhnliche zu verwandeln.

Uranus Sextil Pluto (✶)

Deine Unabhängigkeit und deine transformative Kraft ergänzen sich harmonisch wie zwei sich ergänzende Farben auf einer Leinwand. Du hast die Fähigkeit, Veränderungen sanft und strategisch anzugehen und dabei deine individuellen Werte zu bewahren. Diese Energie motiviert dich, deine Visionen mit Klarheit und Überzeugung zu verfolgen.

Uranus Quadrat Pluto (□)

Manchmal geraten dein Freiheitsdrang und deine transformative Kraft in Spannung, wie zwei Kräfte, die in entgegengesetzte Richtungen ziehen. Du spürst einen inneren Konflikt zwischen dem Drang, dich auszudrücken, und der Notwendigkeit, tiefgreifende Veränderungen zu akzeptieren. Dieser Aspekt fordert dich auf, den Mut zu finden, deine Ängste zu überwinden und deine innere Stärke zu aktivieren.

Uranus Trigon Pluto (△)

Dein Freiheitsdrang und deine transformative Kraft fließen wie ein klarer, starker Fluss, der neue Ufer erreicht. Du gehst mutig und entschlossen an Veränderungen heran und inspirierst andere mit deiner Fähigkeit, das Unbekannte zu umarmen. Diese Energie ermutigt dich, deine Träume und Visionen ohne Angst zu verfolgen.

Uranus Opposition Pluto (☍)

Dein Wunsch nach Freiheit und deine transformative Kraft stehen sich manchmal wie zwei entgegengesetzte Kräfte gegenüber. Diese Spannung fordert dich heraus, deine Balance zu

finden und sowohl deine Individualität als auch die
Notwendigkeit von Veränderungen zu respektieren und zu
integrieren.

Nebenaspekte

Uranus Quincunx Pluto (⚻)
Dein Freiheitsdrang und deine transformative Kraft passen sich
sanft an, wie der Wind, der durch die Bäume weht. Du lernst,
deine unkonventionellen Ideen zu leben, während du gleichzeitig
Raum für tiefgreifende Veränderungen in deinem Leben schaffst.

Uranus Halbsextil Pluto (⚺)
Kleine, feine Unterschiede zwischen deinem Drang nach Freiheit
und deiner transformierenden Kraft laden dich dazu ein, geduldig
mit dir selbst umzugehen und neue Wege der Transformation zu
erkunden.

Uranus Sesquiquadrat Pluto (⚼)
Eine feine Spannung fordert dich dazu auf, deinen Freiheitsdrang
und deine transformative Kraft in Einklang zu bringen, sodass du
deine Visionen kraftvoll und selbstbewusst leben kannst.

Uranus Halbquadrat Pluto (∠)
Manchmal gibt es kleine Reibungen zwischen deinem Wunsch
nach Unabhängigkeit und deiner Fähigkeit zur Transformation.
Diese Momente laden dich ein, achtsam zu sein und deine innere
Stärke klar zu formulieren.

Uranus Anderthalbquadrat Pluto (⬥)
Ein stetiger Weg zur Balance zwischen Freiheit und tiefgreifender

Veränderung. Dieser Aspekt fordert dich auf, deine transformierenden Kräfte mit Geduld und Achtsamkeit zu leben.

Neptun Aspekte

Neptun-Sonne-Aspekte

Deine Träume und dein inneres Licht

Die Verbindung zwischen Neptun und der Sonne zeigt, wie deine spirituellen Sehnsüchte und dein inneres Selbst zusammenwirken. Diese Aspekte bringen dir die Fähigkeit, deine Träume und Ideale in deinem Leben zu integrieren und eine tiefere Verbindung zu deinem wahren Selbst zu finden.

Neptun Konjunktion Sonne (☌)

Deine Träume und dein inneres Licht verschmelzen wie die Farben eines Regenbogens. Du bist sensibel und kreativ, und du hast das Potenzial, deine Visionen in die Realität umzusetzen. Menschen empfinden dich als inspirierend, weil du einen einzigartigen Blick auf die Welt hast und deine Intuition stark ist.

Neptun Sextil Sonne (∗)

Deine spirituellen Sehnsüchte und dein inneres Licht ergänzen sich wie sanfte Wellen, die an den Strand rollen. Du bist in der Lage, deine Kreativität auf gesunde Weise auszudrücken, und findest Freude daran, deine Träume zu leben. Diese Energie ermutigt dich, das Unbekannte zu erkunden und neue Wege zu gehen.

Neptun Quadrat Sonne (□)

Manchmal geraten deine Träume und dein inneres Licht in Spannung, wie Wolken, die den Sonnenstrahl verdecken. Du spürst einen inneren Konflikt zwischen deinen Idealen und der Realität. Dieser Aspekt fordert dich auf, deine Visionen klar zu definieren und deine inneren Werte zu respektieren.

Neptun Trigon Sonne (△)

Deine Träume und dein inneres Licht fließen harmonisch wie ein sanfter Bach. Du bist offen für neue Möglichkeiten und findest es leicht, deine Kreativität mit deinem inneren Selbst zu verbinden. Menschen fühlen sich von deiner intuitiven Art angezogen.

Neptun Opposition Sonne (☍)

Deine spirituellen Sehnsüchte und dein inneres Licht stehen sich manchmal wie zwei entgegengesetzte Kräfte gegenüber. Diese Spannung fordert dich heraus, deine Balance zu finden und sowohl deine Träume als auch deine Realität ernst zu nehmen.

Nebenaspekte

Neptun Quincunx Sonne (⚻)

Deine Träume und dein inneres Licht passen sich sanft an, wie ein Blatt im Wind. Du lernst, mit deinen Idealen flexibel umzugehen und gleichzeitig auf deine inneren Bedürfnisse zu hören.

Neptun Halbsextil Sonne (⚺)

Kleine, feine Unterschiede zwischen deinen spirituellen Sehnsüchten und deinem inneren Licht laden dich ein, geduldig und achtsam mit dir selbst umzugehen und neue Wege zu finden, um deine Träume zu leben.

Neptun Sesquiquadrat Sonne (⌑)

Eine feine Spannung fordert dich dazu auf, deine Träume und
dein inneres Licht in Einklang zu bringen, sodass du deine
Visionen mit Klarheit und Fokus verfolgen kannst.

Neptun Halbquadrat Sonne (∠)

Manchmal gibt es kleine Reibungen zwischen deinen Idealen und
deinem inneren Licht. Diese Momente laden dich ein, achtsam zu
sein und deine Träume realistisch und geduldig zu verfolgen.

Neptun Anderthalbquadrat Sonne (⬧)

Ein stetiger Weg zur Balance zwischen Spiritualität und
individuellem Ausdruck. Dieser Aspekt fordert dich auf, deine
kreativen Visionen mit Geduld und Sensibilität zu leben.

Neptun-Mond-Aspekte

Deine Träume und deine Emotionen

Die Verbindung zwischen Neptun und dem Mond zeigt, wie deine
spirituellen Sehnsüchte und deine emotionalen Bedürfnisse
zusammenwirken. Diese Aspekte bringen dir die Fähigkeit, deine
Gefühle auf eine kreative und intuitive Weise auszudrücken.

Neptun Konjunktion Mond (☌)

Deine Träume und deine Emotionen verschmelzen wie sanfte
Wellen im Ozean. Du bist sehr empathisch und empfindsam, und
deine Intuition ist stark. Menschen fühlen sich zu dir hingezogen,
weil du in der Lage bist, ihre Gefühle zu erfassen und zu

verstehen. Deine emotionale Tiefe kann andere inspirieren.

Neptun Sextil Mond (✶)

Deine spirituellen Sehnsüchte und deine Emotionen ergänzen sich harmonisch wie die Farben eines Sonnenuntergangs. Du bist in der Lage, deine inneren Bedürfnisse mit Leichtigkeit zu erkennen und kreativ auszudrücken. Diese Energie ermutigt dich, deine Emotionen mit Mitgefühl und Sensibilität zu leben.

Neptun Quadrat Mond (□)

Manchmal geraten deine Träume und deine Emotionen in Spannung, wie Wolken, die die Sonne verdecken. Du spürst einen inneren Konflikt zwischen deinen idealistischen Vorstellungen und der Realität deiner Gefühle. Dieser Aspekt fordert dich auf, deine Emotionen zu klären und zwischen Realität und Illusion zu unterscheiden.

Neptun Trigon Mond (△)

Deine Träume und deine Emotionen fließen harmonisch wie ein sanfter Fluss. Du bist in der Lage, kreativ mit deinen Gefühlen umzugehen und neue emotionale Dimensionen zu entdecken. Deine Empathie zieht andere an und schafft tiefere Verbindungen.

Neptun Opposition Mond (☍)

Deine spirituellen Sehnsüchte und deine Emotionen stehen sich manchmal wie zwei entgegengesetzte Kräfte gegenüber. Diese Spannung fordert dich heraus, deine Balance zu finden und sowohl deine emotionalen Bedürfnisse als auch deine Träume zu respektieren.

Neptun Quincunx Mond (⚺)
Deine Träume und deine Emotionen passen sich sanft an, wie
Blätter, die im Wind tanzen. Du lernst, deine Gefühle mit deiner
spirituellen Seite in Einklang zu bringen und offen für
Veränderungen zu sein.

Neptun Halbsextil Mond (⚺)
Kleine, feine Unterschiede zwischen deinen spirituellen
Sehnsüchten und deinen Emotionen laden dich ein, geduldig mit
dir selbst umzugehen und deine inneren Bedürfnisse zu
erkunden.

Neptun Sesquiquadrat Mond (⚼)
Eine feine Spannung fordert dich dazu auf, deine Träume und
deine Emotionen in Einklang zu bringen, sodass du deine
Empfindungen mit Klarheit und Achtsamkeit leben kannst.

Neptun Halbquadrat Mond (⚼)
Manchmal gibt es kleine Reibungen zwischen deinen Idealen und
deinen Emotionen. Diese Momente laden dich ein, achtsam zu
sein und deine emotionalen Bedürfnisse respektvoll zu
behandeln.

Neptun Anderthalbquadrat Mond (⧫)
Ein stetiger Weg zur Balance zwischen Spiritualität und
emotionalem Ausdruck. Dieser Aspekt fordert dich auf, deine
Träume sensibel und geduldig zu leben.

Neptun-Merkur-Aspekte

Deine Träume und deine Gedanken

Die Verbindung zwischen Neptun und Merkur zeigt, wie deine
spirituellen Sehnsüchte und dein Denkprozess zusammenwirken.
Diese Aspekte bringen dir die Fähigkeit, kreativ und intuitiv zu
denken und deine Ideen auf eine traumhafte Weise
auszudrücken.

Neptun Konjunktion Merkur (☌)
Deine Träume und deine Gedanken vereinen sich wie der Nebel,
der über einem stillen See schwebt. Du bist ein kreativer Denker,
der in der Lage ist, aus den Tiefen deiner Intuition heraus
inspirierende Ideen zu entwickeln. Menschen empfinden deine
Gedanken als faszinierend und visionär.

Neptun Sextil Merkur (∗)
Deine spirituellen Sehnsüchte und deine Gedanken ergänzen sich
harmonisch wie zwei Melodien, die im Einklang schwingen. Du
hast die Fähigkeit, deine Ideen kreativ und offen zu
kommunizieren. Diese Energie ermutigt dich, deine Visionen mit
anderen zu teilen.

Neptun Quadrat Merkur (□)
Manchmal geraten deine Träume und deine Gedanken in
Spannung, wie Wellen, die an einen steinigen Strand schlagen.
Du spürst einen inneren Konflikt zwischen deiner
Vorstellungskraft und der Notwendigkeit, klar und deutlich zu
kommunizieren. Dieser Aspekt fordert dich auf, deine Ideen zu
klären und den Unterschied zwischen Realität und Illusion zu
erkennen.

Neptun Trigon Merkur (△)

Deine Träume und deine Gedanken fließen harmonisch wie ein sanfter Bach. Du bist in der Lage, kreativ mit deinen Ideen umzugehen und andere durch deine inspirierenden und intuitiven Gedanken zu begeistern. Deine Kommunikation ist klar und anziehend.

Neptun Opposition Merkur (☍)

Deine spirituellen Sehnsüchte und deine Gedanken stehen sich manchmal wie zwei entgegengesetzte Kräfte gegenüber. Diese Spannung fordert dich heraus, deine Balance zu finden und sowohl deine kreativen Ideen als auch deinen Realitätsbezug zu respektieren.

Nebenaspekte

Neptun Quincunx Merkur (⚻)

Deine Träume und deine Gedanken passen sich sanft an, wie der Wind, der die Blätter bewegt. Du lernst, flexibel mit deinen Ideen umzugehen und dabei offen für neue Ansätze zu sein.

Neptun Halbsextil Merkur (⚺)

Kleine, feine Unterschiede zwischen deinen spirituellen Sehnsüchten und deinen Gedanken laden dich ein, geduldig und achtsam zu bleiben, während du deine inneren Ideen erkundest.

Neptun Sesquiquadrat Merkur (⚼)

Eine feine Spannung fordert dich dazu auf, deine Träume und deine Gedanken in Einklang zu bringen, sodass du deine Visionen klar und verständlich formulieren kannst.

Neptun Halbquadrat Merkur (π)

Manchmal gibt es kleine Reibungen zwischen deinen kreativen Ideen und deinem klaren Denken. Diese Momente laden dich ein, achtsam zu sein und deine Gedanken präzise auszudrücken.

Neptun Anderthalbquadrat Merkur (♦)

Ein stetiger Weg zur Balance zwischen Inspiration und rationalem Denken. Dieser Aspekt fordert dich auf, deine Ideen mit Klarheit und Sensibilität zu leben.

Neptun-Venus-Aspekte

Deine Träume und deine Beziehungen

Die Verbindung zwischen Neptun und Venus zeigt, wie deine spirituellen Sehnsüchte und deine romantischen Beziehungen zusammenwirken. Diese Aspekte bringen dir die Fähigkeit, Liebe und Kreativität auf eine tiefgründige und traumhafte Weise zu erleben.

Neptun Konjunktion Venus (♂)

Deine Träume und deine Liebe verschmelzen wie die sanften Farben eines Sonnenuntergangs. Du bist sehr empathisch und fühlst tief, was andere brauchen. Deine romantischen Beziehungen sind geprägt von Idealismus und einer Suche nach spiritueller Verbindung. Menschen empfinden dich als anziehend und inspirierend, weil du das Besondere in der Liebe suchst.

Neptun Sextil Venus (∗)

Deine spirituellen Sehnsüchte und deine Liebe ergänzen sich harmonisch wie zwei Tänzer in perfektem Einklang. Du bist offen für neue emotionale Erfahrungen und kannst deine Kreativität in deinen Beziehungen entfalten. Diese Energie ermutigt dich, Liebe und Kunst miteinander zu verbinden.

Neptun Quadrat Venus (□)

Manchmal geraten deine Träume und deine Liebe in Spannung, wie Wolken, die den Himmel verdunkeln. Du spürst einen inneren Konflikt zwischen deinen idealistischen Vorstellungen und den realen Bedürfnissen in deinen Beziehungen. Dieser Aspekt fordert dich auf, deine Emotionen klar zu kommunizieren und deine Träume realistisch zu betrachten.

Neptun Trigon Venus (△)

Deine Träume und deine Liebe fließen harmonisch wie ein ruhiger Fluss. Du kannst deine romantischen Beziehungen kreativ gestalten und inspirierst andere mit deiner einzigartigen Art, Liebe zu leben. Diese Energie ermöglicht es dir, tiefere emotionale Verbindungen einzugehen.

Neptun Opposition Venus (☍)

Deine spirituellen Sehnsüchte und deine Liebe stehen sich manchmal wie zwei entgegengesetzte Kräfte gegenüber. Diese Spannung fordert dich heraus, deine Balance zu finden und sowohl deine emotionalen Bedürfnisse als auch deine Träume zu respektieren und zu integrieren.

Nebenaspekte

Neptun Quincunx Venus (⚻)

Deine Träume und deine Liebe passen sich sanft an, wie ein sanfter Wind, der durch die Bäume weht. Du lernst, deine

Beziehungen mit einem offenen Herzen zu leben und gleichzeitig auf deine inneren Sehnsüchte zu hören.

Neptun Halbsextil Venus (⊻)

Kleine, feine Unterschiede zwischen deinen spirituellen Sehnsüchten und deiner Liebe laden dich dazu ein, geduldig und achtsam mit dir selbst umzugehen und neue Wege in der Beziehung zu erkunden.

Neptun Sesquiquadrat Venus (⬚)

Eine feine Spannung fordert dich dazu auf, deine Träume und deine Liebe in Einklang zu bringen, sodass du deine emotionalen Bedürfnisse mit Klarheit und Achtsamkeit leben kannst.

Neptun Halbquadrat Venus (∧)

Manchmal gibt es kleine Reibungen zwischen deinen Idealen und deiner Liebe. Diese Momente laden dich ein, achtsam zu sein und deine Beziehungen klar und respektvoll zu gestalten.

Neptun Anderthalbquadrat Venus (⧫)

Ein stetiger Weg zur Balance zwischen Spiritualität und emotionalem Ausdruck in deinen Beziehungen. Dieser Aspekt fordert dich auf, deine romantischen Ideale sensibel und geduldig zu leben.

Neptun-Mars-Aspekte

Deine Träume und dein Handlungsdrang

Die Verbindung zwischen Neptun und Mars zeigt, wie deine spirituellen Sehnsüchte und dein Tatendrang zusammenwirken.

Diese Aspekte bringen dir die Fähigkeit, deine Energie kreativ einzusetzen und deine Träume mit Leidenschaft zu verfolgen.

Neptun Konjunktion Mars (☌)

Deine Träume und dein Handlungsdrang verschmelzen wie zwei Wellen, die sich zu einem kraftvollen Ozean vereinen. Du bist inspirierend und kreativ, hast jedoch auch die Neigung, deine Energie auf unkonventionelle Weise auszudrücken. Menschen empfinden dich als dynamisch und anziehend, weil du mit Herzblut für deine Visionen kämpfst.

Neptun Sextil Mars (⁎)

Deine spirituellen Sehnsüchte und dein Tatendrang ergänzen sich harmonisch wie ein gut abgestimmtes Orchester. Du bist in der Lage, deine Ideen und Träume in die Tat umzusetzen, und findest Freude daran, Veränderungen aktiv zu gestalten. Diese Energie ermutigt dich, neue Wege zu gehen und deine Kreativität in deinem Handeln zu leben.

Neptun Quadrat Mars (□)

Manchmal geraten deine Träume und dein Handlungsdrang in Spannung, wie zwei Kräfte, die in entgegengesetzte Richtungen ziehen. Du spürst einen inneren Konflikt zwischen deinem Wunsch, impulsiv zu handeln, und der Notwendigkeit, deine Energie gezielt einzusetzen. Dieser Aspekt fordert dich auf, deine Beweggründe zu klären und deine Leidenschaft in konstruktive Bahnen zu lenken.

Neptun Trigon Mars (△)

Deine Träume und dein Handlungsdrang fließen harmonisch wie ein sanfter Fluss, der neue Ufer erreicht. Du bist bereit, deine

Visionen mutig und kreativ zu verfolgen, und inspirierst andere, ihre Träume ebenfalls zu leben. Diese Energie hilft dir, deine Ziele mit Leidenschaft und Zuversicht anzugehen.

Neptun Opposition Mars (☍)
Deine spirituellen Sehnsüchte und dein Tatendrang stehen sich manchmal wie zwei entgegengesetzte Kräfte gegenüber. Diese Spannung fordert dich heraus, deine Balance zu finden und sowohl deine impulsiven Handlungen als auch deine emotionalen Bedürfnisse zu respektieren.

Nebenaspekte

Neptun Quincunx Mars (⚻)
Deine Träume und dein Handlungsdrang passen sich sanft an, wie Blätter, die im Wind tanzen. Du lernst, deine Energie kreativ und flexibel zu leben, während du gleichzeitig auf deine inneren Bedürfnisse achtest.

Neptun Halbsextil Mars (⚺)
Kleine, feine Unterschiede zwischen deinen spirituellen Sehnsüchten und deinem Tatendrang laden dich dazu ein, geduldig und achtsam mit dir selbst umzugehen, während du neue Wege des Handelns erkundest.

Neptun Sesquiquadrat Mars (⚼)
Eine feine Spannung fordert dich dazu auf, deine Träume und deinen Handlungsdrang in Einklang zu bringen, sodass du deine Energie mit Klarheit und Achtsamkeit leben kannst.

Neptun Halbquadrat Mars (⚼)

Manchmal gibt es kleine Reibungen zwischen deinem Wunsch, spontan zu handeln, und deiner Fähigkeit, deine Träume zu verwirklichen. Diese Momente laden dich ein, achtsam zu sein und deine Leidenschaft klar auszudrücken.

Neptun Anderthalbquadrat Mars (♦)

Ein stetiger Weg zur Balance zwischen spirituellem Handeln und impulsivem Tun. Dieser Aspekt fordert dich auf, deine Energie mit Sensibilität und Bedacht zu leben.

Neptun-Jupiter-Aspekte

Deine Träume und dein Wachstum

Die Verbindung zwischen Neptun und Jupiter zeigt, wie deine spirituellen Sehnsüchte und dein Streben nach Expansion zusammenwirken. Diese Aspekte bringen dir die Fähigkeit, deine Ideale kreativ zu verfolgen und das Leben auf inspirierende Weise zu gestalten.

Neptun Konjunktion Jupiter (☌)

Deine Träume und dein Wachstum vereinen sich wie ein strahlender Stern am Nachthimmel. Du bist in der Lage, deine Visionen in die Realität umzusetzen, und deine positiven Gedanken ziehen neue Möglichkeiten in dein Leben. Menschen empfinden dich als optimistisch und inspirierend, da du stets nach Höherem strebst.

Neptun Sextil Jupiter (∗)

Deine spirituellen Sehnsüchte und dein Streben nach Expansion ergänzen sich harmonisch wie zwei Farben, die im Sonnenlicht leuchten. Du bist offen für neue Erfahrungen und erweiterst kontinuierlich deinen Horizont. Diese Energie ermutigt dich, neue Wege zu erkunden und deinen Idealen treu zu bleiben.

Neptun Quadrat Jupiter (□)

Manchmal geraten deine Träume und dein Streben nach Wachstum in Spannung, wie zwei Wellen, die an einem Felsen brechen. Du spürst einen inneren Konflikt zwischen dem Drang, das Unmögliche zu erreichen, und der Notwendigkeit, realistisch zu bleiben. Dieser Aspekt fordert dich auf, deine Ideale zu überprüfen und zwischen Illusion und Realität zu unterscheiden.

Neptun Trigon Jupiter (△)

Deine Träume und dein Wachstum fließen harmonisch wie ein klarer Fluss. Du bist in der Lage, kreative Möglichkeiten zu sehen und deine Visionen mit Leichtigkeit zu verfolgen. Diese Energie hilft dir, deine Träume zu verwirklichen und andere zu inspirieren, ebenfalls nach ihren Zielen zu streben.

Neptun Opposition Jupiter (☍)

Deine spirituellen Sehnsüchte und dein Streben nach Expansion stehen sich manchmal wie zwei entgegengesetzte Kräfte gegenüber. Diese Spannung fordert dich heraus, deine Balance zu finden und sowohl deine Ideale als auch deinen Realismus zu respektieren und zu integrieren.

Nebenaspekte

Neptun Quincunx Jupiter (⚻)

Deine Träume und dein Wachstum passen sich sanft an, wie der Wind, der durch die Bäume weht. Du lernst, deine spirituellen

Ideale mit Geduld und Flexibilität zu leben, während du neue
Möglichkeiten erkundest.

Neptun Halbsextil Jupiter (⊻)

Kleine, feine Unterschiede zwischen deinen spirituellen
Sehnsüchten und deinem Streben nach Expansion laden dich ein,
achtsam und offen für neue Ideen zu sein.

Neptun Sesquiquadrat Jupiter (⊡)

Eine feine Spannung fordert dich dazu auf, deine Träume und
dein Wachstum in Einklang zu bringen, sodass du deine Visionen
klar und zielgerichtet verfolgen kannst.

Neptun Halbquadrat Jupiter (∠)

Manchmal gibt es kleine Reibungen zwischen deinen Idealen und
deinem Streben nach Expansion. Diese Momente laden dich ein,
geduldig zu sein und deine Träume realistisch anzugehen.

Neptun Anderthalbquadrat Jupiter (♦)

Ein stetiger Weg zur Balance zwischen Spiritualität und
persönlichem Wachstum. Dieser Aspekt fordert dich auf, deine
kreativen Visionen mit Sensibilität und Entschlossenheit zu
leben.

Neptun-Saturn-Aspekte

Deine Träume und deine Disziplin

Die Verbindung zwischen Neptun und Saturn zeigt, wie deine
spirituellen Sehnsüchte und deine Fähigkeit zur Disziplin
zusammenwirken. Diese Aspekte bringen dir die Fähigkeit, deine

idealistischen Träume in die Realität umzusetzen und gleichzeitig
ein starkes Fundament für dein Leben zu schaffen.

Neptun Konjunktion Saturn (☌)

Deine Träume und deine Disziplin vereinen sich wie zwei starke
Ströme, die zusammen einen mächtigen Fluss bilden. Du bist in
der Lage, deine Visionen strukturiert und mit einem klaren Plan
zu verfolgen. Menschen empfinden dich als inspirierend, weil du
die Fähigkeit hast, das Spirituelle mit dem Praktischen zu
verbinden.

Neptun Sextil Saturn (﹡)

Deine spirituellen Sehnsüchte und deine Disziplin ergänzen sich
harmonisch wie ein gut abgestimmtes Orchester. Du hast die
Fähigkeit, deine Ideen realistisch zu gestalten und gleichzeitig an
deinen Träumen festzuhalten. Diese Energie ermutigt dich, deine
Ziele mit Geduld und Klarheit zu verfolgen.

Neptun Quadrat Saturn (□)

Manchmal geraten deine Träume und deine Disziplin in
Spannung, wie Wolken, die das Licht der Sonne verdecken. Du
spürst einen inneren Konflikt zwischen deinem Wunsch,
idealistisch zu handeln, und der Notwendigkeit, praktisch und
bodenständig zu bleiben. Dieser Aspekt fordert dich auf, deine
Ideale zu überprüfen und realistische Schritte zur Verwirklichung
zu planen.

Neptun Trigon Saturn (△)

Deine Träume und deine Disziplin fließen harmonisch wie ein
sanfter Bach, der um Steine herumfließt. Du bist in der Lage,
deine Ideen mit Klarheit und Stabilität zu verfolgen. Diese

Energie hilft dir, deine Visionen in die Realität umzusetzen und dabei den Fokus zu behalten.

Neptun Opposition Saturn (☍)
Deine spirituellen Sehnsüchte und deine Disziplin stehen sich manchmal wie zwei entgegengesetzte Kräfte gegenüber. Diese Spannung fordert dich heraus, die Balance zwischen idealistischen Träumen und den praktischen Anforderungen des Lebens zu finden und beide Aspekte zu respektieren.

Nebenaspekte

Neptun Quincunx Saturn (⚻)
Deine Träume und deine Disziplin passen sich sanft an, wie die Wellen eines ruhigen Meeres. Du lernst, flexibel mit deinen Ideen umzugehen und gleichzeitig auf deine inneren Bedürfnisse zu achten.

Neptun Halbsextil Saturn (⚺)
Kleine, feine Unterschiede zwischen deinen spirituellen Sehnsüchten und deiner Disziplin laden dich ein, geduldig und achtsam zu sein, während du neue Wege in deinem Leben erkundest.

Neptun Sesquiquadrat Saturn (⚼)
Eine feine Spannung fordert dich dazu auf, deine Träume und deine Disziplin in Einklang zu bringen, sodass du deine Visionen klar und strukturiert verfolgen kannst.

Neptun Halbquadrat Saturn (∠)
Manchmal gibt es kleine Reibungen zwischen deinen Idealen und

deiner Disziplin. Diese Momente laden dich ein, achtsam zu sein und deine praktischen Schritte im Einklang mit deinen Träumen zu planen.

Neptun Anderthalbquadrat Saturn (⚸)
Ein stetiger Weg zur Balance zwischen Spiritualität und praktischer Disziplin. Dieser Aspekt fordert dich auf, deine kreativen Visionen mit Geduld und Entschlossenheit zu leben.

Neptun-Uranus-Aspekte

Deine Träume und dein Innovationsdrang

Die Verbindung zwischen Neptun und Uranus zeigt, wie deine spirituellen Sehnsüchte und dein Wunsch nach Freiheit zusammenwirken. Diese Aspekte bringen dir die Fähigkeit, kreativ und unkonventionell zu denken und deine Visionen auf innovative Weise zu verwirklichen.

Neptun Konjunktion Uranus (☌)
Deine Träume und dein Innovationsdrang verschmelzen wie ein farbenfrohes Feuerwerk. Du hast die Fähigkeit, außergewöhnliche Ideen zu entwickeln und die Welt aus einer neuen Perspektive zu sehen. Menschen empfinden dich als inspirierend und mutig, weil du die Grenzen des Gewöhnlichen sprengst.

Neptun Sextil Uranus (⚹)
Deine spirituellen Sehnsüchte und dein Innovationsdrang ergänzen sich harmonisch wie zwei Tänzer, die im Einklang

bewegen. Du bist offen für neue Erfahrungen und findest kreative Wege, um deine Träume zu leben. Diese Energie ermutigt dich, unkonventionelle Lösungen zu finden und das Unbekannte zu erkunden.

Neptun Quadrat Uranus (□)

Manchmal geraten deine Träume und dein Innovationsdrang in Spannung, wie zwei Strömungen, die gegeneinander kämpfen. Du spürst einen inneren Konflikt zwischen deinem Wunsch, frei zu handeln, und der Notwendigkeit, deine Ideen klar zu formulieren. Dieser Aspekt fordert dich auf, deine Visionen zu klären und gleichzeitig deinen Drang nach Veränderung zu akzeptieren.

Neptun Trigon Uranus (△)

Deine Träume und dein Innovationsdrang fließen harmonisch wie ein klarer Bach. Du bist in der Lage, kreativ und intuitiv an neue Ideen heranzugehen und inspirierst andere, ebenfalls mutig zu sein. Diese Energie hilft dir, deine Träume und Visionen mit Leichtigkeit zu verfolgen.

Neptun Opposition Uranus (☍)

Deine spirituellen Sehnsüchte und dein Innovationsdrang stehen sich manchmal wie zwei entgegengesetzte Kräfte gegenüber. Diese Spannung fordert dich heraus, die Balance zwischen deinen idealistischen Vorstellungen und deinem Bedürfnis nach Freiheit zu finden und beide Aspekte zu respektieren.

Nebenaspekte

Neptun Quincunx Uranus (⚻)

Deine Träume und dein Innovationsdrang passen sich sanft an, wie Blätter, die im Wind tanzen. Du lernst, deine kreativen Ideen flexibel zu leben und gleichzeitig auf deine inneren Sehnsüchte zu hören.

Neptun Halbsextil Uranus (⊻)

Kleine, feine Unterschiede zwischen deinen spirituellen Sehnsüchten und deinem Innovationsdrang laden dich ein, geduldig und offen für neue Ideen zu sein.

Neptun Sesquiquadrat Uranus (⊡)

Eine feine Spannung fordert dich dazu auf, deine Träume und deinen Innovationsdrang in Einklang zu bringen, sodass du deine Visionen klar und kreativ verfolgen kannst.

Neptun Halbquadrat Uranus (∠)

Manchmal gibt es kleine Reibungen zwischen deinem Wunsch nach Veränderung und deinen spirituellen Idealen. Diese Momente laden dich ein, achtsam zu sein und deine Ideen realistisch anzugehen.

Neptun Anderthalbquadrat Uranus (⧫)

Ein stetiger Weg zur Balance zwischen Spiritualität und Innovation. Dieser Aspekt fordert dich auf, deine kreativen Visionen mit Mut und Sensibilität zu leben.

Neptun-Pluto-Aspekte

Deine Träume und deine transformative Kraft

Die Verbindung zwischen Neptun und Pluto zeigt, wie deine spirituellen Sehnsüchte und deine Fähigkeit zur tiefen

Transformation zusammenwirken. Diese Aspekte bringen dir die Fähigkeit, deine idealistischen Träume mit einer kraftvollen inneren Veränderung zu verbinden.

Neptun Konjunktion Pluto (☌)

Deine Träume und deine transformative Kraft verschmelzen wie zwei Flüsse, die in einen mächtigen Ozean münden. Du bist in der Lage, tiefgreifende Veränderungen in deinem Leben zu initiieren und spirituelle Einsichten zu gewinnen. Menschen empfinden dich als kraftvoll und inspirierend, weil du das Gewöhnliche in das Außergewöhnliche verwandelst.

Neptun Sextil Pluto (∗)

Deine spirituellen Sehnsüchte und deine transformative Kraft ergänzen sich harmonisch wie zwei Seiten einer Medaille. Du hast die Fähigkeit, deine Visionen realistisch zu gestalten und gleichzeitig einen tiefen emotionalen Wandel zu erleben. Diese Energie ermutigt dich, deine Träume mutig zu verfolgen und dich gleichzeitig innerlich weiterzuentwickeln.

Neptun Quadrat Pluto (□)

Manchmal geraten deine Träume und deine transformative Kraft in Spannung, wie zwei Kräfte, die in entgegengesetzte Richtungen ziehen. Du spürst einen inneren Konflikt zwischen deinem Wunsch, idealistisch zu handeln, und der Notwendigkeit, tiefgreifende Veränderungen zu akzeptieren. Dieser Aspekt fordert dich auf, deine inneren Werte zu klären und Veränderungen in deinem Leben mutig anzunehmen.

Neptun Trigon Pluto (△)

Deine Träume und deine transformative Kraft fließen harmonisch

wie ein ruhiger, klarer Fluss. Du bist in der Lage, deine Ideen
kreativ umzusetzen und tiefere emotionale Verbindungen
herzustellen. Diese Energie hilft dir, deine Visionen mit Klarheit
und Entschlossenheit zu leben.

Neptun Opposition Pluto (☍)
Deine spirituellen Sehnsüchte und deine transformative Kraft
stehen sich manchmal wie zwei entgegengesetzte Kräfte
gegenüber. Diese Spannung fordert dich heraus, deine Balance zu
finden und sowohl deine idealistischen Vorstellungen als auch die
Notwendigkeit tiefgreifender Veränderungen zu respektieren.

Nebenaspekte

Neptun Quincunx Pluto (⚻)
Deine Träume und deine transformative Kraft passen sich sanft
an, wie der Wind, der durch die Blätter weht. Du lernst, mit
deinen inneren Veränderungen flexibel umzugehen und
gleichzeitig deine idealistischen Ziele im Auge zu behalten.

Neptun Halbsextil Pluto (⚺)
Kleine, feine Unterschiede zwischen deinen spirituellen
Sehnsüchten und deiner transformierenden Kraft laden dich ein,
geduldig und achtsam zu sein, während du neue Wege der
Veränderung erkundest.

Neptun Sesquiquadrat Pluto (⚼)
Eine feine Spannung fordert dich dazu auf, deine Träume und
deine transformative Kraft in Einklang zu bringen, sodass du
deine Visionen klar und kraftvoll leben kannst.

Neptun Halbquadrat Pluto (∧)

Manchmal gibt es kleine Reibungen zwischen deinen Idealen und deiner Fähigkeit zur Transformation. Diese Momente laden dich ein, achtsam zu sein und deine inneren Werte zu respektieren.

Neptun Anderthalbquadrat Pluto (♦)

Ein stetiger Weg zur Balance zwischen Spiritualität und tiefgreifender Veränderung. Dieser Aspekt fordert dich auf, deine kreativen Visionen mit Sensibilität und Entschlossenheit zu leben.

Pluto Aspekte

Pluto-Sonne-Aspekte

Deine innere Kraft und deine Lebensenergie

Die Verbindung zwischen Pluto und der Sonne zeigt, wie deine transformative Kraft und dein inneres Selbst zusammenwirken. Diese Aspekte bringen dir die Fähigkeit, tiefgreifende Veränderungen in deinem Leben zu initiieren und deine innere Stärke zu entfalten.

Pluto Konjunktion Sonne (☌)

Deine innere Kraft und dein Lebenslicht verschmelzen wie ein strahlender Stern. Du bist in der Lage, große Veränderungen in deinem Leben zu bewirken und deine Energie mit Entschlossenheit einzusetzen. Menschen empfinden dich als intensiv und inspirierend, weil du die Fähigkeit hast, das Gewöhnliche in das Außergewöhnliche zu verwandeln.

Pluto Sextil Sonne (∗)

Deine transformative Kraft und dein inneres Licht ergänzen sich harmonisch wie zwei Tänzer, die im Einklang agieren. Du hast die Fähigkeit, deine Visionen strukturiert zu verfolgen und gleichzeitig tiefere emotionale Verbindungen zu schaffen. Diese Energie ermutigt dich, deine Ziele mit Klarheit und Mut zu leben.

Pluto Quadrat Sonne (□)

Manchmal geraten deine innere Kraft und dein Lebenslicht in Spannung, wie zwei Strömungen, die in entgegengesetzte Richtungen ziehen. Du spürst einen inneren Konflikt zwischen deinem Wunsch, deine Macht zu nutzen, und der Notwendigkeit, in deiner Energie geerdet zu bleiben. Dieser Aspekt fordert dich auf, deine inneren Werte zu klären und Veränderungen in deinem Leben zu akzeptieren.

Pluto Trigon Sonne (△)

Deine innere Kraft und dein Lebenslicht fließen harmonisch wie ein sanfter Fluss. Du bist in der Lage, deine Energie kreativ einzusetzen und inspirierst andere mit deiner Fähigkeit, tiefgreifende Veränderungen zu leben. Diese Energie hilft dir, deine Träume mit Entschlossenheit zu verfolgen.

Pluto Opposition Sonne (☍)

Deine transformative Kraft und dein Lebenslicht stehen sich manchmal wie zwei entgegengesetzte Kräfte gegenüber. Diese Spannung fordert dich heraus, die Balance zwischen deiner inneren Stärke und den Anforderungen des Lebens zu finden.

Nebenaspekte

Pluto Quincunx Sonne (⚻)

Deine innere Kraft und dein Lebenslicht passen sich sanft an, wie ein sanfter Wind, der durch die Bäume weht. Du lernst, mit deinen inneren Veränderungen flexibel umzugehen und gleichzeitig deine Ziele zu respektieren.

Pluto Halbsextil Sonne (⚺)

Kleine, feine Unterschiede zwischen deiner transformierenden Kraft und deinem Lebenslicht laden dich ein, geduldig und achtsam mit dir umzugehen, während du neue Wege des Ausdrucks erkundest.

Pluto Sesquiquadrat Sonne (⚼)

Eine feine Spannung fordert dich dazu auf, deine innere Kraft und dein Lebenslicht in Einklang zu bringen, sodass du deine Visionen klar und kraftvoll leben kannst.

Pluto Halbquadrat Sonne (⚼)

Manchmal gibt es kleine Reibungen zwischen deinem Wunsch nach Transformation und deiner Energie. Diese Momente laden dich ein, achtsam zu sein und deine innere Stärke klar zu formulieren.

Pluto Anderthalbquadrat Sonne (⬥)

Ein stetiger Weg zur Balance zwischen Transformation und persönlichem Ausdruck. Dieser Aspekt fordert dich auf, deine kreativen Visionen mit Mut und Sensibilität zu leben.

Pluto-Mond-Aspekte

Deine Emotionen und deine innere Kraft

Die Verbindung zwischen Pluto und dem Mond zeigt, wie deine emotionale Tiefe und deine transformative Kraft zusammenwirken. Diese Aspekte bringen dir die Fähigkeit, deine Gefühle intensiv zu erleben und tiefgreifende emotionale Veränderungen in deinem Leben zu bewirken.

Pluto Konjunktion Mond (☌)

Deine Emotionen und deine innere Kraft verschmelzen wie zwei Flüsse, die in einen mächtigen Ozean münden. Du spürst intensiv, was in dir vorgeht, und hast die Fähigkeit, emotionale Tiefen zu erkunden. Menschen empfinden dich als faszinierend, weil du deine Gefühle mit Macht und Tiefe ausdrücken kannst.

Pluto Sextil Mond (⁎)

Deine emotionale Tiefe und deine transformative Kraft ergänzen sich harmonisch wie zwei Tänzer, die im Einklang agieren. Du hast die Fähigkeit, deine Gefühle auf kreative Weise zu nutzen und dabei tiefere Verbindungen zu schaffen. Diese Energie ermutigt dich, deine emotionalen Bedürfnisse mit Klarheit zu leben.

Pluto Quadrat Mond (□)

Manchmal geraten deine Emotionen und deine innere Kraft in Spannung, wie zwei Strömungen, die in entgegengesetzte Richtungen ziehen. Du spürst einen inneren Konflikt zwischen dem Drang, tief zu fühlen, und der Notwendigkeit, deine emotionale Stabilität zu bewahren. Dieser Aspekt fordert dich auf, deine Gefühle zu klären und Veränderungen in deinem emotionalen Leben anzunehmen.

Pluto Trigon Mond (△)

Deine Emotionen und deine innere Kraft fließen harmonisch wie
ein sanfter Fluss. Du bist in der Lage, deine tiefen Gefühle kreativ
zu nutzen und inspirierst andere mit deiner Fähigkeit, emotionale
Veränderungen zu leben. Diese Energie hilft dir, deine Träume
und Bedürfnisse mit Entschlossenheit zu verfolgen.

Pluto Opposition Mond (☍)
Deine emotionale Tiefe und deine transformative Kraft stehen
sich manchmal wie zwei entgegengesetzte Kräfte gegenüber.
Diese Spannung fordert dich heraus, die Balance zwischen deinen
intensiven Gefühlen und der Notwendigkeit, in deiner inneren
Kraft geerdet zu bleiben, zu finden.

Nebenaspekte

Pluto Quincunx Mond (⚻)
Deine Emotionen und deine innere Kraft passen sich sanft an, wie
Blätter, die im Wind tanzen. Du lernst, deine Gefühle flexibel zu
leben und gleichzeitig auf deine inneren Bedürfnisse zu achten.

Pluto Halbsextil Mond (⚺)
Kleine, feine Unterschiede zwischen deiner emotionalen Tiefe
und deiner transformierenden Kraft laden dich ein, geduldig und
achtsam zu sein, während du neue Wege der emotionalen
Ausdrucksform erkundest.

Pluto Sesquiquadrat Mond (⚼)
Eine feine Spannung fordert dich dazu auf, deine Emotionen und
deine innere Kraft in Einklang zu bringen, sodass du deine
Gefühle klar und kraftvoll leben kannst.

Pluto Halbquadrat Mond (π)

Manchmal gibt es kleine Reibungen zwischen deinen tiefen Emotionen und deiner Fähigkeit zur Transformation. Diese Momente laden dich ein, achtsam zu sein und deine inneren Werte respektvoll zu behandeln.

Pluto Anderthalbquadrat Mond (♦)

Ein stetiger Weg zur Balance zwischen emotionaler Tiefe und innerer Stärke. Dieser Aspekt fordert dich auf, deine transformierenden Fähigkeiten mit Sensibilität und Entschlossenheit zu leben.

Pluto-Merkur-Aspekte

Deine Gedanken und deine transformative Kraft

Die Verbindung zwischen Pluto und Merkur zeigt, wie deine Gedanken und deine Fähigkeit zur tiefen Transformation zusammenwirken. Diese Aspekte bringen dir die Fähigkeit, tiefgründige Einsichten zu gewinnen und deine Ideen auf kraftvolle Weise zu kommunizieren.

Pluto Konjunktion Merkur (☌)

Deine Gedanken und deine transformative Kraft verschmelzen wie zwei Strömungen, die einen mächtigen Wasserfall bilden. Du hast die Fähigkeit, deine Ideen mit großer Intensität und Klarheit auszudrücken. Menschen empfinden dich als tiefgründig und inspirierend, weil du das Verborgene aufdeckst und komplexe Themen mit Leichtigkeit kommunizierst.

Pluto Sextil Merkur (⁎)

Deine Gedanken und deine transformative Kraft ergänzen sich harmonisch wie zwei Musiker, die im Einklang spielen. Du bist in der Lage, deine Ideen kreativ zu nutzen und dabei tiefere Einsichten zu gewinnen. Diese Energie ermutigt dich, neue Perspektiven zu erkunden und deine Visionen klar zu formulieren.

Pluto Quadrat Merkur (□)

Manchmal geraten deine Gedanken und deine transformative Kraft in Spannung, wie zwei Kräfte, die gegeneinander ziehen. Du spürst einen inneren Konflikt zwischen deinem Wunsch, tief zu denken, und der Notwendigkeit, deine Ideen einfach und klar auszudrücken. Dieser Aspekt fordert dich auf, deine Kommunikationsweise zu überprüfen und deine Gedanken zu klären.

Pluto Trigon Merkur (△)

Deine Gedanken und deine transformative Kraft fließen harmonisch wie ein sanfter Bach. Du bist in der Lage, kreativ mit deinen Ideen umzugehen und andere mit deiner tiefen Einsicht zu inspirieren. Diese Energie hilft dir, deine Visionen mit Klarheit und Überzeugung zu leben.

Pluto Opposition Merkur (☍)

Deine Gedanken und deine transformative Kraft stehen sich manchmal wie zwei entgegengesetzte Kräfte gegenüber. Diese Spannung fordert dich heraus, die Balance zwischen deinen tiefen Einsichten und der Notwendigkeit, klar zu kommunizieren, zu finden.

Nebenaspekte

Pluto Quincunx Merkur (⚻)

Deine Gedanken und deine transformative Kraft passen sich sanft an, wie ein sanfter Wind, der durch die Bäume weht. Du lernst, deine Ideen flexibel zu formulieren und gleichzeitig auf deine inneren Einsichten zu hören.

Pluto Halbsextil Merkur (⚺)

Kleine, feine Unterschiede zwischen deinen Gedanken und deiner transformierenden Kraft laden dich ein, geduldig und achtsam zu sein, während du neue Wege des Denkens erkundest.

Pluto Sesquiquadrat Merkur (⚼)

Eine feine Spannung fordert dich dazu auf, deine Gedanken und deine transformative Kraft in Einklang zu bringen, sodass du deine Ideen klar und wirkungsvoll leben kannst.

Pluto Halbquadrat Merkur (⚻)

Manchmal gibt es kleine Reibungen zwischen deinen tiefen Einsichten und deiner Fähigkeit zur klaren Kommunikation. Diese Momente laden dich ein, achtsam zu sein und deine Gedanken respektvoll auszudrücken.

Pluto Anderthalbquadrat Merkur (⬧)

Ein stetiger Weg zur Balance zwischen tiefem Denken und klarer Kommunikation. Dieser Aspekt fordert dich auf, deine kreativen Ideen mit Sensibilität und Entschlossenheit zu leben.

Pluto-Venus-Aspekte

Deine Beziehungen und deine transformative Kraft

Die Verbindung zwischen Pluto und Venus zeigt, wie deine romantischen Beziehungen und deine Fähigkeit zur tiefen Transformation zusammenwirken. Diese Aspekte bringen dir die Fähigkeit, intensive emotionale Bindungen zu schaffen und gleichzeitig tiefgreifende Veränderungen in deinen Beziehungen zu erleben.

Pluto Konjunktion Venus (☌)

Deine Beziehungen und deine transformative Kraft verschmelzen wie zwei starke Strömungen, die zusammen einen mächtigen Fluss bilden. Du spürst intensiv, was in deinen romantischen Beziehungen vor sich geht, und hast die Fähigkeit, Liebe auf einer tiefen Ebene zu leben. Menschen empfinden dich als magnetisch und anziehend, weil du die Tiefen der Emotionen erkundest.

Pluto Sextil Venus (⁎)

Deine romantischen Beziehungen und deine transformative Kraft ergänzen sich harmonisch wie ein schönes Gemälde. Du bist in der Lage, deine Gefühle auf kreative Weise auszudrücken und tiefere Verbindungen zu schaffen. Diese Energie ermutigt dich, deine emotionale Tiefe in Beziehungen zu leben und deine Liebe zu gestalten.

Pluto Quadrat Venus (□)

Manchmal geraten deine Beziehungen und deine transformative Kraft in Spannung, wie zwei Kräfte, die gegeneinander ziehen. Du spürst einen inneren Konflikt zwischen dem Wunsch, deine emotionale Tiefe zu leben, und der Notwendigkeit, realistisch zu bleiben. Dieser Aspekt fordert dich auf, deine Werte in Beziehungen zu klären und zwischen Leidenschaft und Stabilität zu balancieren.

Pluto Trigon Venus (△)

Deine Beziehungen und deine transformative Kraft fließen
harmonisch wie ein sanfter Wind. Du bist in der Lage, intensiv zu
lieben und andere mit deiner emotionalen Tiefe zu inspirieren.
Diese Energie hilft dir, deine romantischen Ideale mit Klarheit
und Entschlossenheit zu leben.

Pluto Opposition Venus (☍)

Deine romantischen Beziehungen und deine transformative Kraft
stehen sich manchmal wie zwei entgegengesetzte Kräfte
gegenüber. Diese Spannung fordert dich heraus, die Balance
zwischen deinen intensiven Gefühlen und der Notwendigkeit,
deine emotionalen Bedürfnisse zu respektieren, zu finden.

Nebenaspekte

Pluto Quincunx Venus (π)

Deine Beziehungen und deine transformative Kraft passen sich
sanft an, wie die Wellen des Ozeans. Du lernst, deine emotionalen
Bedürfnisse flexibel zu leben und gleichzeitig auf deine innere
Tiefe zu hören.

Pluto Halbsextil Venus (⊻)

Kleine, feine Unterschiede zwischen deinen romantischen
Beziehungen und deiner transformierenden Kraft laden dich ein,
geduldig und achtsam zu sein, während du neue Wege der
emotionalen Ausdrucksform erkundest.

Pluto Sesquiquadrat Venus (⚼)

Eine feine Spannung fordert dich dazu auf, deine Beziehungen
und deine transformative Kraft in Einklang zu bringen, sodass du

deine emotionalen Bedürfnisse klar und kraftvoll leben kannst.

Pluto Halbquadrat Venus (∠)

Manchmal gibt es kleine Reibungen zwischen deinen tiefen emotionalen Bindungen und deiner Fähigkeit zur Transformation. Diese Momente laden dich ein, achtsam zu sein und deine Werte in Beziehungen klar zu formulieren.

Pluto Anderthalbquadrat Venus (⚬)

Ein stetiger Weg zur Balance zwischen intensiver Liebe und innerer Stärke. Dieser Aspekt fordert dich auf, deine romantischen Ideale mit Sensibilität und Entschlossenheit zu leben.

Pluto-Mars-Aspekte

Deine innere Kraft und dein Tatendrang

Die Verbindung zwischen Pluto und Mars zeigt, wie deine transformative Kraft und dein Handlungsdrang zusammenwirken. Diese Aspekte bringen dir die Fähigkeit, deine Leidenschaft intensiv zu leben und tiefgreifende Veränderungen in deinem Leben zu initiieren.

Pluto Konjunktion Mars (☌)

Deine innere Kraft und dein Tatendrang verschmelzen wie zwei unaufhaltsame Flüsse, die zusammen einen mächtigen Wasserfall bilden. Du spürst einen intensiven Drang, deine Ziele zu erreichen und Veränderungen zu bewirken. Menschen empfinden dich als dynamisch und kraftvoll, weil du bereit bist, für das einzustehen, was dir wichtig ist.

Pluto Sextil Mars (∗)

Deine transformative Kraft und dein Handlungsdrang ergänzen sich harmonisch wie zwei perfekt abgestimmte Instrumente. Du bist in der Lage, deine Energie effektiv zu nutzen, um deine Träume zu verwirklichen. Diese Energie ermutigt dich, deine Visionen mit Klarheit und Entschlossenheit zu verfolgen.

Pluto Quadrat Mars (□)

Manchmal geraten deine innere Kraft und dein Tatendrang in Spannung, wie zwei Kräfte, die gegeneinander kämpfen. Du spürst einen inneren Konflikt zwischen deinem Wunsch, leidenschaftlich zu handeln, und der Notwendigkeit, deine Energie gezielt einzusetzen. Dieser Aspekt fordert dich auf, deine Motive zu klären und deine Impulse in konstruktive Bahnen zu lenken.

Pluto Trigon Mars (△)

Deine innere Kraft und dein Tatendrang fließen harmonisch wie ein ruhiger Fluss. Du bist in der Lage, deine Energie kreativ zu nutzen und andere mit deinem Enthusiasmus zu inspirieren. Diese Energie hilft dir, deine Ziele mit Entschlossenheit und Mut anzugehen.

Pluto Opposition Mars (☍)

Deine transformative Kraft und dein Handlungsdrang stehen sich manchmal wie zwei entgegengesetzte Kräfte gegenüber. Diese Spannung fordert dich heraus, die Balance zwischen deiner inneren Stärke und der Notwendigkeit, bewusst zu handeln, zu

finden.

Nebenaspekte

Pluto Quincunx Mars (⚻)
Deine innere Kraft und dein Tatendrang passen sich sanft an, wie
der Wind, der durch die Äste weht. Du lernst, flexibel mit deiner
Energie umzugehen und gleichzeitig auf deine inneren
Bedürfnisse zu achten.

Pluto Halbsextil Mars (⚺)
Kleine, feine Unterschiede zwischen deiner transformierenden
Kraft und deinem Handlungsdrang laden dich ein, geduldig und
achtsam mit dir umzugehen, während du neue Wege des
Ausdrucks erkundest.

Pluto Sesquiquadrat Mars (⚼)
Eine feine Spannung fordert dich dazu auf, deine innere Kraft
und deinen Tatendrang in Einklang zu bringen, sodass du deine
Ziele klar und kraftvoll leben kannst.

Pluto Halbquadrat Mars (⚻)
Manchmal gibt es kleine Reibungen zwischen deinem Drang zu
handeln und deiner Fähigkeit zur Transformation. Diese
Momente laden dich ein, achtsam zu sein und deine Leidenschaft
respektvoll auszudrücken.

Pluto Anderthalbquadrat Mars (⧫)
Ein stetiger Weg zur Balance zwischen tiefem Handeln und
innerer Stärke. Dieser Aspekt fordert dich auf, deine kreativen
Visionen mit Mut und Sensibilität zu leben.

Pluto-Jupiter-Aspekte

Deine innere Kraft und dein Wachstum

Die Verbindung zwischen Pluto und Jupiter zeigt, wie deine transformative Kraft und dein Streben nach Expansion zusammenwirken. Diese Aspekte bringen dir die Fähigkeit, tiefgreifende Veränderungen zu initiieren und gleichzeitig deinen Horizont zu erweitern.

Pluto Konjunktion Jupiter (☌)

Deine innere Kraft und dein Wachstum verschmelzen wie ein kraftvoller Wasserfall. Du spürst den Drang, dein Leben zu verändern und neue Möglichkeiten zu erkunden. Menschen empfinden dich als inspirierend, weil du mit Entschlossenheit deine Ziele verfolgst und andere ermutigst, dasselbe zu tun.

Pluto Sextil Jupiter (∗)

Deine transformative Kraft und dein Streben nach Expansion ergänzen sich harmonisch wie zwei Melodien, die im Einklang schwingen. Du hast die Fähigkeit, deine Visionen in die Realität umzusetzen und neue Erfahrungen in deinem Leben zu begrüßen. Diese Energie ermutigt dich, mutig zu sein und deine Träume zu verwirklichen.

Pluto Quadrat Jupiter (□)

Manchmal geraten deine innere Kraft und dein Streben nach Wachstum in Spannung, wie zwei Kräfte, die in entgegengesetzte Richtungen ziehen. Du spürst einen inneren Konflikt zwischen dem Drang, tief zu transformieren, und der Notwendigkeit, realistische Schritte zu gehen. Dieser Aspekt fordert dich auf, deine Ziele zu überprüfen und Balance zwischen deinen Idealen und der Realität zu finden.

Pluto Trigon Jupiter (△)

Deine innere Kraft und dein Wachstum fließen harmonisch wie ein klarer Bach. Du bist in der Lage, deine Ressourcen kreativ zu nutzen und andere mit deiner Vision zu inspirieren. Diese Energie hilft dir, deine Träume und Ziele mit Kraft und Zuversicht zu verfolgen.

Pluto Opposition Jupiter (☍)

Deine transformative Kraft und dein Streben nach Expansion stehen sich manchmal wie zwei entgegengesetzte Kräfte gegenüber. Diese Spannung fordert dich heraus, die Balance zwischen deiner inneren Stärke und deinem Bedürfnis nach Wachstum zu finden.

Nebenaspekte

Pluto Quincunx Jupiter (π)

Deine innere Kraft und dein Wachstum passen sich sanft an, wie ein sanfter Wind, der die Blätter bewegt. Du lernst, deine kreativen Ziele flexibel zu leben und gleichzeitig auf deine inneren Wünsche zu hören.

Pluto Halbsextil Jupiter (⊻)

Kleine, feine Unterschiede zwischen deiner transformierenden Kraft und deinem Streben nach Expansion laden dich ein, geduldig und achtsam zu sein, während du neue Möglichkeiten erkundest.

Pluto Sesquiquadrat Jupiter (⬚)

Eine feine Spannung fordert dich dazu auf, deine innere Kraft und dein Wachstum in Einklang zu bringen, sodass du deine Visionen klar und kraftvoll leben kannst.

Pluto Halbquadrat Jupiter (∠)

Manchmal gibt es kleine Reibungen zwischen deinem Wunsch nach Transformation und deinem Streben nach Wachstum. Diese Momente laden dich ein, achtsam zu sein und deine Ziele respektvoll zu verfolgen.

Pluto Anderthalbquadrat Jupiter (⬥)

Ein stetiger Weg zur Balance zwischen innerer Stärke und persönlichem Wachstum. Dieser Aspekt fordert dich auf, deine kreativen Visionen mit Sensibilität und Entschlossenheit zu leben.

Pluto-Saturn-Aspekte

Deine innere Kraft und deine Disziplin

Die Verbindung zwischen Pluto und Saturn zeigt, wie deine transformative Kraft und deine Fähigkeit zur Disziplin zusammenwirken. Diese Aspekte bringen dir die Fähigkeit, tiefgreifende Veränderungen mit einer starken Basis und strukturierten Ansätzen zu kombinieren.

Pluto Konjunktion Saturn (☌)

Deine innere Kraft und deine Disziplin verschmelzen wie zwei starke Strömungen, die einen mächtigen Fluss bilden. Du hast die Fähigkeit, Veränderungen aktiv zu gestalten und gleichzeitig deine Ziele klar im Blick zu behalten. Menschen empfinden dich als stabil und kraftvoll, weil du die Fähigkeit hast, das Gewöhnliche in das Außergewöhnliche zu verwandeln.

Pluto Sextil Saturn (✱)

Deine transformative Kraft und deine Disziplin ergänzen sich harmonisch wie zwei Teile eines Puzzles. Du bist in der Lage, deine Ziele strukturiert und mit Entschlossenheit zu verfolgen. Diese Energie ermutigt dich, deine inneren Werte zu leben und deine Ideen realistisch zu gestalten.

Pluto Quadrat Saturn (□)

Manchmal geraten deine innere Kraft und deine Disziplin in Spannung, wie zwei Kräfte, die gegeneinander ziehen. Du spürst einen inneren Konflikt zwischen deinem Wunsch nach Veränderung und der Notwendigkeit, geerdet und stabil zu bleiben. Dieser Aspekt fordert dich auf, deine Werte zu klären und deine transformierenden Fähigkeiten gezielt einzusetzen.

Pluto Trigon Saturn (△)

Deine innere Kraft und deine Disziplin fließen harmonisch wie ein ruhiger Fluss. Du bist in der Lage, deine Veränderungen mit Geduld und Klarheit zu leben. Diese Energie hilft dir, deine Ziele mit Stärke und Entschlossenheit zu verfolgen.

Pluto Opposition Saturn (☍)

Deine transformative Kraft und deine Disziplin stehen sich manchmal wie zwei entgegengesetzte Kräfte gegenüber. Diese Spannung fordert dich heraus, die Balance zwischen deinen inneren Wünschen und den praktischen Anforderungen des Lebens zu finden.

Pluto Quincunx Saturn (⚻)

Deine innere Kraft und deine Disziplin passen sich sanft an, wie die sanften Wellen eines Meeres. Du lernst, flexibel mit deinen Veränderungen umzugehen und gleichzeitig auf deine inneren Werte zu achten.

Pluto Halbsextil Saturn (⚺)

Kleine, feine Unterschiede zwischen deiner transformierenden Kraft und deiner Disziplin laden dich ein, geduldig und achtsam zu sein, während du neue Wege der Selbstorganisation erkundest.

Pluto Sesquiquadrat Saturn (⚼)

Eine feine Spannung fordert dich dazu auf, deine innere Kraft und deine Disziplin in Einklang zu bringen, sodass du deine Ziele klar und kraftvoll leben kannst.

Pluto Halbquadrat Saturn (⚼)

Manchmal gibt es kleine Reibungen zwischen deinem Wunsch nach Transformation und deiner Fähigkeit zur Disziplin. Diese Momente laden dich ein, achtsam zu sein und deine inneren Werte zu respektieren.

Pluto Anderthalbquadrat Saturn (⚼)

Ein stetiger Weg zur Balance zwischen innerer Stärke und praktischer Disziplin. Dieser Aspekt fordert dich auf, deine transformierenden Fähigkeiten mit Geduld und Entschlossenheit zu leben.

Pluto-Uranus-Aspekte

Deine innere Kraft und dein Innovationsdrang

Die Verbindung zwischen Pluto und Uranus zeigt, wie deine transformative Kraft und dein Wunsch nach Freiheit zusammenwirken. Diese Aspekte bringen dir die Fähigkeit, tiefgreifende Veränderungen zu initiieren und deine kreativen Ideen auf unkonventionelle Weise umzusetzen.

Pluto Konjunktion Uranus (☌)

Deine innere Kraft und dein Innovationsdrang verschmelzen wie zwei starke Strömungen, die einen mächtigen Wasserfall bilden. Du hast die Fähigkeit, revolutionäre Ideen zu entwickeln und gleichzeitig die tiefen Veränderungen in deinem Leben zu akzeptieren. Menschen empfinden dich als inspirierend, weil du das Gewöhnliche in das Außergewöhnliche verwandelst.

Pluto Sextil Uranus (*)

Deine transformative Kraft und dein Innovationsdrang ergänzen sich harmonisch wie zwei Tänzer, die im Einklang agieren. Du bist offen für neue Ideen und bereit, deine Visionen auf kreative Weise umzusetzen. Diese Energie ermutigt dich, neue Wege zu erkunden und deine Träume mit Mut zu leben.

Pluto Quadrat Uranus (□)

Manchmal geraten deine innere Kraft und dein Innovationsdrang in Spannung, wie zwei Kräfte, die in entgegengesetzte Richtungen ziehen. Du spürst einen inneren Konflikt zwischen deinem Drang nach Veränderung und der Notwendigkeit, stabil zu bleiben. Dieser Aspekt fordert dich auf, deine Ideen zu klären und gleichzeitig deine innere Stärke zu nutzen.

Pluto Trigon Uranus (△)
Deine innere Kraft und dein Innovationsdrang fließen
harmonisch wie ein klarer Fluss. Du bist in der Lage, deine
kreativen Ideen mit Klarheit und Entschlossenheit zu verfolgen.
Diese Energie hilft dir, deine Träume in die Realität umzusetzen
und andere zu inspirieren, ebenfalls mutig zu sein.

Pluto Opposition Uranus (☍)
Deine transformative Kraft und dein Innovationsdrang stehen
sich manchmal wie zwei entgegengesetzte Kräfte gegenüber.
Diese Spannung fordert dich heraus, die Balance zwischen deinen
tiefen Wünschen nach Freiheit und den Anforderungen des
Lebens zu finden.

Nebenaspekte

Pluto Quincunx Uranus (⚻)
Deine innere Kraft und dein Innovationsdrang passen sich sanft
an, wie die Wellen eines ruhigen Meeres. Du lernst, flexibel mit
deinen Ideen umzugehen und gleichzeitig auf deine inneren
Sehnsüchte zu hören.

Pluto Halbsextil Uranus (⚺)
Kleine, feine Unterschiede zwischen deiner transformierenden
Kraft und deinem Innovationsdrang laden dich ein, geduldig und
achtsam zu sein, während du neue Wege der Veränderung
erkundest.

Pluto Sesquiquadrat Uranus (⚼)
Eine feine Spannung fordert dich dazu auf, deine innere Kraft
und deinen Innovationsdrang in Einklang zu bringen, sodass du

deine Ideen klar und kraftvoll leben kannst.

Pluto Halbquadrat Uranus (⊼)
Manchmal gibt es kleine Reibungen zwischen deinen tiefen
Wünschen nach Veränderung und deiner Fähigkeit, innovativ zu
handeln. Diese Momente laden dich ein, achtsam zu sein und
deine kreativen Visionen respektvoll auszudrücken.

Pluto Anderthalbquadrat Uranus (♦)
Ein stetiger Weg zur Balance zwischen innerer Stärke und
Innovationsdrang. Dieser Aspekt fordert dich auf, deine
transformierenden Fähigkeiten mit Sensibilität und
Entschlossenheit zu leben.

Pluto-Neptun-Aspekte

Deine innere Kraft und deine Träume

Die Verbindung zwischen Pluto und Neptun zeigt, wie deine
transformative Kraft und deine spirituellen Sehnsüchte
zusammenwirken. Diese Aspekte bringen dir die Fähigkeit,
tiefgreifende Veränderungen in deinem Leben zu initiieren und
gleichzeitig deine idealistischen Träume zu verwirklichen.

Pluto Konjunktion Neptun (☌)
Deine innere Kraft und deine Träume verschmelzen wie zwei
Flüsse, die zusammen einen mächtigen Ozean bilden. Du hast die
Fähigkeit, deine tiefsten Sehnsüchte zu erkennen und sie mit
Entschlossenheit zu verfolgen. Menschen empfinden dich als
faszinierend und inspirierend, weil du das Spirituelle und das
Praktische in deinem Leben miteinander verbindest.

Pluto Sextil Neptun (∗)

Deine transformative Kraft und deine spirituellen Sehnsüchte
ergänzen sich harmonisch wie zwei Farben, die im Sonnenlicht
leuchten. Du bist in der Lage, deine Visionen kreativ umzusetzen
und dabei tiefere emotionale Verbindungen zu schaffen. Diese
Energie ermutigt dich, deine Träume mit Geduld und Klarheit zu
verfolgen.

Pluto Quadrat Neptun (□)

Manchmal geraten deine innere Kraft und deine Träume in
Spannung, wie zwei Strömungen, die in entgegengesetzte
Richtungen ziehen. Du spürst einen inneren Konflikt zwischen
deinem Wunsch nach tiefgreifenden Veränderungen und der
Notwendigkeit, realistisch zu bleiben. Dieser Aspekt fordert dich
auf, deine Ideale zu klären und zwischen Illusion und Realität zu
unterscheiden.

Pluto Trigon Neptun (△)

Deine innere Kraft und deine Träume fließen harmonisch wie ein
ruhiger Bach. Du bist in der Lage, deine tiefen emotionalen
Einsichten kreativ zu nutzen und andere mit deiner Vision zu
inspirieren. Diese Energie hilft dir, deine idealistischen Ziele mit
Klarheit und Entschlossenheit zu leben.

Pluto Opposition Neptun (☍)

Deine transformative Kraft und deine Träume stehen sich
manchmal wie zwei entgegengesetzte Kräfte gegenüber. Diese
Spannung fordert dich heraus, die Balance zwischen deinen
inneren Wünschen und den Anforderungen des Lebens zu finden.

Nebenaspekte

Pluto Quincunx Neptun (⚻)

Deine innere Kraft und deine Träume passen sich sanft an, wie der Wind, der durch die Bäume weht. Du lernst, flexibel mit deinen emotionalen Bedürfnissen umzugehen und gleichzeitig auf deine spirituellen Sehnsüchte zu hören.

Pluto Halbsextil Neptun (⚺)

Kleine, feine Unterschiede zwischen deiner transformierenden Kraft und deinen spirituellen Sehnsüchten laden dich ein, geduldig und achtsam zu sein, während du neue Wege der Selbsterkenntnis erkundest.

Pluto Sesquiquadrat Neptun (⚼)

Eine feine Spannung fordert dich dazu auf, deine innere Kraft und deine Träume in Einklang zu bringen, sodass du deine idealistischen Ziele klar und kraftvoll leben kannst.

Pluto Halbquadrat Neptun (⚼)

Manchmal gibt es kleine Reibungen zwischen deinen tiefen emotionalen Einsichten und deiner Fähigkeit zur Transformation. Diese Momente laden dich ein, achtsam zu sein und deine inneren Werte respektvoll zu behandeln.

Pluto Anderthalbquadrat Neptun (⬦)

Ein stetiger Weg zur Balance zwischen spiritueller Tiefe und innerer Stärke. Dieser Aspekt fordert dich auf, deine transformierenden Fähigkeiten mit Sensibilität und Entschlossenheit zu leben.

Abschluss des Kapitels Aspekte

In diesem Kapitel hast du die faszinierende Welt der Aspekte entdeckt – die dynamischen Beziehungen zwischen den Planeten in deinem Geburtshoroskop. Diese Aspekte sind wie Dialoge zwischen den Planeten, die dir zeigen, wie deren Energien miteinander interagieren und dein Leben beeinflussen.

Durch das Verständnis der Aspekte kannst du nun tiefere Einblicke in deine persönliche Entwicklung, deine Herausforderungen und deine Stärken gewinnen. Du weißt jetzt, dass jede Verbindung zwischen den Planeten eine einzigartige Bedeutung hat und dir hilft, die komplexen Zusammenhänge in deinem Leben zu erkennen.

Dank deiner Arbeit mit den Aspekten bist du besser in der Lage, deine eigenen Emotionen, Denkweisen und Verhaltensmuster zu verstehen. Du hast wertvolle Erkenntnisse über dich selbst gewonnen, die dir helfen, deine Lebensreise bewusster zu gestalten und deine Potenziale zu entfalten.

Es ist noch nicht zu Ende

Dieses Buch war nicht nur ein Leitfaden, um die Grundlagen der Astrologie zu verstehen, sondern auch eine Einladung, dein Leben bewusster zu betrachten und eigenverantwortlich zu gestalten. Die Reise durch die Kapitel hat uns gezeigt:

1. Die Astrologie als Werkzeug zur Selbsterkenntnis:

Jeder Mensch trägt einzigartige Konstellationen und Potenziale in sich. Dein Horoskop ist wie eine Landkarte deines Lebens – es zeigt dir Möglichkeiten, Herausforderungen und Wachstumspfade auf.

2. Die Bedeutung der Planeten und Häuser:
Planeten repräsentieren grundlegende Energien, während die Häuser den Lebensbereich zeigen, in dem diese Energien wirken. Gemeinsam erzählen sie deine persönliche Geschichte und geben dir Werkzeuge an die Hand, um dich selbst besser zu verstehen.

3. Astrologie als Praxis:
Es geht nicht nur darum, Wissen aufzunehmen, sondern es auch anzuwenden. Die Reflexionsfragen, Übungen und Analysen sollen dir helfen, Astrologie als Werkzeug in deinen Alltag zu integrieren.

4. Eigenverantwortung und Potenzialentfaltung:
Die Sterne können dir Richtungen aufzeigen, aber der Weg liegt in deinen Händen. Astrologie lädt dich ein, Verantwortung für dein Leben zu übernehmen, Muster zu erkennen und bewusste Entscheidungen zu treffen.

Deine persönliche Reflexion: Gestalte deine eigene Geschichte

Jetzt ist es an der Zeit, alles, was du gelernt hast, zu reflektieren und auf dich persönlich anzuwenden. Nutze deine Notizen aus dem Workbook, um die wichtigsten Erkenntnisse über deine Potenziale und Herausforderungen zusammenzufassen.

Schreibe deine eigene Geschichte:
- Welche Talente und Stärken hast du entdeckt?
- Welche Hindernisse oder Herausforderungen hast du erkannt?
- Wie kannst du dieses Wissen nutzen, um dein Leben bewusster und erfüllter zu gestalten?

Zum Abschluss dieser Übung lade ich dich ein, ein Versprechen an dich selbst zu formulieren. Es kann kurz und prägnant oder ausführlich sein, doch es sollte ein Ausdruck deines Engagements sein, dein Potenzial auszuleben und Verantwortung für deine Entwicklung zu übernehmen.

Sage dir:
„Ich verspreche mir selbst, mit Mut und Vertrauen meinen Weg zu gehen. Ich werde meine Stärken nutzen, um meine Ziele zu erreichen und meine Herausforderungen mit Offenheit und Geduld anzugehen. Ich übernehme die Verantwortung für mein Wachstum und werde mich immer wieder an meine innere Kraft erinnern."

Dein Weg beginnt jetzt

Die Sterne leuchten nicht, um dich zu lenken, sondern um dir zu zeigen, dass du Teil eines größeren Ganzen bist. Sie erinnern dich daran, dass du dein Leben gestalten kannst – mit all seinen Herausforderungen und Möglichkeiten.

Gehe deinen Weg mit Mut, Klarheit und Vertrauen. Die Sterne weisen dir den Weg, aber du bist der Kapitän deines Lebens.

Danke, dass du dieses Buch gewählt hast. Ich wünsche dir viel Freude und Erfolg auf deiner astrologischen Reise!

Meine Vision:

Dieses Buch ist der Start von AstroSpheria. Auf Instagram und Facebook teile ich mit dir Themen wie Beziehungen, karmische Punkte im Horoskop und wie du sie bearbeiten kannst. Außerdem erwarten dich Online-Kurse, spannende Einsichten in Astrologie und Numerologie sowie wertvolle Wege, um dein Potenzial zu entfalten und dich selbst zu entdecken!

Ich freue mich darauf, dich auf diesem Weg zu begleiten – Schritt für Schritt, gemeinsam mit der Community von AstroSpheria.

Bis bald, deine Andrea von AstroSpheria

Andrea Hamdi

Astrologin und Gründerin von AstroSpheria

Quellenverzeichnis:

Bücher & Literatur

- Arroyo, Stephen (2000): *Astrologie, Psychologie und die vier Elemente.* Berlin: Hugendubel.

- Greene, Liz (1991): *Astrologische Psychologie.* München: Goldmann Verlag.

- Ebertin, Reinhold (2002): *Kombination der Gestirneinflüsse.* Aalen: Ebertin Verlag.

- Huber, Bruno & Louise (1995): *Die astrologischen Häuser.* Zürich: Astrologisches Institut.

- Hand, Robert (1980): *Planeten in Transit.* Whitford Press.

- Rudhyar, Dane (1991): *Astrologie und das schöpferische Leben.* München: Kailash Verlag.

- Parker, Julia & Derek (2018): *Parker's Astrology.* London: DK Publishing.

- Tarnas, Richard (2006): *Cosmos and Psyche: Intimations of a New World View.* New York: Viking Press.

Online-Ressourcen & Tools

- **Astrodienst (Astro.com):** www.astro.com

- **Astrotheme:** www.astrotheme.com

- **Astro Seek:** www.astroseek.com

- **Ephemeriden der NASA:** https://ssd.jpl.nasa.gov/ephemerides.html

Software & Apps

- **Astro Gold** – Professionelle Astrologie-Software für detaillierte Horoskopberechnungen.
-

Mein Dank gilt allen Autor:innen und Schöpfer:innen von Webseiten, deren Werke ich studieren durfte. Ihre Erkenntnisse haben mich inspiriert, meine eigenen Gedanken in diesem Buch zu formulieren. Ich lade jede:n Leser:in herzlich ein, meine Quellen zu nutzen und selbst tiefer in die Welt der Astrologie einzutauchen.

Impressum:

Titel: Werde wer DU bist
Autorin: Andrea Hamdi
Copyright: © 2025, Andrea Hamdi ISBN: 978-3-8391-8530-8
Herausgeber: Andrea Hamdi
Haftungsausschluss: Alle Rechte vorbehalten. Weder das Buch noch
Teile daraus dürfen ohne schriftliche Genehmigung des Autors
reproduziert, kopiert oder verbreitet werden.

Verlag: BoD · Books on Demand GmbH, In de Tarpen 42,
22848 Norderstedt, bod@bod.de
Druck: Libri Plureos GmbH, Friedensallee 273, 22763 Hamburg